U0444543

中国孩子学习计划
ZHONG GUO HAI ZI XUE XI JI HUA

好方法好成绩

HAO FANG FA HAO CHENG JI

王洪泉 主编

胡军 何耀伟 邱东玎 王平 唐灵华 编写

商务印书馆

2007年·北京

图书在版编目(CIP)数据

好方法 好成绩/王洪泉主编. —北京：商务印书馆，2008

ISBN 978-7-100-05397-6

Ⅰ.好… Ⅱ.王… Ⅲ.中学生-学习方法 Ⅳ.G632.46

中国版本图书馆 CIP 数据核字(2007)第 022654 号

所有权利保留。
未经许可,不得以任何方式使用。

HǍOFĀNGFǍ HǍOCHÉNGJÌ
好方法 好成绩
王洪泉 主编

商 务 印 书 馆 出 版
(北京王府井大街36号 邮政编码100710)
商 务 印 书 馆 发 行
北京欣舒印务有限公司印刷
ISBN 978-7-100-05397-6/G·756

2008年4月第1版	开本 880×1230 1/32
2008年4月北京第1次印刷	印张 10
印数：8000册	定价：22.8元

目 录

开篇综述

> 正确适用的方法加百分之百的努力,才能取得一点点成绩;反复取得一点点成绩才能带来一丝丝的自信;自信不断反馈给行为才能培养一点点好习惯;点点滴滴的好习惯日积月累才能成为栋梁之材;经天纬地的才能若再辅以一定的机遇就能成就一番功业……

第一章 备则无患
——掌握学习过程中的科学方法

第1法:怎样做好课前预习 …………………… (3)

第2法:如何在听课过程中提高注意力 ………… (7)

第3法:怎样做好课堂内容的复习 …………… (12)

第4法:如何把握课堂学习的重点 …………… (16)

第5法:如何充分利用课堂资源 ……………… (20)

第6法:如何在课堂上做到积极主动 ………… (24)

第二章 处处留心皆学问
——学会科学的课外学习方法

第7法:博览群书
　　——提高课外阅读能力 …………… (31)

第8法:广交朋友
　　——提高沟通能力,拓展学习渠道 ……… (40)

第9法:明察秋毫之末 …………………… (45)

第10法:怀着目标而学习 ………………… (50)

第11法:不积跬步,无以至千里 …………… (56)

第三章 独立学习方法

第12法:有的放矢
　　——计划性学习法 ……………… (63)

第13法:按部就班最见功效
　　——程序化学习法 ……………… (68)

第14法:凡事预则立,不预则废
　　——预备性学习法 ……………… (71)

第15法:烂熟于心,学则不殆
　　——巩固性学习法 ……………… (75)

第16法:精益求精
　　——研究性学习法 ……………… (80)

第17法:举一反三
　　——拓展性学习法 ……………… (83)

第四章 互动学习方法

第18法:站在老师的角度上来学习 ……… (91)

第19法:多与同学交流 ………………… (96)

第20法:节假日通过家庭知识擂台赛等方式学习 … (100)
第21法:敢于向学长质疑 ……………………… (104)
第22法:组织学习俱乐部、学习小组 ………… (108)

第五章 我思故我在
——掌握科学的思维方法
第23法:用抽象的思维方法学习 ……………… (115)
第24法:用形象的思维方法学习 ……………… (119)
第25法:用集中的思维方法学习 ……………… (124)
第26法:用发散的思维方法学习 ……………… (129)
第27法:用逻辑的思维方法学习 ……………… (134)
第28法:用创新的思维方法学习 ……………… (138)

第六章 行为学习方法
第29法:"自言自语"
　　　——把课堂上的学问转化为自己的语言 …… (145)
第30法:好为人师
　　　——在给别人讲解的同时巩固学习 ……… (149)
第31法:自己动手
　　　——用自己的行动深化学习 ……………… (153)
第32法:发明创造
　　　——把创意变为现实 ……………………… (158)

第七章 传统学习方法
第33法:好记性不如烂笔头
　　　——在学习的过程中应该勤动手 ………… (165)
第34法:应有不耻下问的勇气 ………………… (169)

第35法：提高听课效率，减轻课外负担
　　——课堂学习法 …………………………… (174)
第36法：书读百遍，其义自现
　　——应学会精读的学习方法 …………………… (177)
第37法：读万卷书，不求甚解
　　——应学会泛读的学习方法 …………………… (181)
第38法：台上一分钟，台下十年功
　　——通过做练习来巩固知识的方法 …… (185)
第39法：敢于质疑
　　——问题学习法 …………………………… (189)

第八章　攻无不克，战无不胜
　　——轻松应对考试

第40法：沉着冷静，松中有紧
　　——以一颗平常心面对考试 …………… (195)
第41法：没有过不去的坎儿
　　——自信地面对每一次考试 …………… (199)
第42法：上天偏爱有准备的头脑
　　——充分做好考前准备 …………………… (203)
第43法：谨慎细致
　　——应在考试中做到仔细审题 ………… (207)

第九章　现代学习方法

第44法：善用百宝箱
　　——充分运用网络资源 …………………… (213)
第45法：使用好多媒体工具、便携式视听工具 …… (217)
第46法：运用通讯手段进行学习 ………………… (221)

第47法：运用社会科教资源学习 ……………… (225)

第48法：如何用好家教辅导和业余培训班 ……… (229)

第十章 不愤不启，不悱不发
——科学处理学习中的困境

第49法：如何正确地对待偏科 ……………… (235)

第50法：怎样处理业余爱好与学习的关系 …… (240)

第51法：处理好学习与身体健康的关系 ……… (244)

第52法：考分诚可贵，素质价更高

　　　——怎样处理应试与提高素质的关系 …… (248)

第十一章 培养优秀的学习能力

第53法：如何培养孩子的观察力 ……………… (255)

第54法：一目十行，过目不忘

　　　——如何提高孩子的记忆力 …………… (260)

第55法：为想象装上翅膀

　　　——如何开发孩子的想象力 …………… (265)

第56法：于无声处闻惊雷

　　　——如何培养自己的质疑能力 ………… (269)

第57法：发掘孩子的学习潜能 ………………… (274)

第十二章 心态决定一切
——培养良好的学习心理

第58法：在跌倒的地方爬起

　　　——遇到挫折怎么办 …………………… (281)

第59法：不以物喜，不以己悲

　　　——如何面对一次成功 ………………… (286)

第60法:如何对待学习疲劳 ……………………(290)
第61法:兴趣是最好的老师
　　　　——培养孩子学习的兴趣 ……………(294)
第62法:如何正确面对压力 ……………………(299)
第63法:如何提高自我控制能力 ………………(303)
第64法:学习应该持之以恒 ……………………(308)

结尾综述

　　学习方法带有普遍性,但关键在于学习——尝试——体验——总结,找出适合自己并行之有效的学习方法。

　　道可道,非常道。不可迷信方法,所有方法必须回归到自己的学习生活实践中去检验,把学习成绩、学习体验和学习状态作为评判学习方法适用与否的标准。

　　强调方法必须个性化,必须走自己的路。自己学习,成就自己的事业。

第一章 备则无患
——掌握学习过程中的科学方法

> 凡事豫（预）则立，不豫（预）则废。
> ——《礼记·中庸》

第1法：怎样做好课前预习

同样聪明、同样专心的学生听老师讲课，有的学生对新知识不甚理解，最害怕老师提问；有的学生听得津津有味，积极踊跃地回答老师的提问，而且还能提出自己的问题。为什么有这样大的差别？这就在于学习新课之前是否进行了预习，是否扫除了学习新知识的拦路虎。

不打无准备的仗

周末，一家人兴致勃勃开车出去旅行。但上了山路走了一百多公里，突然轮胎爆了，自己又不会换轮胎，结果只能求救，用拖车拖出深山。等到车修好，一家人游玩的兴致也打消了一半。原来，出门前没有对车况进行检查，轮胎早已有问题，出游时一路上经过的很多都是崎岖小路，车况不好，很容易就出毛病了。

古人云:凡事预则立,不预则废。就是说,不论做什么事,事先有准备,就能得到成功,不然就会失败。这一家人就是因为出发前的准备工作没有做好,影响了全家人出游的心情。学习也需要做准备,课前预习是提高学习效率的第一步,是通往成功的第一步阶梯。

　　心理学家对青少年的分析认为,一般孩子对一件事物的持续注意时间只有45分钟左右,加上其他课程和事情的影响,一般学生在课堂上或多或少地会出现"走神"的现象,如果走神的瞬间老师刚好讲了新知识中的一个关键点,学生就有可能从那一刻起跟不上老师的思路了,那么就有可能越听越糊涂。但是,如果你预习过了,就可以避免这种被落下的危险。一是因为经过预习,知道本课的重点和难点,老师讲这些问题时就会倍加关注,不容易错过关键问题。二是因为预习过,有可能走神时错过的知识正是你预习时已领会到的部分,这样就不容易因为走神而"掉队"了。

　　你养成课前预习的好习惯了吗?你知道怎样预习最有效吗?

扫除学习新知识的拦路虎

　　每次课堂作业,是小明最头疼的事情。对当天的新课总是似懂非懂,做作业常常也很困难,可是好朋友却总能很快完成。是自己比好朋友笨吗?讲究学习方法的小明仔细分析自己课堂学习效果差的原因:有时是因为对新课文中所涉及的旧知识掌握不牢,听得心烦意乱,影响了对新知识的理解;有时是对新课中的难点问题还未能及时理解,老师已经讲到下一个问题;有时是自己开了一会儿小差,等回过神来发现跟不上课了……小明总结原因后,发现这一切都可以通过预习解决。

　　从此,针对这些问题,小明每天坚持预习新课文。首先,重点

补习与新课有关的旧知识。他把每天的预习看成是战前的"侦察",重点找出自己知识上的薄弱环节,在上课前迅速补上这部分知识,使它不会成为听课时的"绊脚石"。比如有一次,课前预习到初一数学"一元一次不等式和它的解法"一节时,书中有这样一段话:"解一元一次不等式就是求这个不等式的解集的过程,它的一般步骤与解一元一次方程类似,但一定要注意当两边都乘以(或除以)同一个负数时,不等号的方向必须改变。"小明对一元一次方程的解法掌握得不太好,因此他针对这个问题重点复习了这部分知识。第二天,老师对一元一次方程的解法只略加解释,直接讲"两边都乘以(或除以)同一个负数时,不等号的方向必须改变"的内容。结果,对一元一次方程掌握不好的同学仍然不会解一元一次不等式。有些同学停下来,去问别人或查书,耽误了听课,结果一步掉队步步掉队,再听又接不上了,在课上心烦意乱,毫无成效。而小明前一天在预习过程中及时补上了旧知识,新课上得特别轻松顺利,心中不禁喜悦万分。第二,每天的预习中总会遗留下一些不懂的问题,小明对新课中晦涩难懂的这部分倍加关注,如果实在弄不懂,就把疑惑留在心中,盼着上课时解决。老师讲解时,小明对这类问题兴趣极大,精神高度集中,直到老师解开自己的疑问,心存已久的疑惑被一种恍然大悟的喜悦而取代。解谜的乐趣使小明越来越热爱学习。

久而久之,小明发现,自己也能像好朋友那样,听课的效果很好,做课堂作业越来越轻松,课后补习的时间越来越少。坚持预习,使小明改变了学习上的被动局面,越来越自信。

⭐ 让预习成为你的"助跑器"

小明坚持预习,学习的被动局面改变了,成绩越来越好。以前预习主要是为了"补缺"。现在各科成绩都很好,偶尔对一些不是重点、难点的章节不预习,思路照样联系得上,好像铁轨上留有缝隙,火车照样能通过一样,因此,学习时间越来越充裕。这时,小明在学习上主动性越来越强。预习时,对于例题,小明往往不看书上的解题方法,而提出自己的解法。当老师讲到这道题时,他把自己的思路与老师的思路进行比较,看老师的高明之处,自己还有哪些理解不够的地方,取人之长,补己之短。比如一道题有两种解法,小明预习时掌握了其中一种。课堂上老师讲到这个问题时,小明就会胸有成竹地期待着,看老师是怎样做的。如果老师的解法和自己的一样,小明就会因为与老师不谋而合而感到高兴和自豪。如果老师提出了另一种更好的解法,就会感到惊喜不已,心中有顿开茅塞、别有洞天之感,佩服老师高明,更加虚心向老师学习,拍脑袋责备自己为什么没有想到这一步。这样大大增加了小明的学习兴趣,激起今后预习的欲望,使学习时充满动力。如果预习中盲目接受书本的观点,不管哪种解法,都只被动地认同,就不会产生上面的情感体验,印象不深,学习成了一项无趣乏味的任务。

所以,在预习中不要仅仅停留在被动汲取知识的层面,而是要开动脑筋,提出自己的思想,使上课时能做到:听有重点,看有"门道",重在思考。这样做,不仅有利于掌握新知识,而且有利于思维能力的发展,使学习成绩直线上升。

家长对策

1. 树立孩子的预习意识

刚从低年级进入中年级的学生一般没有预习的习惯,更不懂得怎样去预习。家长应该让孩子明白预习的重要性,引导孩子体会预习给学习带来的乐趣与促进作用。有意识地培养和督促孩子形成良好的预习习惯。把预习作为第一种良好的学习方法教给孩子,避免孩子走弯路。

2. 培养孩子主动学习的习惯

不少孩子把学习当成一种任务来完成,认为没有学到的地方就不要费力去看了。这种偷懒的做法渐渐会成为孩子学习的绊脚石,因此,家长首先要培养孩子主动学习的习惯。培养孩子学习的主动性,引导孩子不仅愿意预习,而且在预习中主动地对课本所写提出质疑与不同的意见,培养良好的预习习惯。

3. 引导孩子在课外阅读中预习

现在孩子的课本学习已相当繁重,再加上预习的功课,会让孩子更感到厌倦。如果给孩子介绍与新课有关的课外读物,既可以调节孩子的生活、拓宽视野,又能在阅读课外读物时对新课文进行预习,实为一箭双雕之举。如上《庐山的云雾》这一课前,给孩子看有关庐山风景的图片、描写"庐山"的散文和诗句、地理知识等等。这样既使孩子得到娱乐,又让他们获得了关于庐山的全方位的信息,调动各种感官,激发了对新课文的学习欲望,达到了预习的效果。

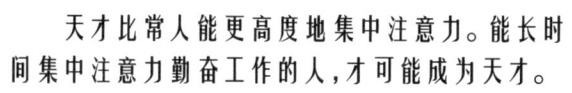

> 天才比常人能更高度地集中注意力。能长时间集中注意力勤奋工作的人,才可能成为天才。
> ——朱清时

第2法:如何在听课过程中提高注意力

用照相机摄影,取景框内有很多景物。拍摄时根据需要,取近,则远不实;取远,则近虚。所谓"逐鹿者不见山",也是这个道理。而任何新知识的学习,都需要注意力的高度集中。注意力集

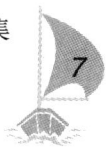

中，则能轻松达到好的学习效果。

专注造就成功

有个传说，讲古时候有个人想成为神射手，千里迢迢找到名师，虔诚拜师学箭。可是师傅除了每天教他拉弓、瞄准等一些基本功外，只在门上用线悬了个铜钱，让他每日站在远处盯住圆孔，专心看上几个时辰，不得分心。几年后，他觉得铜钱孔似乎一天比一天大起来，后来居然变得如碗口般大。这时，师傅把弓箭交给他去射，他盯紧铜钱孔，"嗖"地一下，射出的箭居然很轻易地穿过了铜钱。专注，练就了他不凡的才能。

一位高考落榜者大胆谈了自己的教训：上课时，我眼睛瞪得大大的，似乎在认真听，实际上什么也没听进去，总不自觉地分心，想想球赛的情形，再咬着笔头发发愣，看看表还有多久下课。经常一边听着老师讲，一边盼着：时间快快过去，早点回家玩儿去。老师提问时，同学们争着回答，我却坐在那里发呆。一堂课下来，脑子里空空的，什么也没留下。晚上作业做不出来，书看不懂，花大量的时间重新理解白天所学的新课，任务很繁重。第二天作业发下来还是错误百出，结果信心锐减，回去后又得重新补习。久而久之，欠债越来越多，学习任务越来越重，成绩却越来越差。听课时的"不专心"，使他名落孙山。

这两个例子恰恰说明了集中精力关注你所做的事情，对于你的成功是多么重要。

磨刀不误砍柴工

青少年因为年龄特点，或者因为学习太累，往往注意力难以集中，加上某些课程内容乏味或老师讲得枯燥，便会造成听课时的"走神"现象,影响学习效果。怎么调整呢?一定要注意张弛结合。俗话说,不会休息的人不会学习。保证睡眠充足,并且在两种不同的课堂教学或复习作业之间,做到间隔性休息,给自己一个转移注意力的时间,让身心得到休息。大脑是人类学习、记忆、思维活动的物质基础,它越用越发达,但在一定时间内,脑细胞用多了会疲劳,注意力就难以集中。这是因为脑细胞在工作时需要消耗大量能量,工作一定时间,细胞内能量消耗太多,补充很少,这时就需要休息,否则不但注意力无法集中,还会损伤脑细胞,引起神经衰弱及功能性紊乱等病理现象。因此,休息是为下一次学习作充分的物质准备。要使注意力高度集中,一定要让工作与休息相互交替,做到科学用脑。"磨刀不误砍柴工"就是这个道理。上课时,思想高度集中并保持一定的静坐姿势,肌肉处于紧张状态。同时,由于教室里人比较多,空气渐渐变得不新鲜,这都使大脑感到疲劳。为了能聚精会神地学习,课间10分钟不可侵占。下课了,不要利用这10分钟做家庭作业或看书,因为这样做实质上还在继续用脑,大脑没有得到休息,就会影响听课时的注意力。

注意力分配的问题

注意力分配是指对几个同时需要注意的目标,合理分配注意力的过程。有一位心算天才,算数非常快,从没被考倒过。有位青年决心要考考他,青年用较快的语速说:"钱罐里有500枚1分硬币。主人拿出去98枚,然后又放回23枚;不久又拿出去115枚,然后放回29枚;后来拿走58枚,放回34枚;拿出89枚,放回28枚;拿出33枚,放回27枚……"青年一连串说了许多拿出与放回硬币的数字,最后停下来,心算专家胸有成竹,不以为然地说:"你的问题问完了吗?""完了。""那你要问什么?"

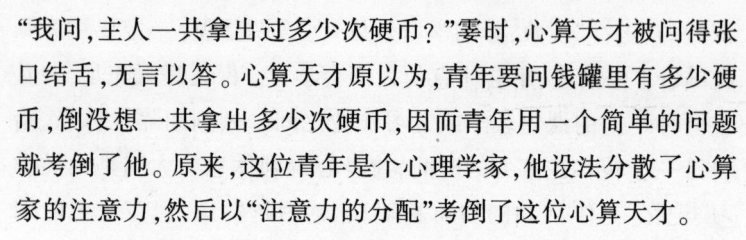

"我问,主人一共拿出过多少次硬币?"霎时,心算天才被问得张口结舌,无言以答。心算天才原以为,青年要问钱罐里有多少硬币,倒没想一共拿出多少次硬币,因而青年用一个简单的问题就考倒了他。原来,这位青年是个心理学家,他设法分散了心算家的注意力,然后以"注意力的分配"考倒了这位心算天才。

这个故事告诉我们:注意力的分配是否恰当,对工作与学习效果影响极大。当注意力分配不适当时,即使是简单问题,也可能解决不了。上课时认真听课当然是必需的,但难免会有些松懈,有时恰好忽略了最有用的东西。大部分人无法整节课都高度集中精力,连续四十多分钟全神贯注,一会儿也不走神,是不太可能的,所以上课期间也有一个注意力分配的问题,老师讲到自己比较熟悉的知识时,可以适当地放松一下。讲到重点、难点、新点时,则应该高度集中注意力。怎样把握重点、难点与新点?这就有必要进行课前预习。

提高注意力的办法

上课的时候积极对老师的提问作出回应,大声回答问题,跟着老师的思路走。不要怕出错,老师不喜欢问完问题后,教室里鸦雀无声,如果你勇敢地说出心中答案,他不但不会责怪你,反而会欣赏你、注意你。这样思路会自然而然地跟着老师走,注意力高度集中,而且感觉时间过得很快,上课效果很好。

人的注意力集中的时间有限,上课难免会走神。课前先预习,分清重点与非重点,老师讲到非重点时,或者老师说起题外话时,不妨抢时间闭上眼睛休息一下,或者望望窗外美丽的风景。总之在课堂 45 分钟内也可以利用时间赶紧休息。但要注意把握放松时间,不要耽误听课。

上课情绪要稳定,心情要舒畅,尽量避免因其他事情的干

扰刺激而"分神",带着心事去听课是很难集中精力的。不管外界发生什么干扰,学会"暂时的遗忘",把心事抛在脑后,专心听老师讲课。因此,平时锻炼自制力很有必要。

兴趣是最好的老师,也是注意力集中的源泉。培养学习的兴趣,可以使自己在轻松的条件下学习,不容易开小差。试试从学习中寻找到乐趣,比如平时多暗示自己:做题让我有成就感,这个老师讲得真好等等。

动手与动脑互相配合不容易走神。养成记笔记的习惯,用眼睛看、耳朵听、脑子想、手记录,全身心地调动起来,听课效果会很好。

家长对策

1. 注意学习兴趣的引导

家长不要整天强迫孩子完成这个或那个任务,命令孩子应该上课专心听讲,而应培养孩子学习的兴趣,使他们对新知识充满好奇与新鲜之感。父母与孩子一起讨论第二天新课文的内容,有意识地引导孩子找到学习新课的乐趣,设计一个个谜团,使孩子带着解谜的心情去听课。慢慢发现孩子的兴趣,再因势利导,引导孩子专心听课。

2. 要让孩子有良好的学习心情

孩子如果满腹心事,上课就很难聚精会神地听课。不要使家里的不愉快影响孩子的心情,孩子在外遇到不开心的事情,要关怀劝导,尽量将干扰他专心听课的诱因排除,让他们开开心心地去上课。

3. 不要引发孩子的逆反心理

当父母对孩子进行劝导的时候,首先要知道怎样说孩子才会接受,根据这个原则,父母在讲话的语气、态度上,就必须有

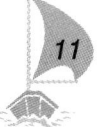

所约束，不要情绪化地唠叨，或是用权威式的告诫、命令等强制禁止。青春期的孩子容易对这些态度萌发逆反心理。父母用商量、建议的口吻来说，可使孩子有被尊重的感觉，进而接纳你的劝告。其次，温和坚定的口气与较低的音量，皆能使孩子在不知不觉中接受劝导。另外，少说"不可这样做"，多说"应该如何做"，较易被孩子接受。

> 重复是学习之母。
>
> ——（德）狄慈根

第3法：怎样做好课堂内容的复习

由于遗忘规律的作用，课堂学来的东西很容易就淡忘了，而良好的复习才能巩固这些学到的知识，进而达到深深理解的程度。

复习是学习必备的阶段

我大哥家有两个孩子。男孩上小学，学习还算刻苦。女孩今年十四岁了，她爸爸妈妈对她头疼不已。她每次回家对课上老师教的东西总是说得头头是道，而且在家长会时老师也说她上课听讲十分认真，接受能力很强。但是，一到考试的时候就考得不好，在班里的名次总是在中下等。这都成为大哥他们的心病了。我的侄女叫柔柔，今年春天我回家的时候，大哥拉住我让我好好教教她。带着大哥他们的重托，我接送柔柔上了几天学，在放学后的时间里我尽量不打扰她，让她像往常那样作息。

几天后，我发现柔柔学习很刻苦，回来吃过饭后，看会儿电视或是玩一会儿就坐下学习了。从嫂子的目光中我看到他们对柔柔的爱护和骄傲。是啊，孩子这么刻苦多值得高兴。那天，柔柔问我一道数学题，我吃了一惊，她看的是初三的课本，而她今年才上初二。给她做了指导后，我问了她一些课上学过的东西，发现这部分知识她掌握得不十分牢固，有些东西差不多都忘了。再问一些英语和语文的知识，也都是如此。我才发现柔柔和大哥他们都陷入了一个误区，即认为只要孩子坐下学习都是好的，还会认为超前的学习表明孩子智力比一般孩子要高，这种看似正确的逻辑是有问题的。不否认有一些智力超常的孩子会学得快一些，可以越过学习阶段学习，但这毕竟是少数。如果不巩固已经学过的知识，而盲目追求学得快，只能是后面的知识在没人指导的情况下自己摸索，而前面学过的东西在未完全掌握的情况下慢慢忘掉了。这样的结果便是学习成效很差。柔柔就是这样的一个典型。在学习的过程中，复习是一个很重要的环节，有效复习是学习的必需阶段，否则学习就会像那只掰棒子的狗熊一样，学一点丢一点，最终什么也没掌握住。

记得以前自己上学的时候，在每节课上学习的兴趣都十分浓厚，但是上复习课程时就兴趣索然了。现在回过头来想一想，在自制力不是很强的时候，对于新的东西孩子们总是乐于接受的，但是对于"吃剩饭"式的再来一遍的复习，许多孩子就提不起兴趣了。学习不是一朝一夕的事，古人寒窗十载，才得以有金榜题名的荣耀，学习是温故而知新的过程。做好复习是学习必备的阶段。

★ 掌握良好的复习方法

做好复习，方法是十分重要的。而一个良好的复习计划则是复习成功的一半。学完课上的内容后,老师一般会按他的计划带领孩子们复习,而对孩子来说,课余时间可以按自己的思路来做,找到适合自己的学习计划,合理安排自己的时间。在制订计划的时候,首先,计划书中要有充足的时间留给基础知识,无论哪一科,基础知识往往被考生忽视,实际上,这才是取得好成绩的基石。其次,为了提高学习的效果,对于考试的准备也是不可少的。复习时,在掌握课堂知识的基础上,孩子们可以多做一些训练,熟悉考试中的题型,消除对于考题不知如何下手的问题,做到熟练解题。这样就能在以后的考试中心中有底,不会由于不熟悉题型而在考试中打败仗。第三,留出时间调节身心,这对于孩子们来说也是十分重要的,一个优秀的孩子应该是各方面综合发展的,而不是我们常说的"高分低能",而且一个良好的身体和健康的心理素质也是孩子综合发展所必需的。

另外,利用好复习参考书也是应重视的一个环节。参考书一般有这样三种类型:偏重讲解与例题的、讲解与练习兼重的和以练习为主的。对不同类型的参考书应该有不同的应对策略,在复习的不同阶段对各类型参考书的倚重程度也应该有所不同。

在课后,因为孩子们是第一次接触这样的知识点,在他们解题及应用能力不是很出色的情况下,这个时候最好能多读一些偏重讲解的参考书。这样可以巩固自己的基础知识,还可以有效地避免盲目做题浪费大量的时间。在中期复习的时候,就可以有计划地开始做一些习题了。此时并不是第一遍的学习了,孩子已经把第一遍的复习做过了,多多少少也接触了一些题目,具备了一定的做题基础,知识点的巩固已经不需要像课后那样详细进行,讲解与练习兼重型的参考书在这个时候应该是最实用的。到了考前的复习阶段,习题集就该成为孩子们复习中的主角了。这时,要提高的已不仅是纯粹的解题实力,而解题的速度和正确率是更重要的提高对象。一定量的练习可以提高实战能力。

在参考书的选择上,可以视孩子的情况而定,如果孩子的接受能力很快的话,可以选择几套参考书来看,对于一些好的参考书,还可以侧重一下,不妨多看几遍。而效率低一点的孩子就选择质量高的参考书,"从一而终"好了。好老师编的好参考书,凝聚了这些老师几十年的教学精华,如果能系统地掌握,对知识的深化理解和思路的开阔也是受益无穷的。

家长对策

1. 帮助孩子克服复习时出现的厌烦心理

对于大部分孩子来说,总觉得自己课上已掌握了知识点,不愿再下工夫复习,而且随着复习的深入,复习的东西越来越多,心里不免产生烦躁情绪。这时候家长们可以通过鼓励的手段和开导的方法,克服他们的厌烦心理,把复习坚持下去。

2. 树立孩子的自信心,使他们复习时经受住挫折

在复习中可能会出现孩子们觉得掌握得很好的知识点在应用时忽然忘了,或是在做题时出现他们自认为完全没问题的东西出错的现象,这会使他们很沮丧。此时,家长们可以通过耐心的说服,或者举自己的例子向他们表明这是学习过程中的必然现象,使他们克服挫折的阴影,树立学习的自信心。

3. 帮助孩子加强复习的计划性和针对性

家长可以根据自己的经验,按照孩子要复习的内容和复习时间制订出切实可行的复习计划。复习的针对性也是很重要的,家长可以引导孩子把复习重点放在他们的难点、弱点以及

常易出错或失误的内容上,让他们做到有的放矢。因为孩子大多对这些知识点在潜意识里有躲避心理或是厌烦心理,家长的耐心引导和帮助对孩子是十分重要的。

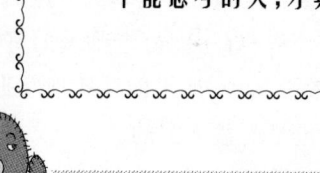

> 一个能思考的人,才真是一个力量无边的人。
> ——(法)巴尔扎克

第4法:如何把握课堂学习的重点

把握学习中的重点,才能做到事半功倍,"眉毛胡子一把抓"的学习方法只能是适得其反。

记得上高中的时候,认识了一个少年班的同学,我们有一个共同的爱好就是打篮球,我们也就是在球场上认识的。少年班的同学都是当时从各个初中送上来的尖子生,他们是理科班,年龄相对较小,学习成绩都十分优秀,那个班可称得上高手如云。认识他以后,我发现每次我去打篮球的时候他都已经在那儿玩起来了。高中的学习多紧张呀,我每周也就打上两三次,心里总有种犯了错的感觉,跟他熟起来以后,才知道他是每天下午都来玩的,而且是一下课就出来,不玩到天黑不回去。我潜意识里觉得这肯定是少年班里最差的一个,这么个玩儿法学习哪能好。那一年期末考试公布学习成绩和举行颁奖仪式时我大吃了一惊,学校公布的成绩榜上他的名字赫然排在第一位,我此时还以为这肯定是同名同姓的人。没想到在颁奖仪式上,上台领奖的竟然就是他,让我跌破了眼镜。跟他交往多了,发现他学习数、理、化这些科目与其他同学有很大的不同,用他自己的话说,上课的 45 分钟只要掌握本节的重点,就不用花太多的精力去死记硬背其他的东西了,理科的知识带有规律性,后面的知识一般都是前面知识的发展,把它们联系起来就行了。后来高考的时候,他的化学考的是满分,数学和物理成绩都在 140 分以上(满分 150 分),这是当时几年里我们学校的传奇。我是学文科的,对于 140 分以上的成绩无论如何是达不到的,而数理化之类的科目正是我们的弱项,对于这些科目很多同学热衷于题海战术,可是这样一来不但费神而且收效甚微,甚至于每天都趴在教室里仍然学不好,看着那位同学每天那么轻松而高效地学习着,我才发现这种掌握重点方法的重要性。

消除错误方法,把握学习重点

虽然大部分孩子已经上过许多节课了,在上课的过程中也都有自己的心得体会,但是我还是要说,许多孩子是不会听课的。这主要表现在:课前不预习,对上课内容完全陌生,无法带着疑问去学;听课时开小差不记笔记,或充当录音机的角色,把老师所讲的一字不漏地记录下来,只让自己的记录与教师的讲述保持同步,而不让自己的思路与教师保持同步;课后不及时复习,听完课就万事大吉,等等。抓不住讲课重点的孩子大有人在,有的孩子在听课过程中往往忽视老师讲课的开头和结尾,这是错误的。

知识结构是知识体系在学生头脑中的反映,也就是指知识经过孩子输入、加工、储存过程而在头脑中形成的有序的组织状态。构建一定的知识结构在学习中是很重要的。如果没有合理的知识结构,再多的知识也只能成为一盘散沙,无法发挥出它们应有的功效。有的孩子单元测验成绩很好,可一到综合考

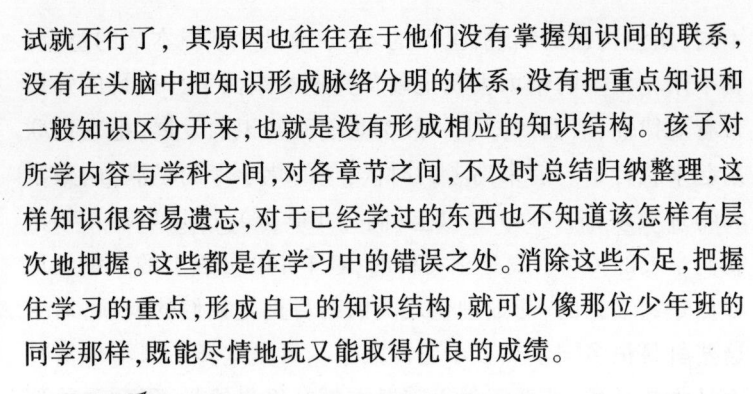

试就不行了,其原因也往往在于他们没有掌握知识间的联系,没有在头脑中把知识形成脉络分明的体系,没有把重点知识和一般知识区分开来,也就是没有形成相应的知识结构。孩子对所学内容与学科之间,对各章节之间,不及时总结归纳整理,这样知识很容易遗忘,对于已经学过的东西也不知道该怎样有层次地把握。这些都是在学习中的错误之处。消除这些不足,把握住学习的重点,形成自己的知识结构,就可以像那位少年班的同学那样,既能尽情地玩又能取得优良的成绩。

掌握科学方法,抓住重点内容

每个学习阶段有每个学习阶段的特点,取得好成绩的一个条件就是要适应各阶段、各学科的学习特点。听到过许多家长说:"上小学时,我的孩子成绩挺好,可刚上初中,就感到学习很吃力,成绩上不去。我心中很着急,该怎么办呢?"这其中一个很大的原因在于学习方法没有及时调整。从小学到初中,学习特点发生了较大的变化。还有的孩子这么抱怨:"我其他成绩都不错,可为什么就学不好外语呢?"原因也可能在于他没有认识到外语学习的特点。时间对每个人都是公平的。有的学生能在有限的时间内,把自己的学习、生活安排得从从容容。而有的学生虽然忙忙碌碌,经常加班加点,但忙不到点子上,实际效果不佳。

抓住学习重点,一个重要的方法就是记笔记。记笔记对提高学习效益和学习效果有不可低估的作用。一方面,笔记可以把一节课的重要知识点储存起来,给以后的复习带来方便;另一方面,记好笔记可以克服大脑记忆方面的限制,不受课堂时间的拘束。记笔记可以从记提纲开始,有的孩子说,课堂上记笔记,常感到听了来不及记,记了来不及听。其实,没必要记下所有的东西,应详略得当,提纲挈领。记好提纲,使得这部分内容脉络清楚,然后可根据提纲进行回忆、补充。另外,记笔记的过程中要有的放矢,记笔记时要突出重点。首先要关注开头和结尾。有的孩子误认为,开头不是正文,结尾则是正文的重复,听不听无关紧要。其实,老师讲课的开头,有的虽话语不多,却是本节课的重点部分,所以在开头时就能明确提纲、把握重点,记录时就会有的放矢。结尾虽话语不多,却是这节内容的精彩提炼和复习巩固的提示。总之开头与结尾有前呼后应、互相启迪的作用,密切关注就一定会有收益。如上文所说,还要高度关注老师反复强调的内容。重点内容在课堂必会得到反复的强调,有时老师会把有关内容框出、画出,或者用彩色笔写出以求引人注目,突出重点。明确了重点,笔记才能发挥最大的作用。

家长对策

1. 平时对孩子进行有针对性的训练,在时常的对话中培养孩子把握重点的能力

可以用平实的语言向孩子讲一些事例,然后引导孩子总结这些事例的重点内容。也可以找些辅导材料上的文章,引出一段来让孩子用少量的笔墨写出这部分的中心内容,通过有针对性的训练,孩子的能力会得到相应的提高。

2. 帮助孩子形成他们的知识结构

孩子的抽象能力相对来说是较弱的,对于重点和非重点在他们眼中看来都是一样的,大部分孩子是选择自己感兴趣的东西来重点把握,其实这并不一定是学习的重点。家长可以循序渐进地引导孩子确立重点知识的体系,使他们对于重点的内容加以重点理解和记忆,这样才不会"眉毛胡子一把抓"。

> 有无相生,难易相成,长短相形,高下相倾,音声相和,前后相随。
>
> ——老子

第5法:如何充分利用课堂资源

课堂上的资源十分丰富,既包括教材和辅助材料,也包括现代化的辅助设备,还包括随机可以把握的课堂生成资源,甚至老师和学生本身也都是课堂上的资源,把这些资源充分整合利用起来,一节课就足以称得上成功了。

有这么一个精彩的教学片段:教学大师张化万在一次课堂上,让每个学生吹大手中的气球,再松手让它上天,然后让学生们描述当时的情景。其中一位学生这样说道:"大家手中的气球一下子在'咻咻'声中上了天,但转瞬间,放了气的气球一下子又从空中落了下来,地板上像是被日本鬼子扫荡过一样一片狼籍。"这种描述显然不贴切,而且也与课堂的气氛不相符。如果换一位严厉的老师可能会对这个孩子严加批评,但张老师首先肯定了这个孩子独特的描述视角,他将描述的视角从空中转到地上,然后又让大家讨论这样的比喻是否合适,为什么?通过讨论和引导,学生们感受到了语言表达的准确性和情感一致性的要求。另一些学生就在这种课堂气氛中,把握住了这种表达语言与情境相适合的要求,说出了"像是五彩的花瓣洒满了我们的教室"这样优美的句子。这种在课堂上随机生成的情景也是课堂资源的一部分,而把握和利用这些课堂资源就会有助于更深入地达成课堂教学的目的。

充分认识课堂上的各种资源

在这个全新的信息时代,教育是一种五彩缤纷的信息化教育。而电视、电脑等现代化教学设备,电教中心、声像室、多功能演播厅、校园电视台、互联网站、电子阅览室等硬件和软件设施,都是可以在课堂中使用的教学资源。这些资源对改进课堂教学、提高课堂教学效率,有着十分重要的作用。课堂教学可以充分利用录音机、录像机、影碟机、投影仪、计算机网络等电教多媒体,以其形、光、声、色等多种功能作用于学生的感官,使听说读写能力的培养有了现实的物质基础和广泛的空间。课堂教学借助电教多媒体,激发了学生的学习兴趣和潜力,活跃了课堂气氛,体现了教学的现代化,在素质教育中发挥着重要作用。

现在许多学者和学校越来越重视课堂中生成资源的利用,这种生成资源在课堂学习中的作用也是不容低估的。例如学生在课上产生的独到的见解和独特的情感体验,正如上面所举的例子中,充分利用这样的生成资源可以达到传统授课所不能产生的效果。因为这些生成资源来源于学生自身,这种独到的见解和独特的情感体验是学生个性化学习的直接表现,它既反映了学生的个性和能力,更具有直观性,而这种生成资源产生的显著的对比效果,更强于老师的说教式教学。又如课堂学习出现的学生的超前认识。课堂是老师和学生共同经历的一个过程,由于教学任务的限制,老师往往在课堂教学的过程中,忙于完成自己的教学预案,忽视学生的具体情况。于是就可能出现课堂教学只能按照老师的进度一步一步进行,直到完成预先设定的所有学习任务,而对学生学习中出现的各种情况一概不问,这样课堂的效果自然是不理想的。如果老师当时就能沿着超前学生的思路,适当调整一下教学的流程,不仅保护了学生们学习的积极性，还自然而然地达到了教学的目的。在课堂中，学生超乎老师预设的情况是经常发生的，重视这种生成的资源也是课堂教学顺利进行的一个条件。

另外，老师和学生都是重要的教学资源。老师的文化底蕴、人文素养、人格魅力等对于学生来说本身就是一种丰厚的教学资源，学生们对一门课或是一本书的兴趣往往起源于老师的介绍与引导。学生们对老师的认识和接受也是课堂教学的一部分。学生的特长、生活经历、学习经验、优点等同样是一种教学资源。课堂上，学生的兴趣爱好往往是一节课成功与否的关键，在学生极大的参与热情中，课堂气氛往往是极为融洽的，而课堂效果也是十分显著的，也为每一个学生的个性张扬创造了机会和条件。

利用课堂资源，提高教学质量

随着电视、计算机不断普及，现代信息技术与学科教学日益整合，现代化的课堂中可以把知识内容与图、声、动画有机融为一体，将要表现的信息直接、形象、逼真地展现在学生们面前，将枯燥无味的课堂教学变得生动、活泼、有趣。学生们可以充分利用这些资源提高自己的注意力，直观而显著地掌握教学内容。课堂是老师和学生共同参与的认知实践活动，而老师和学生本身就是课堂中最生动的资源。课堂应该是学生的课堂，是学生们学习、活动、发展的重要场所。如果在课堂中能激发起学生们的主人意识，提高他们的积极情绪，使他们在生动和谐的课堂氛围中充分锻炼自己、展示自己、提高自己，在师生互动、生生互动的交流与合作、交融与碰撞中，往往会不断生成新的不可多得的教学资源，为师生所共享和互利。

因此，构建信息化的、充满生命活力的课堂是课堂教学的目标。在这样的课堂教学中,学生们的学习能力得到充分发展,他们体验着探究带来的乐趣。教师不再板着面孔灌输,学生不再无可奈何地接受,真正实现了师生教学相长。他们在民主的氛围中讨论着、探究着、争辩着,充满了生命活力。各种教学资源为教师和学生们的各种活动提供着支持,并成为课堂教学中不可缺少的部分。

家长对策

1. 帮助孩子正确认识和使用各种现代化的教学辅助设备

随着教学现代化的进程,各种教学辅助设备都进入了课堂,充分认识和利用这些教学资源才能保障孩子在课堂上获得足够多的知识。而往往有些孩子只知道这些辅助设备和设施是什么,却不知道该怎么充分利用它们来提高自己的学习质量。家长此时就可以为你的孩子提供讲解和帮助,使他们在课堂上能充分利用这些资源。

2. 训练孩子把握情境、随机应变的能力

大部分孩子对事物的反应是十分感性和直观的,对于一件突发的事件,他们的把握能力和应变能力可能都是不够的。而在一个集合了许多孩子的课堂上,往往会出现许多突发的事件,这些事件和老师的即时处理是课堂中不可多得的生成资源,而孩子们对这些事件的反应和应变就是深刻把握课堂教学内容的一个机会。往往这种机会是转瞬即逝的,因此,锻炼孩子们把握情境、随机应变的能力对于充分利用课堂生成资源是十分必要的。

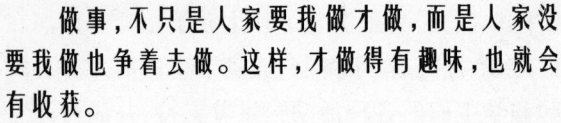

> 做事，不只是人家要我做才做，而是人家没要我做也争着去做。这样，才做得有趣味，也就会有收获。
>
> ——谢觉哉

第6法：如何在课堂上做到积极主动

"向45分钟要效率！"——这是我们喊了多年的口号。有些同学以为：我都预习过了，上课对付对付就行了，不用太认真。其实不然，上课认真听讲是整个学习过程中最重要的环节，否则，真是舍本逐末，捡了芝麻丢了西瓜。可是，怎么主动地把握好课上宝贵的45分钟呢？

课前准备要充分

课前准备也就是预习。预习是自学的前奏，是一种课前的准备性自学。一般是指在老师讲课之前，学生独立地自学新课的内容，做到初步理解，并做好上课前的知识准备的过程。它是学生学习活动中的一个重要环节。

一些同学错误地认为，课前预习没有必要，反正老师上课时要讲，上课专心听讲就行了，何必事先多费脑筋，还浪费了许多时间。应该说，这是一种错误认识。事实上，许多同学在学习上花费了不少时间，但忽略了课前预习这一环节，学习成绩始终不理想。一位高二的同学对我说："记得在初中的时候，老师就向我们提出过预习的要求,但当时我和许多同学一样,没把它放在心上,觉得反正老师上课时要讲,课前看不看没多大关系,就没有有意识地进行预习。到了高中,我明显地感到我的各门功课学得不扎实。往往上课时听懂了,下了课就忘了,觉得很被动。这是什么原因呢?我仔细琢磨,发现主要是因为没有认真预习。"可见,预习对同学们的学习非常重要。预习的作用表现在以下几个方面:

(1)预习有助于提高听课效率。通过预习,对即将要学习的新课能够做到心中有数,知道哪些内容自己能够弄懂,哪些内容自己还没弄懂。这样,听课时便可集中精力去听那些自己没弄懂的部分,听课变得更有针对性了,更能够抓住课堂学习的重点和难点。

(2)预习可以培养学生的自学能力。预习本身相当于一种自学。预习时,要独立地阅读,独立思考,用自己的方式去发现问题、解决问题,独立地接受新知识。在这个过程中,同学们的自学能力会逐步提高。

(3)预习可以巩固学生对知识的记忆。学生在预习时,对知识已经作了独立思考,听课时可以进一步加深理解,这样就比单纯依靠听课获得知识的记忆效果更好。

怎样做课前预习呢?预习不是把老师明天要讲的内容草草看一遍就算了事,而是要严格按步骤和要求进行:

(1)选择好预习的时间。预习的时间一般要安排在做完当天功课的剩余时间,如果剩余时间多,可以多预习几科,预习时钻研得深入一些;反之,把时间用于薄弱学科的预习。

(2)找出问题。遇到不懂的问题,头脑里始终要带着它,深入思考,仔细钻研教材,这时的阅读速度可以适当放慢一些,遇到困难可以停下来,翻翻以前学过的内容,或者查阅有关的工具书、参考书,争取依靠自己的努力把难点攻克。

(3)边预习边做好预习笔记。预习笔记有两种,一种是做在书上,一种是做在笔记本上。在书上做的预习笔记要边读边进行,以在教材上圈点勾画为主。所圈点勾画的应是教材的段落层次、每部分的要点,以及一些生僻的字句。同时,也可以在书面的空白处做眉批。写上自己的看法和体会,写上自己没读懂的问题。在笔记本上做的预习笔记既可以边读边做,也可以在阅读教材后再做整理。整理的内容包括本节课的重点、难点部分的摘抄及心得体会,几个主要问题是什么,以及它们之间的前后联系、逻辑关系,自己是如何解决的,查阅了哪些参考书或工具书等等。

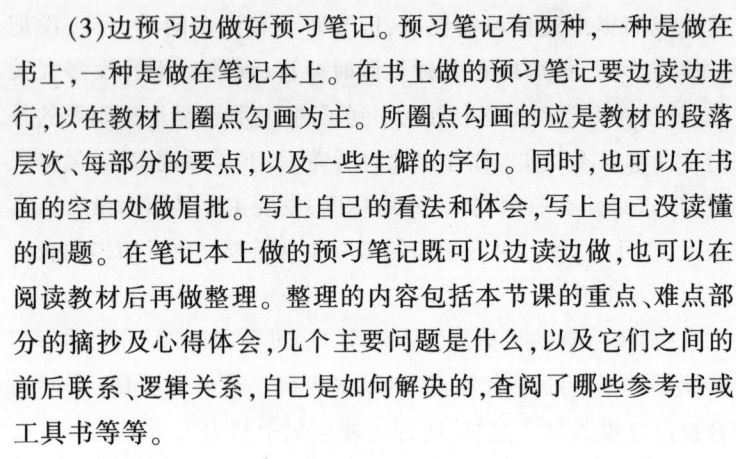

课堂上要积极主动

要抓住听课的重点。教师在课堂上讲的内容很多,我们要抓住听课的重点。首先要根据课前预习的情况,重点听预习时没弄懂的部分,争取通过教师的讲解,把疑难点解决。其次,要抓住教师讲课内容的重点。要善于抓住教师讲课中关键的字、词、句,注意教师如何导入新课、如何小结,抓住教师反复强调的重点内容。

听讲,以理解为主,眼耳手脑齐动员。眼要盯着教师的板书和老师讲课时的表情动作;耳要听清教师讲课的内容,要听得准确,听出重点,听出弦外之音,听出教师讲课的意图;手要有选择地记,要记重点、难点和疑点;脑筋要开动,积极思考,抓住教师讲课的思路。听课要以理解为主,要在理解的前提下去记忆所学的知识。那种未经思考和理解、死记硬背的知识是不长久的。

要敢于主动地发言和提问。教师在课堂上常会提出一些问题让同学们来回答。这时,有些同学怕教师叫到自己头上,一旦老师叫了别人，自己紧张的心情就放松下来，也不注意去听别的同学是怎么回答的，答对答错似乎与自己无关了。这是课堂上逃避积极思考的一种表现。上课时主动回答问题，能够促进学生开动脑筋、积极思考，加深对课堂学习内容的理解，是学习成功的保证。另外，善于发现问题并提出问题，也是课堂学习中促进积极思维的一个重要方法。

课后认真复习

复习是遗忘的"天敌"。但复习效果的好坏并不取决于机械的重复次数的多少，而决定于怎样正确地组织复习。要使复习卓有成效，必须注意以下几个方面：

(1)复习过程要多样化。切忌单调地机械重复。多样化的复习能维持学习者对识记材料的兴趣，调动他们识记的积极性和主动性。在复习过程中，要动员多种感官参与复习，如背诵外语单词，应把听、看、读、写等感知方式在复习中结合起来，这样能加深记忆效果。

(2)复习要及时。德国著名心理学家艾宾浩斯在对遗忘现象进行系统实验研究的基础上，得出了遗忘的进程规律是先快后慢、先多后少，并指出及时复习是最为有效的科学的复习方式。

德国教育家乌申斯基把记忆比作一座大厦，他认为复习的作用在于巩固建筑物，而不应去修补已经倒塌了的建筑物。他说："与其借助复习去恢复遗忘，不如借助复习去防止遗忘。"意思是当大脑的识记痕迹尚未消失的时候，趁热打铁地复习会收到事半功倍的效果；若等学习的识记忘得差不多了再复习，无异于亡羊补牢。

鉴于此，当天学的内容最好当天消化，当天巩固。那种为应付考试而临阵磨枪式的复习方式，违反了记忆规律，不可能收到长效，无助于发展记忆，不应提倡。

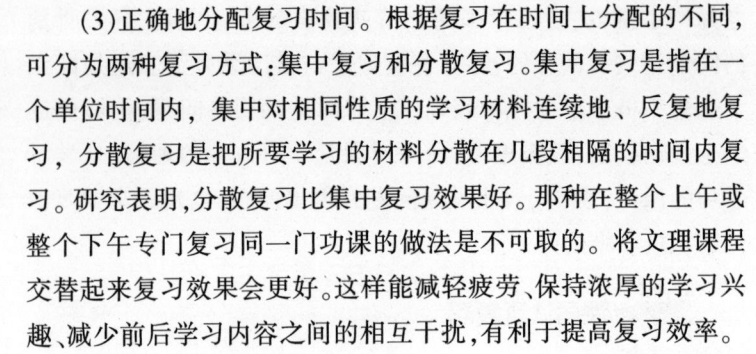

(3)正确地分配复习时间。根据复习在时间上分配的不同,可分为两种复习方式:集中复习和分散复习。集中复习是指在一个单位时间内,集中对相同性质的学习材料连续地、反复地复习,分散复习是把所要学习的材料分散在几段相隔的时间内复习。研究表明,分散复习比集中复习效果好。那种在整个上午或整个下午专门复习同一门功课的做法是不可取的。将文理课程交替起来复习效果会更好。这样能减轻疲劳、保持浓厚的学习兴趣、减少前后学习内容之间的相互干扰,有利于提高复习效率。

预习、听讲、复习——"三管齐下"。相信只要同学们按照这个步骤去做,一定能取得良好的成绩。

家长对策

1. 督促孩子预习

很多孩子之所以不敢在课堂上发言是因为他们没有把预习做好,在心理上没有底气,生怕自己会犯错误,被老师和同学笑话。如果准备充分了,知识了然于胸,自然就敢于主动发言了。

2. 启发孩子主动思考

向孩子讲述问题或故事时,要时时注意询问孩子的观点和想法,不要把大人的观点强加到孩子的头上。摒弃被动接受,而愿独立思考,是孩子最可贵的品质。

3. 在生活中培养孩子抓主要矛盾的习惯

要使孩子明白,面对任何问题,不可能各个方面都照顾到。我们应该把注意力集中到主要矛盾上,首先解决好这些问题,抓住事物的关键,千万不要因小失大。学会了这些道理,在课堂也是一样的,应该懂得把握住老师讲课的主要问题,而不是"眉毛胡子一把抓"。

第二章 处处留心皆学问
——学会科学的课外学习方法

> 没有阅读的童年是狭隘的,禁锢了一颗颗好奇心,让孩子既尝不到知识的甜味,也无法鼓起想象的翅膀。给孩子一本书,就是给他们开一扇窗,让他们看得更多。我们能看见,阅读可以令我们更有学识,更有想象、思维的能力和见多识广。
>
> ——(印度)泰戈尔

第7法:博览群书
——提高课外阅读能力

上中学时,语文课本里有篇莫泊桑的小说《项链》,小说女主人公为了参加婚礼,向人借了一条项链,结果项链丢了,得赔人家。项链很贵,为了挣钱,她去给人洗衣服,什么活儿都干。生活环境变了,接触的人也变了,人的性情也整个变了。过去很文雅的一个人变得可以站在大街上两手叉着腰大声骂人。为什么会变成这样呢?环境的影响和熏陶所致。家庭环境,学校环境,社会文化环境,对于一个人的影响都极大。一个人读的书也构

成一种精神——文化环境,它也会很深地影响一个人的气质与品格。因此,多读书、读好书尤为重要。

读史使人明智,读诗使人灵秀,数学使人周密,科学使人深刻,伦理学使人庄重,逻辑学使人善辩,凡有所学,皆有所获。

博览群书,收益颇丰

博览群书,可以增进学识、提高成绩。有时候,同学聚在一起议论:看班上某位同学,文章写得特别好,语文成绩总是轻松拿第一;可也有许多同学,上课专心听讲,课后认真完成作业,学习态度相当端正,可是成绩却不理想,写出来的东西乏味,不吸引人。这是为什么呢?天生资质差异吗?我们分析了一下两种人的生活,发现课余的时间安排、消遣娱乐活动很不一样。后者看电视、打电游、逛街,前者很爱看书,每天必看一会儿课外书。这就像一个身处美国的中国人,原本英语并不好,但因为有了一个语言环境,英语水平也会渐渐高起来。同样,创建一个文字的环境给自己,我们的语文水平自然也会提高,写出来的文章也更流畅、更充实、更有深度,而博览群书正好是这个环境建设的不二法门。

19世纪的奇人——海伦·凯勒,她看不到世上绝色的风景,听不见世上美妙的音乐,可她却写出《假如给我三天光明》,在她的书中我们能感觉到她对光明的渴望,对生命的热爱。这样一位有缺陷的人能成为一位伟人的原因,其中一点就是得益于广泛的阅读。8岁时,海伦把《方德诺小伯爵》读了一遍又一遍,几乎能背下来,并且津津有味地给小朋友们讲述其中的细节。如此喜爱这本书,是因为这样熟读一本书还是第一次,她体会到了读书的乐趣。从这开始的以后两年,她在家中和波士顿之行中读了很多书。有《希腊英雄》、《神奇的书》、《圣经故事》等等。她在学习和游戏之余读这些书,越读越有兴趣,同时接受了不少作家的思想珍宝。阅读仿佛是一点火种,点亮海伦心中的那一盏灯,把一个精彩世界在她面前打开,引领她去体会、去感受,使长大后的她拥有一颗丰富细腻的心灵,最终成为了一位伟大的作家。

　　如今的学生,在"应试"的压力下,对于语文学习,只一味在"题海"中游弋,两耳不闻窗外事,一心只想课堂书,极少有时间、有兴趣阅读课外书。试想,依赖薄薄的语文课本和有限的教学时间,是否能提高语文水平?据一份国外研究报告显示,一个学生要达到比较熟练的语文阅读水平就必须朗读不少于两百小时,默读不少于两千小时。看!光这一项,就得花费相当于我国小学至高中全部语文课时!做个乖学生,只靠"课内书"行吗?课堂上的语文学习,仅仅是通过老师的指点和课本的学习,懂点学习的门道、规律、方法和语文基础知识,这只是给你一把"斧头",会不会"砍柴",还得看课外所下工夫的深浅,拿了工具却不去砍柴,或者等到工具生了锈,也同样不会有收获。当然,强调课外阅读的决定性作用,并非贬低课堂、课本的作用,获得工具才能劈柴,这是不可缺少的阶段,只是有了工具却闲置不用,亦是枉然。

　　博览群书,还可以培养想象力和思维能力。经常阅读,使大脑得到灵活运用,脑神经得到充分的锻炼,能使大脑的活动更加频繁而且深入,思维会相对活跃得多。一个人汲取知识越丰富,思维活动就越能在更广阔的领域中进行,对事物的判断和推理就会更正确,更富于想象,可谓"海阔凭鱼跃,天高任鸟飞"。鲁迅先生曾告诫我们"大可以看看各样的书,即使和本专业毫不相干的,也要泛览"。而如果没有广泛阅读,背景知识是狭窄的,思考模式永远脱离不了我们周遭的环境,就永远无法培养想象力,尤其是反向思维的能力。

　　博览群书,使人见多识广。假设和一个见识浅薄的人交谈,

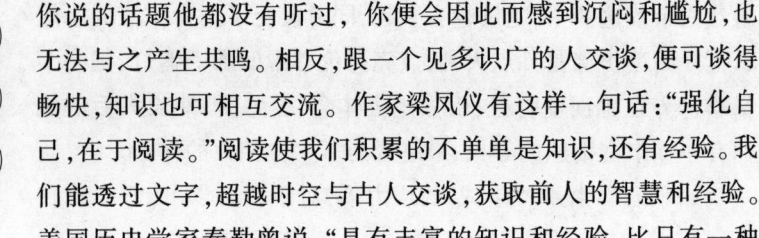

你说的话题他都没有听过，你便会因此而感到沉闷和尴尬，也无法与之产生共鸣。相反，跟一个见多识广的人交谈，便可谈得畅快，知识也可相互交流。作家梁凤仪有这样一句话："强化自己，在于阅读。"阅读使我们积累的不单单是知识，还有经验。我们能透过文字，超越时空与古人交谈，获取前人的智慧和经验。美国历史学家泰勒曾说："具有丰富的知识和经验，比只有一种知识和经验的人更容易产生新的联想和独到的见解。"广泛阅读正是我们积累经验、增进知识的最佳途径。

随心而读

俗话说，"无心插柳柳成荫。"读课外书，忌功利心太重，宜培养充分的兴趣。课外阅读能不能提高考试分数？应该是可以的。但问题是，这种作用常常是隐性的、潜移默化的，其效果需要一个相当长的时期才能显露出来。学生从中汲取的精神的养料和种子，何时何地会开花结果，难以预期。如果仅仅根据提高成绩的需要，在某一阶段去找几本课外书来读读，即使读了，浮躁的心态也只会产生事倍功半的效果。我们读课外书，如果是出于爱好、亲近书籍的习惯，出自内心的需要，才可能真正受益。《少年文艺》中曾有这样一段话："阅读，不是硬性的规定，不是绑紧的绳索，而是像候鸟在冬季向南方迁徙，像鱼儿逆流而上回到故乡，是一种自然的需要，一种放松的状态。它是一个人的天性。"捆绑重重的阅读是不自然的，只有放松心情，随心而读，才是真正的阅读。

听百家言

"随心而读"，并不等于不注重阅读方法、习惯。留心观察，

可以发现许多成功人士都曾经谈到读书的方法。

读书要循序渐进。如朱熹曾云:"读书,始读未知有疑,其次则渐渐有疑,中则节节是疑。后渐渐释,以至融会贯通,都无可疑,方始是学。"

读书要勤做笔记与背诵。法国莫洛亚曾说:"当我读一本历史书或者其他类似的严肃书籍时,我总要在扉页上记上一些概括思想主题的词句,并在每个词的后面标好页码。这样,在需要时我不必重读全书,而可以直接找到要找的地方。"

关于精读。朱熹说:"读书譬如饮食,从容咀嚼,其味必长;大嚼大咽,终不知味也。"苏轼说:"学者须精熟一两书,其余如破竹数节,后皆迎刃而解。"培根说:"阅读的方式不一,有些书必须浅尝即止,有些书必须囫囵吞枣,少数的书必须咀嚼再三,彻底消化。"

关于书籍的选取。鲁迅:"无论是学文学的,学科学的,他应该先看一部关于历史的简明而可靠的书。"布尔沃·利顿说:"读科学著作要读最新的,读文学作品要读最古的。古典文学往往是最摩登的。"

关于书籍的选择。应该根据个人的情况而定。但是现在书太多了,一年出19万到20万种新书,不要说这些书读不完,读这些书名都读不完。下面推荐第五届沪、港、澳与新加坡四地中学生读书征文活动参考书目,此书目有一定的广泛性、针对性,可供参考:

1《三国演义》罗贯中　人民文学出版社
2《平凡的世界》　路遥　广州出版社
3《我们仨》　杨绛　生活·读书·新知三联书店
4《围城》钱钟书　生活·读书·新知三联书店
5《傅雷家书》　傅雷　辽宁教育出版社
6《家》　巴金　大象出版社

7 《丰子恺自述》 丰子恺 大象出版社
8 《鲁迅杂文选》 鲁迅 人民文学出版社
9 《我的家在高原上》 席慕蓉 上海文艺出版社
10 《金粉世家》 张恨水 江苏文艺出版社
11 《朱自清散文》 朱自清 浙江文艺出版社
12 《老猫》 季羡林 东方出版社
13 《中国文学论丛》 钱穆 生活·读书·新知三联书店
14 《四世同堂》 老舍 人民文学出版社
15 《词林观止》 张毅 岳麓书社
16 《CCTV面对面真情访谈——非典时期的中国人》
　　　　　　上海文艺出版社
17 《我的光辉岁月》 太阿 花城出版社
18 《窦蔻的年华》 窦蔻 文汇出版社
19 《这里也有个金色池塘》 王小鹰 少年儿童出版社
20 《哈佛铜像前的故事》 王周生 少年儿童出版社
21 《刘心武自述》 刘心武 大象出版社
22 《异乡的天籁》 赵丽宏 少年儿童出版社
23 《乐神的摇篮——萨尔茨堡手记》
　　　　　　冯骥才 人民文学出版社
24 《故我依然》 黄宗英 东方出版社
25 《逝者如斯》 王觉非 中国青年出版社
26 《女生日记》 杨红樱 作家出版社
27 《路遥全集》 路遥 广州出版社
28 《目击中国100年》 成勇 广东旅游出版社
29 《嘟嘟嘟》 童喜喜 春风文艺出版社
30 《我只能为你画一张小卡片》 几米 辽宁教育出版社
31 《突破困难 成功学习:中学生学习心理辅导》
　　　　　　杨佐廷 上海科学普及出版社

32《聪明孩子想什么》邵泽水　学苑出版社
33《人生每日必修课》吴军红　浙江人民出版社
34《遥远的完美》铁凝　广西美术出版社
35《成功者就是我：中小学生走向成功的42个关键点》
　　　　　　　　郭中平　中国福利会出版社
36《失落的历史》盛振华　百花文艺出版社
37《两代人的热爱》华姿　湖北少年儿童出版社
38《灵魂饭》余华　南海出版公司
39《学子》梁晓声　百花文艺出版社
40《我是农民》贾平凹　陕西旅游出版社
41《天使肚子痛》陈丹燕　上海文艺出版社
42《学习成功——中学生成就梦想的15堂必修课》
　　　　　　　　管斌全　社会科学文献出版社
43《童言无忌逗你笑》滕俊杰编　中国福利会出版社
44《淘气小女巫》鸿鹰世界股份有限公司编
　　　　　　　　中国福利会出版社
45《上下五千年》林汉达等编著　上海人民出版社
46《人类与大地母亲：一部叙事体世界历史》
　　　　　　　　（英国）阿诺德·汤因比　上海人民出版社
47《小香咕和她的表姐表妹》秦文君　北京少年儿童出版社
48《非法智慧》张之路　北京少年儿童出版社
49《中的精神》（日本）吴清源　中信出版社
50《名人传》（法国）罗曼·罗兰　译林出版社
51《外国短篇小说经典100篇》
　　　　　　　　（美国）欧·亨利　人民文学出版社
52《被背叛的遗嘱》（捷克）米兰·昆德拉　上海译文出版社
53《哈利波特与凤凰社》（英国）J.K.罗琳　人民文学出版社

54 《高尔基传：去掉伪饰的高尔基及作家死亡之谜》
　　　　　(俄罗斯)巴拉诺夫　漓江出版社
55 《简爱》　(英国)夏洛蒂·勃朗特　上海译文出版社
56 《普希金诗选》(俄国)普希金　人民文学出版社
57 《歌德谈话录》　(德国)艾克曼　译林出版社
58 《悲惨世界》　(法国)雨果　人民文学出版社
59 《第一视角——与中国航天员朝夕相处》
　　　　　赵雁　北京出版社
60 《金银岛》　(英国)斯蒂文生　上海译文出版社
61 《茶花女》　(法国)小仲马　上海译文出版社
62 《窗边的小豆豆》　(日本)黑柳彻子　南海出版公司
63 《假如给我三天光明——海伦·凯勒自传》
　　　　　(美国)海伦·凯勒　华文出版社
64 《泰戈尔抒情诗选》　(印度)泰戈尔　上海译文出版社
65 《斯蒂芬·霍金传》　(英国)迈克尔·怀特　上海译文出版社
66 《歇洛克·福尔摩斯短篇故事集》
　　　　　(英国)柯南·道尔　上海译文出版社
67 《哈里王子》　(英国)马克·桑德斯　接力出版社
68 《蝎子之屋》　(美国)南希·法默　接力出版社
69 《爱因斯坦的"诡辩"——解开12个物理学迷惑》
　　　　　(美国)考林·布鲁斯　上海科学普及出版社
70 《第三、四届沪、港、澳与新加坡中学生获奖作文精编》
　　　　　徐建华等编　上海古籍出版社

推荐方：商务印书馆(香港)有限公司、上海教育报刊总社、少年报社、商务印书馆(新加坡)有限公司、香港教育图书公司、澳门日报、商务网上书店和CP1897.COM网站

家长对策

1. 平时经常带孩子逛书店,感受书店里浓郁的书香气息和读书氛围

有时间时,不妨把带孩子吃麦当劳的时间挤一挤,改去书店,从小培养孩子买书读书的好习惯,鼓励孩子将零用钱花在买书上。

2. 不要一味地给孩子买书,最主要的是督促孩子看书

可以在家里建一个家庭图书角,家长和孩子一起设计。简单如摆一个书架,放上孩子喜爱的书,并在图书角展示出孩子的读后感等作品。孩子在家长规定的时间内读完了一本或两本书,可以奖励他们一本最喜欢看的书。

3. 在选择书籍方面,家长的影响可以是"润物细无声"式的

孩子往往并不知道什么样的书值得一看。家长一般阅历知识比孩子丰富,但家长认可的课外书籍,并不等于孩子喜欢的。如果只根据自己的好恶硬性推荐书籍文章,不一定会被孩子接受。但家长有精彩的阅读体验时不妨与孩子分享,借此让阅读带来的美好感受一点点渗透进孩子的心灵。

4. 给孩子买好工具书

什么都可以省,工具书不能省。给孩子找个好帮手,遇到不认识的字或小问题时全靠工具书,家长没有时间帮助孩子也不成问题。比如《新华字典》、《现代汉语词典》、《中国大百科全书》等。

三人行,必有我师焉。

——孔子

第8法：广交朋友
——提高沟通能力，拓展学习渠道

一个人活着,如何让生命活得有意义？如何多获取知识与财富？如何抛却生活中的烦恼,过快乐的人生？我以为,多找有智慧的人沟通是一个最佳的途径。给予别人点什么,或从别人那里得到点什么,都能使你的人生从此丰富。子曰:"三人行,必有我师焉,择其善者而从之,其不善者而改之。"朋友是笔财富,不同性格、不同阅历的朋友都能使我们变得有所不同。所以,敞开心怀,广交朋友吧！

寻找心灵的朋友

生活中最重要的是什么？半数以上的中学生认为,知心朋友是自己未来生活中最重要的,这一比例远远高于选择财富、权力、信仰等等其他事项的比例。同时,59%的中学生表示最快乐的时刻是与朋友在一起。这反映出交友已经成为青少年生活中必不可少的一个重要的组成部分。人一生的成长、发展、成功、幸福,离不开社会；人一生的愉快、烦恼、快乐、悲伤,也同样与其他人的交往分不开。现在,大部分中学生都是独生子女,在家里没有兄弟姐妹的互相争吵与互说心事,有的只是家长们的悉心关爱甚至宠爱,虽然他们大部分衣食无忧,但学习的时候缺少同伴也是一件甚为遗憾的事。

朋友在人生的成长道路上的确起着不可或缺的作用,在学习中也起着非常重要的作用。学生时代,友谊像一条涓涓细流,沁人心脾,时时给繁重的学习带来一丝丝清爽。在生活中,当心情低落时,找朋友倾吐一下内心的苦楚,经过朋友的开导安慰,心里解不开的结会豁然打开。在学习中,和朋友一起研究难题,解决问题,那种柳暗花明的喜悦溢于言表。在学习之余,和朋友一道畅谈人生、展望未来不也是件快事吗?

著名作家贾平凹曾经在他的"贾平凹创作20周年祝贺酒会"上,感激那些在他的创作事业中给予帮助的朋友。这些朋友有的是对他的关怀,有的是对他作品的指正,有的是他的热心读者,是这些朋友的支持和鼓舞才让他有勇气在磕磕绊绊中继续文学之路,直到成为一个成功作家。所以说无论是一个成功的人,还是普通的人,人生的任何一个阶段都离不开朋友的关心支持,甚至是批评和劝导。

和朋友一起学习

知识的获得不单单是来自于课堂,来自于老师,还可以来自同学朋友,甚至社会。广交朋友不但可以提高同学们的沟通能力,而且可以拓展学习渠道,扩大知识面。

大家都经常背英语单词,有没有发觉如果和同学一起背就会记得快呢。在高中以前我记单词都是在一个本子上一遍遍不断地写,在心里默念,经常一个单词写几十遍才能记住,而且一想到又要背一大堆单词就头疼。直到有一天同桌过来和我说,我们来一起记单词吧,我很好奇,两个人怎么背呢。她从书包里拿出一堆小纸条,正面写着英文单词,背面写着中文意思,告诉我说我们互相提问。这招果然很灵,一个单词被提问几遍就记住了,我们后来还要求对方用单词造个句子,这样更加深了对单词的印象。在提问的过程中闹笑话时我们开怀大笑,从此背单词不再是一件枯燥乏味的事情了,我们两个人的英语成绩都有了不同程度的提高,我们也成了无话不说的好朋友。

有些家长希望自己的孩子把精力全部用在学习上,不希望孩子参加课外活动,怕影响学习,其实这是个误区。中学阶段的课业负担比较重,学生们适当地参加一些课外活动,可以缓解压力,增强体质。并且,在活动中有更多的机会和同学们进行交流、合作,提高语言表达能力和沟通能力,培养团队合作精神,结交更多的好朋友,这对今后的学习工作都会有益的。

  我认识的一个高中学生张亮是一个性格内向,甚至有些自闭的孩子,不爱和同学们来往,把所有的心思都用在功课上。同学们见他不苟言笑,也很少和他说话。他的学习成绩一直不错。可是有一次他的期中考试非常糟糕,成绩发放的时候他竟然像发疯了似的冲出教室,同学们都非常惊讶,他的这一举动出乎了所有人的意料。班主任老师来到操场上找他,面色苍白、浑身发抖的张亮哭着对老师说:"老师,我该怎么办呢,我完了,你救救我吧。"在老师的安抚和教导下,他才道出了实情。他是一个自尊心极强的孩子,在初中时是班里的尖子生,备受学生和老师的关爱,可来到高中这个班里,大多数学生都是优秀生。他就想通过自己的加倍努力取得好成绩,引起大家的注意。可没想到这次成绩考得如此不尽人意,张亮的唯一精神支柱倒塌了,于是出现了他慌不择路、逃出教室的一幕。班主任语重心长地开导他,不要给自己太大压力,学会和同学们相处,共同进步,共同解决学习和生活中的困难。你打开胸怀接纳别人,别人也会接受你做朋友的。在班主任和其他同学的帮助下,张亮终于走出了学习成绩给他带来的困惑,慢慢地融入到同学们当中,他的笑容多了起来,时常和同学们一起参加各种课外活动,在同学们的鼓励下,还参加了学校的演讲比赛。他自己都觉得有了这么多朋友的支持,像变了个人似的,生活充实多了。

  由此可见,虽然学习是中学生的主课程,但人际关系也是中学生的必要课程,因为,良好的人际关系是学业顺利完成的必要条件。中学生处于人生的特殊时期——青春期。青春期的一个重要表现就是青少年逐渐从家庭中分离出来,融入同龄群体,这时的他们非常希望被同龄人接纳,也非常看重同龄人对自己的评价,他们的许多烦恼都来自于人际关系,而中学生能否顺利融入同龄群体,获得同龄人的尊重将严重地影响其以后的生活与发展。学习和人际交往都是中学生的必修课,无论哪方面出现问题,都会造成心理上的困扰。人际方面的困惑并非学习成绩能够替代的,假借学习来逃避交往不但不能从根本上解决问题,可能还会带来更大的麻烦。另一方面,如果解决好了人际关系,更有利于学生的身心健康,没有了这方面的烦恼,他们会更好地开展学习,在学习中互相帮助,取长补短。学校里的人际交往比较单纯,学生之间更重视心与心的交流,看重每一份真挚的情谊,友情对于学习也起着不可估量的推动作用。

中学生心理健康的标准之一就是有良好的人际关系和较强的适应能力。人总是处在一定的社会关系之中,中学生也不例外,人们在互相交往过程中所形成的个体的心理关系称为人际关系。人际关系离不开群体,需要有相应的情感体验。和谐的人际关系主要表现为:乐于与人交往,既有稳定广泛的一般朋友,又有无话不说的知心朋友;在与人交往中不卑不亢,保持自己的个性;宽以待人,乐于助人,客观评价自己和别人;积极的交往态度多于消极态度;有必要的心理准备,在复杂的人际关系中保护和发展自己。人生活在世界中,要具有一种积极的适应机制,积极适应自身、环境及社会的各种变化。当环境发生变化,个人就要做出行为上的改变,以调整与社会、环境的协调关系。这种适应能力的标准是:能和集体保持良好的接触和同步关系,自己的需要和愿望与社会的要求、集体的利益发生矛盾时,能迅速自我调节,谋求与社会协调一致,对社会现状有较清晰的认识,明确自己所处的位置;学会调控解决生活中遇到的各种问题,掌握排解心理困扰、减轻心理压力的方法;学会学

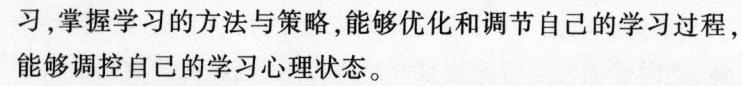

习,掌握学习的方法与策略,能够优化和调节自己的学习过程,能够调控自己的学习心理状态。

在学生时代,大家都处于身心发育期,接受能力也非常强,同龄人之间的互相影响会更大一些,更能学到其他人身上优秀的东西。广交朋友,扩大自己的交际圈,必然为同学们打开心灵之门,提高沟通协作能力,建立人际交往的自信心,拓宽视野,学到多方面的知识。

家长对策

1. 多了解孩子的学校及班级里的情况,经常和老师沟通

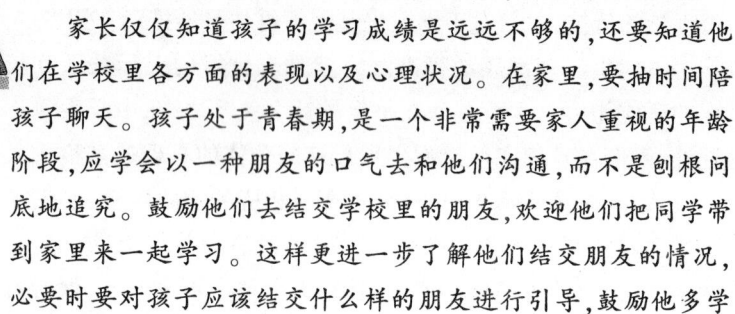

家长仅仅知道孩子的学习成绩是远远不够的,还要知道他们在学校里各方面的表现以及心理状况。在家里,要抽时间陪孩子聊天。孩子处于青春期,是一个非常需要家人重视的年龄阶段,应学会以一种朋友的口气去和他们沟通,而不是刨根问底地追究。鼓励他们去结交学校里的朋友,欢迎他们把同学带到家里来一起学习。这样更进一步了解他们结交朋友的情况,必要时要对孩子应该结交什么样的朋友进行引导,鼓励他多学习同学身上的长处。

2. 鼓励孩子参加课外活动

鼓励孩子在不影响学习的情况下参加一些课外活动,比如打球、郊游、公益活动等,锻炼孩子在集体中的沟通协作能力,提高交际能力,在同学们户外活动的互相帮助支持中加深了解,建立真正的友谊。

3. 给孩子一定的活动空间

在确保安全的情况下,给孩子一定的自由活动空间,参加一些社会实践活动,让他们走近社会,了解社会,培养孩子的适应能力。

> 在观察的领域中,机遇只偏爱那种有准备的头脑。
>
> ——(法)巴斯德

第9法:明察秋毫之末

生活中有许多不起眼的东西,只要你用心地去观察和挖掘,就会发现原来观察本身就是一种学习、一种提高、一种成长的过程。

观察能力是智能的一种基础。对世界没有观察,哪来记忆?没有观察和记忆,脑子里没有任何素材,哪来思维?所以观察能力应该说是一个比较重要的、需要培养的能力。生活现象层出不穷,就在你的身边、眼前,而这些你都观察到了吗?机会、成功只愿光顾那些细心观察生活的人。

观察是成功的前提

提到善于观察,不能不谈起牛顿。数千年来,无数的苹果落到地上,别人都视而不见,但牛顿却注意到这一表面看来好像本来就应这样的自然现象,通过潜心研究发现了物体间最根本的作用力——万有引力。

英国生物学家亚历山大·弗莱明在试验抵抗葡萄球菌时意外地发现培养皿中长满了青色的霉。但他并没有将这些"不受欢迎的客人"倒掉,而是进行了数千次的试验,最后终于因为提

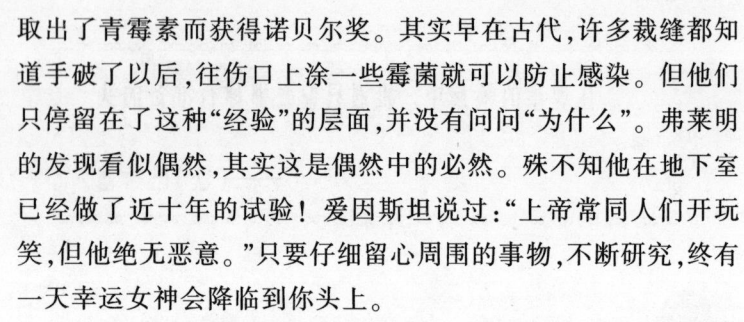

取出了青霉素而获得诺贝尔奖。其实早在古代,许多裁缝都知道手破了以后,往伤口上涂一些霉菌就可以防止感染。但他们只停留在了这种"经验"的层面,并没有问问"为什么"。弗莱明的发现看似偶然,其实这是偶然中的必然。殊不知他在地下室已经做了近十年的试验!爱因斯坦说过:"上帝常同人们开玩笑,但他绝无恶意。"只要仔细留心周围的事物,不断研究,终有一天幸运女神会降临到你头上。

车尔尼雪夫斯基说过:"美是生活。"这就是说,生活是美好的,生活中处处有美的闪光点。要善于发现、捕捉,才能充实你的头脑,美化你的心灵,写出一些有意义的文章来。曾荣获"国际少年书信比赛"金质奖章的一位同学,就很善于观察她所处的环境,她在《一个邮政职工的一天》这篇作文里,不仅描写了山川草木,还刻画了栩栩如生的人物形象,把那旖旎的自然风光、风土人情展现得活灵活现,使人有一种如临其境的感觉。这些都是她善于观察生活结出的硕果。

只要对周围的事物留心观察,潜心研究,就可能获得意想不到的收获。反过来,如果粗心大意,就可能一事无成。

观察有利于增强记忆力

心理学家发现,观察力的强弱与记忆力的好坏有着直接的联系。看得细才能记得牢。在生活中我们都遇到过这样的情况:有的人会识路,有的人不会识路。心理学家通过研究发现,所谓"会识路"的人,大多具有很好的观察力。只要周围的环境没有大的变化,没有增加太多的新建筑,即使过很长时间,他们仍旧可以不费吹灰之力而找到目的地。而所谓"不会识路"的人,大多观察力很弱,抓不住事物的表面特征,尽管去过要去的目的地,后来再去,往往还会走许多冤枉路。

研究记忆的学者,大多认为观察是打开记忆大门的第一把金钥匙。达尔文曾经说过:"我既没有突出的理解力,也没有过人的机智,只是在观察那些稍纵即逝的事物并对其进行精细的观察方面,我可能在中等之上。"大家都知道,达尔文的记忆力是十分惊人的,现在看来,他的记忆力与他的过人的观察力是直接相关的。可见,要有良好的记忆力,就应培养自己更敏锐的观察力。

曾经有这样一则笑话:某班几十名同学写作一篇名为《回家路上》的作文,结果第二天交来的作文里竟有多人写的是捡钱包的事情,老师哭笑不得地说:"路上真有那么多钱包让你们捡吗?"这虽然是一则笑话,但也说明了在中学生中普遍存在的一个问题:不细心观察生活,胡编乱造一些材料,说空话、套话。试想,这样的学生能写出好文章吗?其实我们生活在多姿多彩的大千世界里,从早到晚要与各种各样的事物接触。如果我们能够用自己明亮的双眼看世界,用自己聪慧的心灵感受生活,生活将给予我们巨大的惊喜。那么究竟如何观察?观察的方法是什么?我认为主要有以下两点:

(1)观察,观察,再观察。

观察是一个人认识事物的重要途径,观察是智慧的眼睛。没有良好的观察习惯,没有敏锐的观察力,就谈不上聪明,更谈不上成才。这也许是很多孩子的学习始终不理想的一个重要原因。

著名生理学家巴甫洛夫说:观察,观察,再观察。这句话道破了许多有成就的人成功的秘诀。

牛顿孩提时代对各种事物都很感兴趣,喜欢仔细认真地观察。他习惯独自一个人站在夜空下,遥望深邃的天空,看行星的闪烁,看流星划过夜空的瞬间……几乎所有的事物都被他尽收眼底。观察让他产生疑问:为什么月亮最明亮的时候星星却最少?为什么夜晚的天空时黑时蓝?为什么月亮有时像小船？有时像圆盘？观察的作用就在于它让人对周围的事物产生疑问，然后想办法解决这些疑问，这就是成功的过程。可见，要能顺利地解答疑难问题，要想学业有成，观察是必不可少的第一步。

(2) 观察=眼睛+心灵。

高考作文曾考过这样一道题目——战胜脆弱。半数以上的考生写到父母双亡，自己忍受着丧亲之痛努力学习、奋斗拼搏。父母双亡的确是生命中的一大挫折，但生活中真的有那么多悲惨的家庭吗？中国真的有那么多可怜的孤儿吗？稍微想一想，不难发现其中的虚伪性。为什么会出现这种现象？许多考生无可奈何地说，我们的生活一帆风顺，何来挫折，又何来战胜脆弱呢？的确，今天的生活风和日丽，没有太多艰难波折。但是我们就真的没有脆弱的时候了吗？当然不是，比如战胜自己因贫穷而自卑的心理，和下岗的妈妈共渡难关等，都是生活的真实写照，也大有挖掘的深度。我们忽视了这些生活细节，就是因为我们缺乏一双关注生活的眼睛。

我们要学会慧眼看世界，辨别美和丑。所谓"看"，就是让自己置身于社会生活中，不仅用自己的眼睛，更用自己的心灵去感受和领略社会的生活状况、人文状况。使学生通过自己的观察，积累丰富的生活素材，以作为课堂学习的材料。

有的学生写作文《我的妈妈》，不仅能描绘出妈妈外在的举止谈吐，还能挖掘出隐藏在妈妈外表下面的喜、怒、哀、乐的内心世界，这需要用心灵去体会、感悟；有的孩子描写自然景色，不仅能注意到花草树木、气候云彩、飞禽走兽，而且还深入细致地观察到不同季节来临前的自然界的各种变化。这是在观察中投入了情感的结果。

观察让人更透彻地了解到自然、社会。养成了观察的习惯，就如同登山者获得了一把开山大斧，前进道路上的一切荆棘都会被清除干净,隐藏在丛林深处的真理就会清晰地展现于眼前。

家长对策

在孩子小的时候培养他的观察能力,运用各种方法去锻炼他。许多关于早教的书上都介绍了一些具体的手段。而其中最重要的、贯穿这些手段的奥妙本质,就是培养孩子的四种积极性。

1. 观察兴趣的培养

所有孩子的家长都要意识到这一点。如果今天你带他出去玩了。你问他,天上的星星像什么?他看了一眼,做了个描述:天上的星星像眼睛,一闪一闪的,像晚上爸爸的眼睛。

他把这个观察告诉了你,于是你就以为已经培育了孩子的观察能力吗?不能说一点没培育,只是这个培育作用不大,效果也不好。因为最重要的一件事情你没有做,你应该对他所做的观察予以表扬。你要说,孩子,你对星星的观察真仔细,真清楚,真形象,真生动,比我们观察得好。这样,他观察的行为才能够变为观察的兴趣。一旦形成观察的兴趣,即使你不去训练他,他自己也会主动观察。

2. 竞赛意识的培养

如果还有其他孩子也在观察,还可以训练他的小伙伴。比如:宝宝说完了吧?再让兰兰说一说。兰兰把天空中的星星描述了一番,这时候你就要说,宝宝观察得很好,兰兰观察得也很好,再把个人的特长都说一说。这时候,你的宝宝不仅受到了欣赏和夸奖,他还获得了在观察方面的竞赛意识。

孩子希望把别人的优点也学到,观察得更好。这种向上的

积极性一旦产生,就会在观察兴趣的基础上,又产生了在观察能力上追求更高目标的欲望,由此,你的孩子在观察方面的发展,应该说是有着非常大的动力的。

3. 观察自信心的培养

要让孩子充分地感受到,自己在观察能力方面是非常出色的。让他觉得,我就善于观察,我到哪儿都能把环境观察得特别仔细,描述得特别清楚。如果他这种自信建立了,他对自己观察能力的提高就有了更大的积极性。

4. 观察注意力的培养

观察需要注意力集中,但孩子并不是观察的时候注意力都集中,注意力也不是从小到大都一样,它会逐步发展。如果他这次观察特别认真,你不但鼓励他观察的兴趣、他的向上的竞赛意识、他的自信,还要特别欣赏他观察方面的注意力的集中。对这种态度和这种心理状态本身要欣赏和夸奖,引导他善于集中自己的注意力。

> 在一个崇高的目的支持下,不停地工作,即使慢,也一定会获得成功。
>
> ——爱因斯坦

第10法:怀着目标而学习

在我读到的格言中,给我印象最深的一句是:朝着一定的目标去是"志",一鼓作气中途决不停止是"气"。两者合起来就是志气,一切事业的成败都取决于此。生活得有目标,就会清楚地知道自己所做事的意义何在。

我上高一的时候,对学习兴趣不大,生活迷茫,写出的文字总透着伤感。日复一日地学习,单调、辛苦、乏味,却不知是为了什么?这样的生活总让我想起一个故事:从前有一头骡子,自小被蒙住眼睛,在磨房里拉磨,日复一日绕着石磨兜圈子。有一天,它终于老得再也拉不动石磨了,主人把它放养到旷野之中,让他在绿草地里自由自在地度过余生。可是,它已经麻木不仁,不会享受蓝天白云的美好了。我感觉自己很像这头骡子,每天的学习就像在拉磨,枯燥无味,终有一天会在这种单调的生活中变得迟钝。

心灵之窗怎能"大雾弥漫"?终于有一天,我听到了这样一个故事:两个人都在搬砖,有人问他们在干什么,一个人说在搬砖,另一个人说在建造一座美丽的房子。十年后,那个说搬砖的还在搬砖,另一个人则变成了著名的建筑师。这就是做小事时心中是否有目标的区别。我问自己,我是在干什么呢?为学习而学习,还是为了某一个目标而在奋斗?

翻看高中日记,那里记载着我的这段心路历程:

4月25日

昨晚又是没有复习,老是在书桌前犯困,我使劲让自己打起精神,但是都失败了,早上起来就后悔了。早上起来一直在想着为什么总会犯困,其实想想也是的,虽然天天在捧着英语课本,但是感觉可能很多时候还都是在敷衍着,敷衍老师、爸爸妈妈。苦读了10年书,为的是什么呢?心中没有一个明确的方向,学习对我只是任务,却不是乐趣。必须好好想想,或者找爸妈谈谈,有个明确的目标,不能再这样做一天和尚敲一天钟了……

4月28日

"方向比速度更重要",这是以前老师说过的。当自己静下来的时候,问问自己将来想成为什么样的人,想怎样开发自己的能力?这真是人类所独有的思想!这几天在想着将来选文科还是理科,定了目标,不但能有所侧重地学习,以后学习也能有动力得多。老师上课有一种教学方法叫目标教学,咱们学习也要给自己确定一个目标,作为自己努力的方向……

高二,经过与父母、老师的反复沟通,考虑到自己的兴趣爱好,我定下了这一生最重要的人生目标。我决心考中国最好的医科大学,成为一名优秀的医生!

9月16日

既然我决定考中国最好的医科大学,那么现在关键是要学好每一门功课,成绩优异,才能最后实现我的愿望……

11月2日

这个学期,学习效率特别高。自从确定奋斗目标后,我不再厌恶背英语单词,数学题也解得津津有味。学习是件多么有意义的事情!因为,现在背下的每一个单词,学到的每一个定律,理解到的每一个知识点,都是为了把它们积累起来,最终达成我的目标,就像给外婆挖冬笋一样。我每天忙碌而快乐地学习着,生活好像充满灿烂的阳光……这一切,也许是因为我明白了,将来我将成为一个什么样的人,为了这个目标,我在快乐充实地奋斗着。

决定考医科大学后,任何一分一秒的学习都是有意义的,因为知道了每日所做的事积累起来最终的结果是什么,我学习得热情激昂。有目标的生活比迷茫颓废好多了,我发现学习是我最喜欢的事情。确定的目标,是成功之路上的一盏明灯,天天想着它,自然能找到方向。用远大的理想去刺激自己的信心,挑战自己。面对目标,我要奋斗!

积土成山,集腋成裘

胸中有了目标,怎样才能达到目标?

高一寒假所做的一件事对我的做事方式、学习态度产生了深远的影响。那年回乡下外婆家过年，体迈的外婆突然想吃冬笋，我和表弟提着篮子上山挖笋。江南的冬天，山上竹林里会长出刚露尖尖的冬笋，等待来年春天长成竹子。竹林里，笋尖小而隐蔽，山上地面满是飘落的树叶与零乱的枯枝，更将小笋尖巧妙地遮盖起来。找笋很费力，冬笋也还未长大，花很长时间才能挖满一篮，够一顿吃。为了能让外婆吃到冬笋，我们拿着一根树枝，扒开满地的落叶，寻找冬笋。运气好时，我用树枝扒一扒，笋尖就显露出来。有时却很久也找不到一棵。就这样我们一路扒落叶，一路挖笋，一棵一棵的小笋终于积满了篮子。当我们提着满满一篮子冬笋回到家里时，心中充满了无比的自豪。那种感觉至今想起来仍让人激动。如果我们把目标比作挖这满满一篮子的冬笋，那寻找挖掘每一棵冬笋都是为达成目标而所做的一件件小事。做一件小事没法达成目标，就像一棵冬笋不可能装满一篮子一样；但无数的小笋放到一起，一篮子冬笋自然就有了，所谓"积土成山，集腋成裘"。

用心地去做每件小事，知道把所做的小事积累起来最终的结果是什么，是达成目标的一个必要条件。从此，我重视每一个学习环节。从前，我常常偷懒，不想复习时就把这一天的功课丢在一边，心想少复习一课也不会怎样吧。从前，对待不懂的问题，经常置之不理，心想不会这么巧吧，偏偏就考这个？从前，我对待每一篇新课文都心不在焉……高二，我学习的态度不一样了。每一个小的知识点，每一个小问题，都是通往成功之路的阶梯，我必须踏踏实实走好了每一步，才能顺利地达成愿望。我坚持每天复习功课，坚持弄懂每一个问题，坚持学好每一个小的知识点，决不心存侥幸。我明白了，要从小事做起，小事是通往大事的必经之路。

达到目标的奥秘

胸怀大志,能做小事,已经境界很高,但到最后还不一定能达成目标。

有这么一个世人皆知的故事:少年时的李白,在学业上也不是没有发生过动摇的。他在四川眉州象耳山读书的时候,一度对学习的艰苦和紧张适应不了,曾想中途放弃学业,做一个自由自在、随意飘游的浪子。一天,他离开象耳山,正走到山下小河边时,遇见一位头发花白姓武的老大娘蹲在河边磨铁杵。李白好生奇怪,走上前去问大娘干什么。武大娘指着铁杵说:"我要把它磨成针。"李白以为老大娘在拿他开心,不相信老大娘的话,问道:"这么粗的一根铁杵,能把它磨成针吗?"老大娘意味深长地对李白说:"只要功夫深,铁杵磨成针。"李白听了心里不觉一怔,顿时感慨万分,独自一人在河边沉思了很久,从中得到极大的启发。领悟到做事一定要有恒心,只有坚持不懈,才会有成功的可能。如果半途而废,那就会一事无成。于是,他又坚定地往山里走去,决心继续归山终业。从此,"铁杵磨成针"成了李白的座右铭。他始终以这种精神来要求自己"读破万卷书"。正因为如此,他后来做的诗,都能达到信手拈来、妙语天成的程度。

人的成功还需要一种力量,一种自始至终、坚忍不拔的精神。巴斯德说:"告诉你使我达到目标的奥秘吧。我唯一的力量就是我的坚持精神。"既然定了一个目标,既然知道只要把每一件小事做好,就能把目标实现,剩下的就是持之以恒的精神。定下心去做,认认真真做,最后就没有做不好的事情。

家长对策

了解孩子的实际能力，帮助孩子树立适当的目标

所谓适当，是指这个目标不能太高也不能太低，要符合孩子的实际情况。这是因为，有时孩子一旦树立目标，表现兴奋，常常满怀激情地将目标定得太高，这会使他们因为达不到目标而失去信心，导致成绩的下滑。举个简单的例子，有一个孩子平时各科成绩只在七八十分之间，期末考试之前竟满怀激情地一下子将目标定为各科成绩都要达到95分以上。这个目标显然是脱离实际的，即使他们在临考前昼夜不息，拼命学习，但一下子从一个中等生跃升成尖子生，这种可能性是不大的，有受挫的危险。

目标定得过低，也是不行的，有一句话是这样说的，"取其上得其中也，取其中得其下也，取其下无所得。"就是说人得有一个远大的目标，目标不可太保守，这样就产生不了多大的激励作用和推动力，就失去了定目标的意义。

定一个适当的学习目标，有助于孩子达到目标后，增强他们的成就感，继而获得更多更大的进步。

古今中外有学问的人，有成就的人，总是十分注意积累的。知识就是积累起来的，经验也是积累起来的。我们对什么事情都不应该像"过眼云烟"。

——邓拓

第11法：不积跬步,无以至千里

桃李满天下的谷建芬老师在京举办了一场回顾她从事歌曲创作五十年优秀作品的音乐会,一首首耳熟能详的歌曲令人怦然心动。她的歌伴随我们的父辈一路走来,现在在我们中间依旧传唱。有人说谷建芬创作歌曲是调动自己全部情感,用自己的积累去创作。谷建芬老师说:"人没有积累就像'巧妇难为无米之炊'一样,做什么事情都无从下手,所以在平时积累非常重要。真是"听君一席话,胜读十年书"啊,积累确实很重要。

成功源于积累

古人云:"不积跬步,无以至千里,不积小流,无以成江海。"积累好似陈年老酒,时间愈久酒愈香;积累有如夕阳老人,年纪愈大阅历愈丰;积累也像中国历史五千年的文化厚重而璀璨。所以我说:积累是人生中不可缺少的重要环节。

你可曾羡慕过诸葛亮"呼风唤雨,无所不能"的本领,要知道那是饱览群书、研习天文地理的积累;你可曾折服于京剧演员"字正腔圆,一招一式皆传神"的精湛技艺,要知道那是风雨无阻苦练基本功的积累;你可曾惊叹于李时珍《本草纲目》的包罗万象,详尽精细,要知道那是风餐露宿、尝遍百草的积累。人不可以不积累,否则就会像"山间竹笋,嘴尖皮厚腹中空"一样浅薄。

上个世纪最初的几十年里,在太平洋两岸的美国和日本,有两个年轻人都在为自己的人生努力着。日本人每月雷打不动地坚持把工资和奖金的三分之一存入银行,尽管许多时候他这样做会让自己手头拮据，但他仍咬咬牙照存不误。另一边，美国人的情况更糟，他整天躲在狭小的地下室里，将数以百万根的K线一根根地画到纸上，贴到墙上，接下来便对着这些K线静静地思索，有时他甚至能面对着一张K线图发几个小时的呆。后来他干脆把美国证券市场有史以来的记录搜集到一起，在那些杂乱无章的数据中寻找着规律性的东西。几年后，日本人靠自己的勤俭积蓄了几万美元的存款；美国人集中研究了美国证券市场的走势与古老数学、几何学和星象学的关系。

后来，日本人用自己在艰苦的岁月里仍坚持节衣缩食积累财富的经历打动了一名银行家，从银行家那儿获得了创业所需的100万美元的贷款，创立了麦当劳在日本的第一家分公司，从而成为麦当劳日本连锁公司的掌门人。他叫藤田。美国人成立了自己的经纪公司，并发现了最重要的有关证券市场发展趋势的预测方法，他把这一方法命名为"控制时间因素"。他在金融投资生涯中赚取了5亿美元的财富，成为华尔街靠研究理论而白手起家的神话人物。他叫威廉·江恩，世界证券行业尽人皆知的最重要的"波浪理论"的创始人。如今，他的理论被译成了十几种文字，成为世界各地金融领域从业人员必备的知识。

一个靠节衣缩食攒钱起家，一个靠研究K线理论致富，这两个看似风马牛不相及的故事中蕴涵着一个相同的道理，那就是许多成就大事业的人，他们也同样是从一点一滴的努力中创造和积累着成功所需的条件。

格拉斯哥大学的教授凯尔文爵士，喜欢在物理课上做一个示范。他把一块很重的铁吊在教室的天花板上，然后从一个装满纸团子的篮子里，抓起一个又一个纸团，不停地向铁块投去。那块顽铁起初可以说是纹丝不动；但过了一会儿，开始轻微地颤动；然后开始摆动，最后居然像钟摆一样，荡来荡去。这块顽

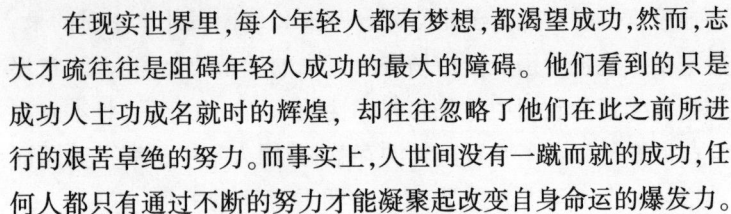

铁在小小的动力之下,经不住来自纸团的连续敲打,变得动起来。可见,无论做什么事,若能不断努力,每次做一点,永恒地做下去,积少成多,就可以做成大事。

在现实世界里,每个年轻人都有梦想,都渴望成功,然而,志大才疏往往是阻碍年轻人成功的最大的障碍。他们看到的只是成功人士功成名就时的辉煌,却往往忽略了他们在此之前所进行的艰苦卓绝的努力。而事实上,人世间没有一蹴而就的成功,任何人都只有通过不断的努力才能凝聚起改变自身命运的爆发力。

无视积累＝自毁前途

虽然如此,却依然有人无视积累的重要性。惊闻河北省的三名高中生打算放弃学业,结伴去环游世界的决定。环游世界固然是一个好愿望,但为什么要选在上学阶段去做这件事呢?真是令人匪夷所思。学习文化是一个非常重要的积累过程,不光学知识,还学做人和立足于社会的根基。青涩的果实不会甘甜可口,残缺的人生经历也决不会产生美好的结果。在当今这个知识经济时代,没有知识根本无法生存。博览群书、知识渊博的人尚且感叹:"书到用时方恨少!"更何况几个涉世未深、感情用事的年轻人呢?如果可以,我想告诉他们:"收好这个梦想,待到金秋时节果实累累之时,再踏上你们的旅程。多多积累,多多受益。"

再举一例说明无视积累的恶果。小红非常聪明,从小学就上奥林匹克数学学校,一有竞赛就参加,一参加就得奖,每回的竞赛名次都是全年级第一。可就是这么聪明的孩子,平常的代数几何却学得一塌糊涂。正是因为别人都夸她聪明,让她自觉了不起,平时上课不专心听讲,以为自己聪明,考前临时突击一下就能过关。结果成绩一落千丈,几何老师专门找她,劝她端正态度,苦口婆心地跟她说:"你要是这么耽误,就太可惜了。"而她还是照旧，老毛病就是改不了。

她的问题是把学习看成应付差事，当成苦事，能躲就躲，既没有养成积累知识的习惯，也没有从学习中找到乐趣。最后，就是这样一个聪明伶俐的孩子，竟然什么大学都没考上，失去了深造的机会。

积累的方法、途径

积累如此重要，那么怎样积累？积累的途径是什么？我认为通过做自学笔记来积累知识不失为一种好方法。那么又怎样做好自学笔记呢？当你利用多媒体教学资源学习的时候，做自学笔记是帮助你理解和记忆学习内容、提高学习效率的有效方式。阅读文字教材时直接在教材上做笔记，有助于你理解和记忆教材内容。例如，你可以在所学单元的标题下，记下该单元的重点及其他有价值的资料；在页边的空白处记下你的疑难问题和学习心得等。利用音像教材、CAI课件学习，或收看直播课堂、浏览网络和VBI教学信息时，也可在教材的相应位置记下重、难点和其他有价值的信息，并与自学文字教材时的笔记内容互相对照。别忘了注明笔记是根据哪些资料做出来的。

自学笔记应该使用自己重新组织过的语言记录，并反映你对阅读材料的理解程度，不要从教材中抄录原文。如果做笔记时不动脑筋，不经过自己的理解和判断，只会浪费时间。因此，在做笔记的过程中，你必须思考教材的内容，随时把你对于内容的理解记录下来。

积累是从量变到质变的过程。有个"笨人吃饼"的笑话，是说一个行路人饿极了，便买饼充饥，连续吃了六个饼后仍感不饱，于是买来第七个饼，但只吃到一半便饱了。这时他很后悔，懊丧地自责说：我这个人是多么愚蠢啊！前面吃的六个饼都白

白浪费了。早知道这半个饼就能吃饱,何必去买前六个饼呢?同学们或许会讥笑此人的愚笨。的确,他的愚笨之处在于:不懂得量变是质变的积累,只有通过量的积累,才能达到质的飞跃。

浩瀚大海是水的积累;

甘甜可口是蜂的积累;

绿荫遮阳是树的积累;

稳扎稳打是人的积累。

请记住:积跬步,才可至千里!

家长对策

1. 帮助孩子找回学习的快乐

如果你的孩子把学习看成苦差事,父母有责任帮他们改变看法。应该抽时间陪孩子一起学习,共同讨论疑难问题,同时营造欢乐的气氛,只有在欢乐中学习,孩子才能有兴趣不断积累知识。

2. 狠抓记忆黄金时期

童年时代是记忆的高峰阶段,可以利用这一黄金时期积极引导孩子多背诵一些美文佳作、名言警句,让语言文字在心底多一些积淀、多一些感悟。只有浩瀚的大海才能卷起万千巨浪,形成各具特色的浪花,而干涸的洼地只能是望洋兴叹。

3. 把死积累变成活运用

要鼓励孩子把摘录的好词佳句运用于平时的口头表达或习作中,使"消极语言"变为"积极语言",或组织参观访问、办报等活动,使学生在运用语言中增加积累。孩子通过"读、记、用",为"薄发"储存了丰富的材料,无疑会促进口头语言和书面语言的顺畅表达,促进感悟力的提高。要提高悟性,生活的积累也很重要。家长要鼓励孩子不断丰富自己的生活实践,扩大自己的生活视野,在阅读中紧密联系生活,用生活的活水帮助理解,促进感悟。

第三章　独立学习方法

第三章　地方自治

> 没有计划的学习,简直是荒唐。
>
> ——(德)恩格斯

第12法:有的放矢
——计划性学习法

教育学家们一致认为先进学生和后进学生的差异,重要的一点是,先进学生都有比较明确具体的学习计划,而后进学生大多是学到哪里算哪里,或教师指向哪里自己就到哪里,甚至教师指向哪里,自己也到不了那里,每天在无所事事中度过。因此每位学生在学期之初,都应该制订一份自己的学习计划。

记得我刚上中学的时候,学习成绩不是很理想,每次考试排名总在中间位置偏后。为了能把学习成绩提上去,我就给自己制订了一个学习计划。可是一个学期结束了,我的成绩并没有明显的提高。于是,我就去找我的班主任老师,请她帮我修订我的学习计划。她看了我的学习计划之后笑了,并对我说:"你虽然制订了学习计划,可是你的计划太笼统,没有区分长期计划和短期计划;而且,你的计划目标也不是很合理,不符合你的自身情况。我来帮你制订一个更合理的计划吧。"

如何制订学习计划

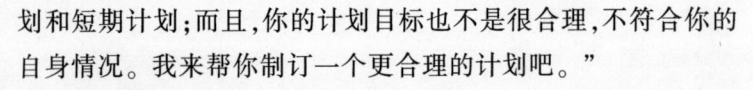

我们从小学升入初中,再步入高中,考入大学,前后要经历十几年的学习时间,不会制订学习计划显然是不行的。进入中学阶段后,随着学习科目的增多,课程容量的加大,制订科学合理的学习计划,充分有效地利用时间就显得尤为重要了。下面我们就来谈谈如何制订学习计划。

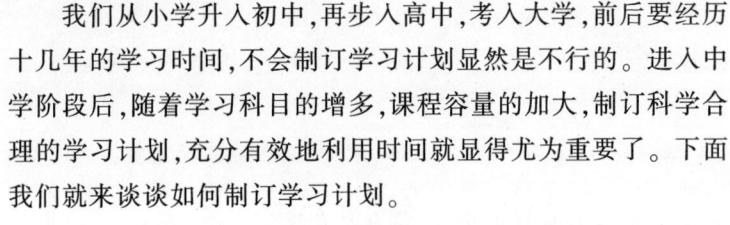

首先,在制订学习计划之前,我们要对自身情况有一个清醒的认识:

(1)自己的作息习惯是什么样的,是早睡早起,还是"夜猫子"?习惯于早睡早起的同学把预习安排在早晨可能会比较好,而"夜猫子"最好把预习时间安排在复习完当天功课之后。

(2)自己的性格是内向型的,还是外向型的?性格内向的同学自我学习的效率较高,而性格外向的同学则比较适合群体学习。

(3)自己的弱势学科有哪些?

通过对诸如此类的问题的回答,我们可以形成一个客观的自我评价。然后,在此基础上制订出一个明确、合理的目标。譬如,通过一个学期的学习,使排名上升3位。这个目标对于一个成绩处于年级中游水平的同学来说,经过努力是可以实现的。

接下来,需要考虑的就是如何来实现目标,具体地说,就是措施保障。仍以那个成绩处于中游水平的同学为例,他分析了自身的情况,制订了到期末使排名上升3位的目标,可如何来实现这个目标呢?通过分析,他发现自己的数学、物理成绩比较差,这是造成他排名偏后的主要原因。于是,在制订学习计划时就重点向这两门学科倾斜,投入较多的精力来学习这两科。

★ 制订学习计划时应注意的问题

需要指出的是,学习计划的制订应有一定的灵活性。毕竟,制订者是计划的支配者,而不应是计划的奴隶。明明身体不适却要勉强学习,效率一定不高,与其这样,不如先安心休养,待病好后再迎头赶上。

此外,学习计划还应区分长期计划和短期计划。譬如说,每天对当天所要完成的事制订一个计划,哪些是我今天要完成的事,安排一个顺序,什么时候干什么。这是最短期的计划。稍长一点的是周计划或月计划。例如,将一周内学过的数学公式进行总结归纳。这样的计划实施耗费的时间不是很多,但可以使我们对学习有一个整体的把握,学得更扎实。一个学期或一个学年的计划可作为长期计划,其中包含的目标也更多些。好比说,使自己的期末数学成绩提高10分,掌握英语语法中常用时态的用法等等。无论是长期计划还是短期计划,切记目标不要定得太高,否则如果结果离目标太远,反而会打击自信心。例如,英语本来是自己的弱势学科,却一定要在期末就要拿到班级的前3名,这样的目标明显有些不合实际。长期计划的制订可以粗略一些,主要是经过努力要达到的目标,短期计划则要详细。每日计划最好能精确到用时多少分钟。例如,晚上7点到8点用时一个小时写完作业,8点到9点用时一个小时复习当天的主要课程,9点开始用时45分钟预习第二天的课程。接下来我们举一个中学生的例子。饶京翔是北京市四中的高三毕业生,他荣获了第25届国际物理奥赛的金牌。据说他的学习计划是十分严格的。在计划中,他规定了什么时候休息,休息多少分钟,休息的这些时间里每分钟都做什么。他认真执行自己的学

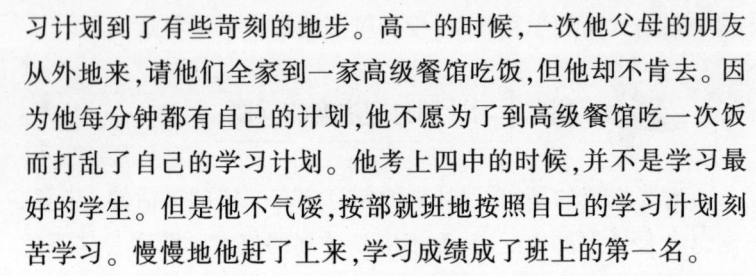

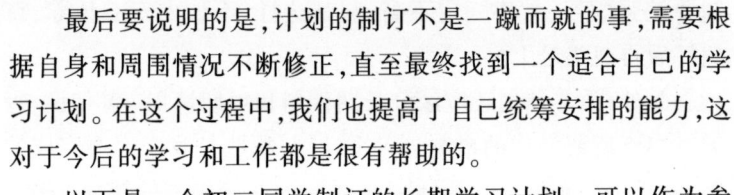

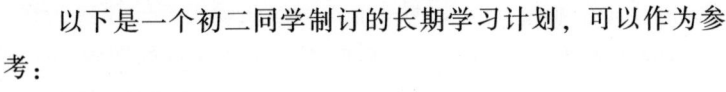

习计划到了有些苛刻的地步。高一的时候,一次他父母的朋友从外地来,请他们全家到一家高级餐馆吃饭,但他却不肯去。因为他每分钟都有自己的计划,他不愿为了到高级餐馆吃一次饭而打乱了自己的学习计划。他考上四中的时候,并不是学习最好的学生。但是他不气馁,按部就班地按照自己的学习计划刻苦学习。慢慢地他赶了上来,学习成绩成了班上的第一名。

最后要说明的是,计划的制订不是一蹴而就的事,需要根据自身和周围情况不断修正,直至最终找到一个适合自己的学习计划。在这个过程中,我们也提高了自己统筹安排的能力,这对于今后的学习和工作都是很有帮助的。

以下是一个初二同学制订的长期学习计划,可以作为参考:

(1) 自我分析:

1) 性格:内向型。宜采用独立学习方法,选取较为安静的空间独自学习。

2) 作息习惯:夜型(晚上学习效率比较高)。为适应课堂授课和考试的时间安排,应逐步调整为日型。

3) 优势学科:语文、英语、历史。

4) 弱势学科:数学、物理、生物、地理、政治。

(2) 学习目标:

1) 总体目标:在保持现有年级排名的前提下,第一学期结束时前进5名,学年结束时争取再前进3名。

2) 保持优势学科。

3) 对于弱势学科,适当增加学习时间,争取在学年结束时,使单科成绩达到70分以上。

4) 利用假期时间培优补差,为初三的升学考试做准备。

5) 加强锻炼身体,为升入初三做准备。

家长对策

1. 帮助孩子客观、全面地认识自己

中学生由于认识能力有限,可能不能形成对自己的客观全面认识,而父母对自己的孩子往往是十分了解的,因此,在学习计划的制订过程中,父母可以帮助孩子发现自己的兴趣爱好、性格、能力、作息习惯等,以帮助其形成对自己的一个清楚的认识,这是孩子制订学习计划的第一步。

2. 在帮助孩子客观认识自己的基础上,协助其确定一个明确适中的学习目标

过高的目标难以实现,且会打击孩子的自信心;过低的目标则起不到应有的推动作用。

3. 协助孩子逐步完善计划

计划的制订有个不断完善的过程,在这个过程中,父母可以给孩子一些建议,以帮助其提高制订计划的能力。

4. 监督孩子学习计划的执行情况

对于自制力相对较弱的孩子,家长应该时刻督促其按时完成学习计划的任务。

> 学问是一张网。必须一个结一个结地连起来,不要有太大的破洞才能网到"大鱼"。
> ——三毛

第13法：按部就班最见功效
——程序化学习法

古人说："不积跬步，无以至千里，不积小流，无以成江海。"学习是一个循序渐进的过程，要按部就班，不可急功近利，否则，会"欲速则不达"。

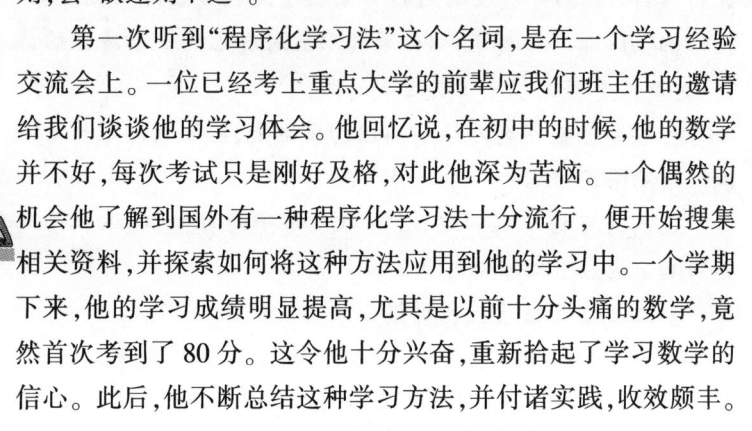

第一次听到"程序化学习法"这个名词，是在一个学习经验交流会上。一位已经考上重点大学的前辈应我们班主任的邀请给我们谈谈他的学习体会。他回忆说，在初中的时候，他的数学并不好，每次考试只是刚好及格，对此他深为苦恼。一个偶然的机会他了解到国外有一种程序化学习法十分流行，便开始搜集相关资料，并探索如何将这种方法应用到他的学习中。一个学期下来，他的学习成绩明显提高，尤其是以前十分头痛的数学，竟然首次考到了80分。这令他十分兴奋，重新拾起了学习数学的信心。此后，他不断总结这种学习方法，并付诸实践，收效颇丰。

什么是"程序化学习法"

所谓"程序化学习法"又叫编序学习，它是美国现代著名的学习心理学家斯金纳提出的。它是将学习内容按照其内在的关系分解为若干相互独立的部分，并按照逻辑结构编排起来。学习者按照设定的程序一步一步地学习，学完一部分，对该部分所提的问题进行回答，回答正确就进入下一个部分的学习，反之则继续本部分的学习。其流程图如下：

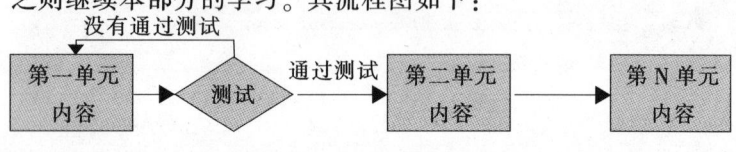

第一单元内容 → 测试 —（没有通过测试）→ 返回；（通过测试）→ 第二单元内容 → 第N单元内容

程序化学习法的教材一般是经过重新编排的。课程的内容被归入许多不同的单元，每个单元配有练习以供测试之用。现在，许多自学参考书就是按照程序化学习法的思路编写的，只要我们善于利用，就可以将程序化学习法导入我们的学习生活中。

程序化学习法使学生可以自定步调，按适合自己的进度学习，从而使学习相对容易些，有利于学生自学。

如何应用"程序化学习法"

我们举个例子来说明程序化学习法如何应用。假设，我们要把程序化学习法应用到高中解析几何课程的学习中。第一步，我们把所有高中解析几何所包括的知识点按照其逻辑关系归入不同单元。(实际上，许多参考书已经帮同学们完成了这部分工作，我们不妨直接拿来用。)第二步，我们依照逻辑顺序从第一单元开始学习。学习的内容包括：每个单元的知识点；它们之间的联系；本单元的重点和难点。(这些内容，在不少参考书中也已经列出来了，而且老师在上课时也一定会提到。)第三步，在学习完一个单元的内容后，通过做练习来测试学习效果，如果测试结果在可以接受的范围内，则说明本单元内容已经基本掌握，可以开始下一单元的学习。反之，则需要根据测试反馈回来的信息，判断到底是哪个知识点没有掌握，重新学习该知识点，再次针对此知识点进行测试，检验掌握情况，如此反复，直至本单元所有知识点都已掌握。这时，才能进入下一单元的学习。需要说明的是，测试题的设计应涵盖该单元的所有知识点，按照由简单到复杂的程度编排。市面上有很多这种习题集，同学们不妨选择其中比较好的，作为练习之用。

现在，许多课程学习参考书的体系架构都是按照程序化学习法的要求进行编排的，这就大大方便了同学们在自学中应用程序化学习法。但在选择这类参考书时,我们要注意:不要贪多,每门课程选择一至两本质量较好的即可。

家长对策

1. 帮助孩子将程序化学习法运用到日常学习中

针对有些孩子在学习过程中表现出的浮躁、急于求成的问题,家长可帮助其将程序化学习法引入日常学习中,使其逐渐明白学习是一个不断积累、循序渐进的过程,"一口吃成个胖子"的想法是不现实的。

2. 帮助孩子用程序化学习法巩固课堂学习内容

程序化学习法作为一种自学方法,不应与课堂学习有冲突。中学阶段,课堂授课仍是获取知识的主渠道,家长可引导孩子将程序化学习法作为一种课堂授课的辅助方法,来巩固课堂学习内容。

3. 帮助孩子总结经验教训

程序化学习法虽然是一种好的方法,但要充分发挥其优势,仍需在日常学习中不断摸索。家长应帮助孩子总结经验教训,使其更好地掌握这种学习方法。

4. 帮助孩子选择参考书

在选择适合于程序化学习法的参考书时,家长应给予孩子一些建议。毕竟,家长在这方面是"过来人"。

思则有备,有备无患。
——《春秋左传·襄公十一年》

第14法：凡事预则立，不预则废
——预备性学习法

所谓预备性学习，就是我们平常所说的预习。它和课堂学习、复习、做练习一起构成了课程学习的完整流程。学得好、学得轻松的同学往往是抓住了预习的诀窍。

小强刚升入高中，最近他常常感到跟不上老师的授课进程。于是他找到了老师咨询，老师问他："你课前是否进行过认真的预习呢？""预习有用么？我以前也尝试过预习，可是时间花了，效果并不理想。"小强说。老师笑了："那是由于你的预习方法不当造成的。"

预习大有裨益

兵书上说"知己知彼，百战不殆"。上课其实也跟打仗一样，要事先对上课内容做到心中有数，才能掌握学习的主动权。要做到这一点，最好的办法就是课前进行科学的预习。所谓科学预习就是在巩固旧有知识的基础上，积极探索新知识，发现不明之处，为下一轮的学习做好准备。具体来说，预习有以下好处：

(1)预习有利于及时发现自己知识上的薄弱环节，在上课前补上这部分知识，不使它成为听课时的"绊脚石"，这样就利于理解新知识。如果课前没有预习，听课时就有可能因为一些旧有知识点没有掌握，使听课思路被打断，无法和老师的授课思路保持一致，从而影响了听课效率。

(2)预习有利于建立新旧知识之间的联系，加快对新知识的掌握速度，加深对新知识的理解。

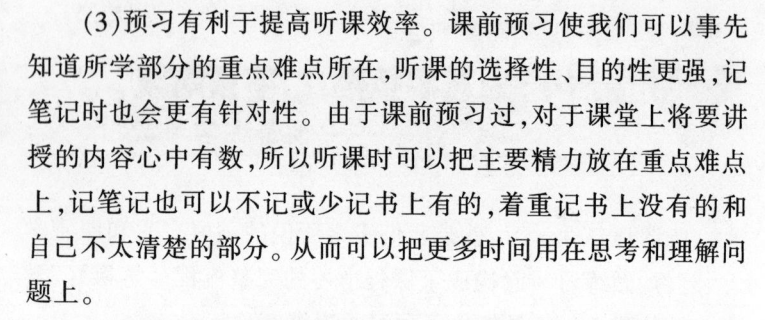

(3)预习有利于提高听课效率。课前预习使我们可以事先知道所学部分的重点难点所在,听课的选择性、目的性更强,记笔记时也会更有针对性。由于课前预习过,对于课堂上将要讲授的内容心中有数,所以听课时可以把主要精力放在重点难点上,记笔记也可以不记或少记书上有的,着重记书上没有的和自己不太清楚的部分。从而可以把更多时间用在思考和理解问题上。

(4)预习有利于形成关于学习的良性循环。一个完整的学习流程是由预习、上课、整理复习、作业四个环节组成的。缺少了预习这个环节就会影响到下面环节的正常运行。一些同学由于没有预习习惯,上课前对老师这堂课要讲的内容一无所知,导致上课听不懂,课后要花大量的时间去补缺,学习就陷入了被动之中,学习效果很不理想。其实,这些同学不妨在每天原有的学习任务完成之后多安排一些时间用于预习,效果可能会大为不同。从短期来看,每天可能多耗费了一些时间,但上课能听得懂,减少了因上课听不懂而浪费的时间,同时,还可以减少花在课后整理、消化上的时间。慢慢地,随着学习逐渐步入良性循环,学习的被动局面也就会改变,就再也不需加班加点了。

总之,抓住了预习这个环节,也就抓住了学习的主动权,抓住了提高的关键。

记得我上高中的时候有一位同学,他在上学期间因病住院两个月,落下了许多功课,同学和老师都担心他能否跟上教学进度。可是他在期末考试时,不仅学好了新课程,还将缺的课程全部补上了,并取得了不错的成绩。当我们问他是如何做到这些时,他告诉我们:"刚开始我确实感到困难很大,一大堆旧课要补,还要每天学习新课,真感到有些应接不暇。经过思考,我觉得打破这种困局的关键是解决好课程的衔接问题。在上新课前,我首先预习一下,大概了解一下接受新课所缺的知识,缺多少补多少,以保证新课能听懂,然后腾出时间,把落下的旧课补上。"我的这位同学正是抓住了预习这一环节,做好了新旧知识的衔接。有些同学虽然也搞预习,就如本文开头的小强,但由于没有掌握科学的预习方法而收效甚微。

科学地进行预习

预习可以分为学期预习、阶段性预习和课前预习三个阶段。学期预习是指利用假期或是开学初预习新学期的学习内容。具体来说,就是通读一遍新学期要学的内容,做到提纲挈领、统观全局,充分理解教材的基本内容和思路,把握教材的知识体系,弄清各章节的联系与区别,使对整册教材的学习能够站在全局的高度上进行,牢牢把握学习的重点。我国著名的半导体器件物理学家、中科院院士王守武,在中学时代对数学和物理特别感兴趣。每当新学期开始,刚拿到新的数学和物理课本时,他总是想方设法、不分昼夜地把课本从头至尾先读一遍,尽可能地理解其中的内容。以后上课时,他总是专心地听老师讲,把老师讲的内容与他预习时的理解相对比,从而使他对问题的认识更加深刻,同时也培养了他的自学能力,这使他在以后的科研生涯中得益匪浅。由于文科通常以单元,理科则以章节来组织学习内容,因此,同学们不妨按照所学知识的内在联系,分阶段预习所学内容,这样有利于了解知识的系统性和知识的结构,做到心中有数。课前预习即上课前预习将要讲授的内容。课前预习的目的在于通过对新授内容的预先阅读和理解,做好听课的知识和思想准备。预习时没有弄懂的问题,上课时会格外留心,积极思考。通过预习,同学们不仅可以把精力集中到理解和思考主要问题上去,从而做到科学地分配和转移自己的注意力,而且可以知道老师讲课时,哪些内容是补充的,哪些是关键的、重要的。

课前预习要先将教材粗读一遍,领会大意,记下自己不明白的地方。然后借助参考书找出新旧知识之间的联系以及新知识的重点和难点。认真研读知识点,细心领会。接下来,可以适当地做些习题,以及时检查预习的效果和巩固、深化知识系统,为上课做好准备。此外,预习时还可以适当做些笔记。预习笔记可以包括以下内容:一是每一单元(或每一章节)中的重点结构或提纲、摘要;二是每一单元(或每一章节)中的重点问题;三是尚未解决的疑难问题;四是所查资料中有关内容的摘抄;五是预习的心得体会。当然,这五个方面并不一定每次都要记全,可以根据实际情况灵活处理。

预习要根据自己的情况决定,不要一开始就全面铺开。预习的好处固然很多,但却要占用一定的时间。为了保证能收到良好的效果,我们最好先选取一两门自己的弱势学科进行试点,在取得一定的经验和成效后,再逐步展开。

预习时间的安排要根据自己的学习计划及当时学习的实际情况而定,要服从整体计划。不要因预习占用过多时间而打乱了学习的整体计划。时间多时,可以多预习一些;时间少时,可以少预习一些。有些疑问是正常现象。要知道,预习环节不可能将所有新内容都钻透。

家长对策

1. 帮助孩子建立预习习惯

对于没有预习习惯的孩子,父母应该帮助孩子逐步养成课前预习所学内容的习惯。一开始的时候,家长不妨陪孩子一起预习课程,找出预习内容的重点和难点以及新旧知识之间的联系,教会孩子应该预习些什么内容。此外,引导孩子循序渐进地展开预习,不要操之过急。要知道"欲速则不达。"

2. 跟孩子交流预习经验

对于虽然有预习习惯,但方法不当、效果不理想的孩子,家长可以和孩子交流一下预习中的经验。毕竟,家长也是做过学生的,在如何预习的问题上总有一些自己的切身体会。交流的目的是帮助孩子发现怎样预习才是最有效的。

3. 帮助孩子协调预习和复习的时间

帮助孩子协调好课前预习和课后复习的时间安排问题。每天上完课应先督促孩子复习当天所学课程,接下来再和孩子一起安排预习第二天的课程,如果有时间,可以让孩子多预习一些,如果没时间,可以少预习一些。

> 学而时习之,不亦说(悦)乎。
> ——《论语》

第 15 法:烂熟于心,学则不殆
——巩固性学习法

巩固性学习法,就是我们平常所说的复习。上完课之后,趁热打铁,复习一下课堂上所学的内容,对于加深记忆有着很好的作用。

为什么要复习

不知同学们在学习过程中是不是遇到过这样的问题,上课

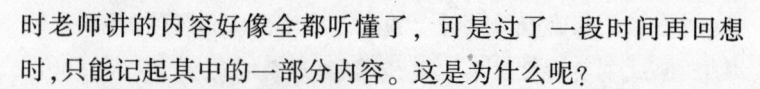

时老师讲的内容好像全都听懂了，可是过了一段时间再回想时，只能记起其中的一部分内容。这是为什么呢？

根据大脑生理学的研究，完整的记忆过程是要包括初记、保持、再确认三个环节的。当你最初接触到一个事物时，它会在你的大脑中留下印象，这个印象被暂时保存在你的大脑里。但在一段时间之后，这个印象会逐渐减弱，这就是遗忘。早在1885年，德国的心理学家艾宾浩斯就通过实验发现了著名的"遗忘曲线"：刚记住的材料，一小时后只能保持44%；一天后能记住33%；两天后留下的只有28%；六天后为25%。而如果在初次留下的印象被完全忘记之前及时对它进行重新确认，该事物就会在你的头脑中形成更为深刻的记忆，以至终身难忘。

虽然上课听懂了，但如果你省略了复习这个环节，致使所学知识的系统性、完整性受到了破坏，时间一长所学的知识就会模糊、忘却、不系统，这样当然就容易遗忘了。心理学家曾经做过这样的实验：让三个组的学生熟记一篇诗歌，第一组间隔一天复习；第二组间隔三天复习；第三组间隔六天复习。为达到熟记的统一程度，第一组学生平均需要复习四次；第二组平均需要复习六次；第三组平均需要复习七次。可见，越早开始复习，复习的次数越少。实验结果表明：复习及时，可以提高熟记的结果。

如何进行有效的复习

首先可以尝试回忆。所谓尝试回忆，简单地说，就是在听课的基础上，把老师课上所讲的内容回忆一遍。如果能顺利回忆，就证明听课效果好，反之就应寻找原因，改进听课的方法。这样做实际上就是自己考自己，是逼着自己专心致志去动脑筋进行思考的一种方法。其好处有以下三点：

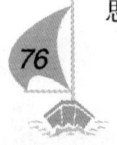

(1)能及时检查听课效果,以促使自己积极进取、聚精会神地把课听好。

(2)有助于动脑习惯的养成,并能增强、提高个人的记忆效果。

(3)能更明确复习的针对性。尝试回忆可以一个人单独进行,也可以几个人在一起相互启发、补充回忆。

认真阅读教科书很重要。教科书是教育部门组织专家、学者和有经验的教师依据教学大纲,按照知识的科学体系,针对学生的年龄特征和社会发展需要而编写的,内容上系统、严谨、深刻,是一般参考书无法代替的。复习时若不认真钻研教科书,则难以达到教科书的基本要求,也难以系统地掌握课上所学的知识,因为教科书是教与学的唯一凭据。许多优秀同学的学习经验一再证明,对教材研读得越透,对知识的理解越准确,考试时发挥得越好。

要提高阅读质量,在方法上需要注意以下几点:

(1)圈点勾画。阅读时,把新出现的概念、定义、定理、结论等重点部分,或容易忽略的要点部分,用红色笔勾画出来。

(2)提要。在书页的空白处,用少量文字,把书的重要内容简单地概括出来。

(3)整理思路。在书页的空白处,用不同颜色的笔,记录我们通过思维从书中发掘出来的要点,也就是人们所讲的"从字里行间读出的学问"。

课堂教学时间有限,因此老师一般都讲得比较快,且以重点为主,这样难免会遗漏一些内容,这就需要课后整理笔记时加以补充。特别是提纲式笔记,它只记录了课堂内容的纲要,因此必须整理笔记,充实内容。此外,在课后复习时可能会有新的发现、新的体会,也可以补充到笔记中去。整理好的笔记,应该条理清晰、重点突出、内容简明扼要,应该是一份经过自己加工的、适合自己使用的复习资料。

整理笔记的任务有：

(1)补。补上该记而没记的内容,使知识系统化。

(2)正。更正课堂记录不太准确、不够详尽的地方。

(3)添。添上个人学习的心得、见解、评价等。

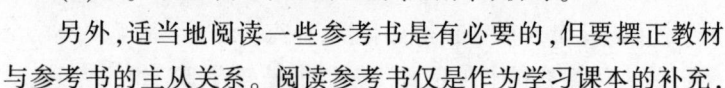

另外,适当地阅读一些参考书是有必要的,但要摆正教材与参考书的主从关系。阅读参考书仅是作为学习课本的补充,目的是加宽知识面或加深对教材的理解,所以只选择个别章节或个别知识点做参考性阅读为好。

阅读参考书应注意的几点事项：

(1)要围绕课本的内容和教师讲课的中心去阅读。

(2)最好在老师的指导下选择好的参考书。

(3)要先仔细阅读课本内容,后看参考书。读时,心里要有目的：要么加深理解；要么解疑；要么拓宽知识面；要么了解知识间的联系。

(4)读有所得,适当记录。在听课笔记的相应章节记参考书的书名、页码,或参考要点以及个人的有关思路等。

练习是通过应用来检验你对所学知识的掌握程度,加深你对知识的理解。

"练"的基本要求是：

(1)要在理解教材的基础上独立完成,不要一有问题马上就求助老师或同学,这样不利于培养独立思考的能力。

(2)要有针对性,针对重点难点练习。因为老师最清楚重点和难点的所在,所以最好在老师的指导下完成练习。

(3)要留心总结做题的思路和方法,以收到举一反三、触类旁通的效果,切忌题海战术。

(4)要循序渐进,从简单的题做起,这样有利于增强信心。

上述的尝试回忆、阅读教材、整理笔记、查阅参考书及练习这五步是相互联系的。"回忆"、"阅读"、"整理笔记"是消化课堂所讲内容的过程,"参考"是加深和拓展课堂所学知识的过程,"练习"是检验知识、运用知识、形成技能的过程,五步缺一不可。

家长对策

1. 经常询问孩子在课堂上所学的内容

预习、听课、复习构成了学习的完整流程,三个环节均不可或缺。有的孩子上完课就把课本扔到一边,不再看书,这样势必影响学习效果。家长可以不时地询问一下孩子在课堂上的所学内容,从而帮助孩子回忆所学课程内容。

2. 督促孩子复习

督促孩子在上完课后尽快进行复习,减少遗忘。家长可以和孩子组成学习小组,以相互提问的方式帮助孩子回忆所学课程内容。

3. 和孩子一起整理课堂笔记

如果时间、精力允许的话,和孩子一起整理课堂笔记,查漏补缺。对于孩子在练习中遇到的问题,如果可以的话,协助其找出错误的原因。

> 人的天职在勇于探索真理。
> ——(波兰)哥白尼

第16法：精益求精
——研究性学习法

为了适应未来社会的需要，我们不仅要有充足的知识储备，还要有分析问题、解决问题的能力。研究性学习的目的就是培养学生的这种能力。

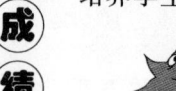

什么是研究性学习

小宁是一名高二的学生，学习成绩在年级里属于中上水平。父母希望他将来能够考上一所名牌大学，为家里争光。最近，学校在搞研究性学习的试验，小宁对此很感兴趣，回家后经常忙着做实验、查资料、整理记录、写课题报告等等，忙得不亦乐乎。眼看快高考了，小宁的父母有点着急了，"孩子老是这么'玩'，会不会耽误学习呀？"小宁告诉父母："研究性学习可以培养我们的创造能力，巩固课堂所学的知识，对学习是有帮助的。你们放心，我不会耽误学业的。"到了期末考试时，小宁的年级排名果然没有下降，反而有所提高，父母这才放了心。

研究性学习是目前正在中小学教育中兴起的一种新的学习方式。学生在老师的指导下，选择和确定课题进行研究，并在研究中解决问题、获取知识。研究性学习看重的是探索知识、研究问题的过程，重在对研究性思维能力的培养。同学们通过亲身参与研究获得体验，培养了发现问题和解决问题的能力，也学到了一些研究分析方法。当然，由于年龄、阅历、知识储备等方面的限制，中学阶段开展研究性学习强调的是过程，而非结果；重在"会学"，而非"学会"。

中学生也应掌握研究性学习法

以往在我国,搞研究被认为是高级科研人员的事,中学生搞研究简直是天方夜谭。可是近年来,随着教育观念的转变,中学生参与课题研究,甚至取得重大突破已不是什么新鲜事。上海市吴淞中学的沈菊、黄林枫同学偶然发现这样一个现象:在阴暗潮湿的地方长满了霉斑,可是在长有苔藓的地方却少有霉斑存在,这引起了他们的注意。他们带着疑问查阅了相关的资料,却发现有关苔藓类植物是否具有防霉作用的文献相当少。于是他们决定自己动手,寻找答案。通过做实验,对比分析,他们最终发现:立碗藓对霉菌(主要是青霉和黄曲霉)有较强的抑制作用,使食物变馊、腐败的速度减缓。这一发现对于食物的安全储藏有着重要意义。虽然对这个课题的研究还只是处在初级阶段,所得出的结论也还很稚嫩,但通过研究性学习,激发了同学们学科学、爱科学的热情,也使同学们掌握了一些分析问题、解决问题的方法,这对今后的学习是很有帮助的。

众所周知,中国以往的基础教育过于重视知识的储备而忽视了对孩子研究能力的培养。我们经常可以在各种媒体上看到,当被问及对某个事物的看法时,国外的孩子张口就是"我认为……","根据我观察发现……","经过思考我得出……"之类的话,俨然一副"小大人"的样子。可是在我们国家,由于以往教育导向的影响,很多同学还只是习惯于和书本打交道,他们学习别人的知识很快,可是缺乏自己的观点。他们最常说的是"我父母告诉我……","老师是这么讲的","书上是这么说的"。这也是造成中国孩子在国际青少年奥林匹克竞赛上屡屡拿奖,而他们在成年后却很少有人能够做出杰出贡献的原因。

实际上,研究能力人人都有,只是有的人被发掘出来了,而

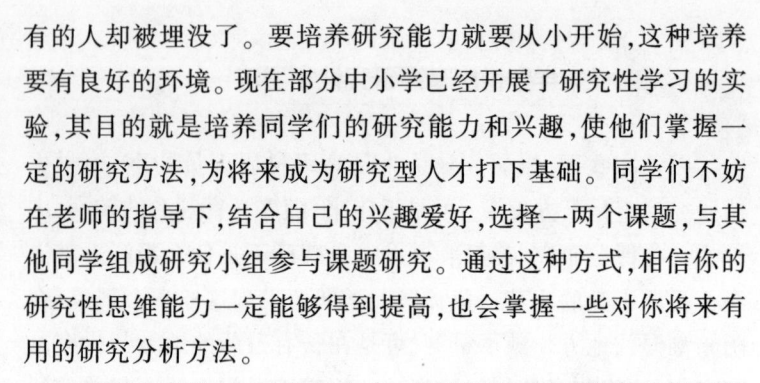

有的人却被埋没了。要培养研究能力就要从小开始,这种培养要有良好的环境。现在部分中小学已经开展了研究性学习的实验,其目的就是培养同学们的研究能力和兴趣,使他们掌握一定的研究方法,为将来成为研究型人才打下基础。同学们不妨在老师的指导下,结合自己的兴趣爱好,选择一两个课题,与其他同学组成研究小组参与课题研究。通过这种方式,相信你的研究性思维能力一定能够得到提高,也会掌握一些对你将来有用的研究分析方法。

需要注意的是,同学们在参与课题研究时要注意处理好研究性学习和传统课堂学习之间的关系。要明白研究性学习只是学习系统的一个部分,它不能代替传统的课堂授课。能力的培养固然重要,知识的储备也不可或缺。

家长对策

1. 帮助孩子协调好研究性学习和正常学习之间的关系

有的孩子十分喜欢研究性学习,却忽视了学校的常规教学。这时要让孩子明白研究性学习是学校教学系统中的一部分,它是针对某一个领域或方面的,所涉及的知识面比较窄,不能代替正规的、系统的学习活动。当你的孩子因执著于研究性学习而落下了功课时,家长要耐心予以指导教育,晓之以理,不能盲目地指责和埋怨,以免打击孩子的研究热情。

2. 创建学习型家庭

家长平时要多关心孩子研究的进展,可能的话,可以和孩子一起讨论问题,帮助孩子查找资料,与孩子一同攻克研究的难关,分享成功的喜悦。需要注意的是,家长在整个过程中只是一个支持者、协助者,对孩子只是起到辅助作用,而不应越俎代庙,代替孩子进行研究。

3. 给孩子物质上和精神上的支持

孩子的研究性学习需要有良好的家庭环境,当孩子因研究需要一定的物质条件时,家长应予以支持,不要对孩子的所作所为乱加指责。当孩子在研究的过程中遇到挫折时,家长要予以支持,要鼓励他们不怕失败,要有勇于探索、不屈不挠的精神。毕竟孩子的知识储备有限,当他们在研究过程中遇到他们无法预料的困难时,最希望得到的是父母对他们的支持和理解。

> 比物俦类,比类取象,推此及彼,举一反三,自可豁然开朗,条理通达。
> ——《周易·系辞上》

第17法:举一反三
——拓展性学习法

拓展性学习,在教育心理学中被称为"知识迁移",通俗一些说,就是"举一反三"。善于"举一反三",能够"触类旁通",是许多学有所成的人的共同特征。

拓展性学习的必要性

孔子说过:"举一隅不以三隅反,则不复也。"意思是教人认识四方的东西,举出一个角为例,让他类推另外三个角,如果不能类推,就不要再教他。从字面上说,孔夫子的"举一反三"本意是"依葫芦画瓢"。后来产生"举一反三"这个人人皆知的成语,则具有从一个道理类推而知道许多道理的意义。

其实一个人的认知无时不是在"举一反三"的过程之中:或是别人的经验在书本上已经总结成为规律,自己拿过来推而广之,这是一个认知上的学习过程;或是通过自己的实践取得经验,总结归纳成为规律,又用来指导自己以后的实践,这是一个自我"举一反三"的过程,也是一个认知上的创造过程;或是众人的实践(也包括自己的)还没有总结成为规律,自己把规律找出来,众人再推而广之,这种"举一反三"是原创性认知过程。如果从复杂程度来说,"举一反三"可以划分的等级就多了,如简单的、比较简单的、复杂的、相当复杂的、非常复杂的、极其复杂的等等。例如,凡是属于"依葫芦画瓢"之类的事物,都属简单的或比较简单的;而如果依据一般的建桥原理,修建几十公里长的跨海大桥,这就不是简单地"依葫芦画瓢"了。这里就有从量变到质变的飞跃,也就是比较复杂的认识过程了。

学会"举一反三",对中学生来说是绝对必要的。著名物理学家、1957年诺贝尔物理学奖获得者——李政道博士在总结他中学时代的学习心得时得出一点结论:最重要的东西往往是最简单的。只要把各门学科的基本概念搞清楚,能融会贯通,举一反三,一切难题就会迎刃而解了。同学们学习的过程,简单地讲就是知识的积累与应用的过程,没有知识的积累,就谈不上应用,知识积累得再多,不去或不会应用,积累的知识也只能无用。联系知识积累与实际应用的最重要的环节就是"举一反三",也就是教育心理学上所说的知识的迁移,即把已有的知识应用到新的情境下,解决新问题的过程。对于中学生,学会知识迁移的必要性可归结如下:

(1)学会迁移是运用知识的前提。我们学习知识,不仅是

为了继承世界几千年的文明成果，也不光是为了提高自身各方面素养的需要，更为重要的是运用所学知识解决现实问题。我们所积累的知识再多，如果没有迁移或迁移不畅，或者迁移方法不对路，知识就不会或难以运用到实际中去。因此，从某种意义上讲，学会迁移是知识运用的前提，学会迁移比知识的积累更重要。

（2）学会迁移是提高能力的保证。我们学习知识的落脚点，就在于应用知识，也就是要运用所学知识解决实际问题，因此，解决实际问题的能力，必须取决于知识的迁移能力。我们运用知识解决实际问题的能力，根本上是要落实在迁移的"灵敏"、"快捷"、"准确"等能力上，最终体现在灵活运用知识上，体现在处理问题、解决问题能力的全面提高上。

（3）学会迁移是将来发展的需要。当今时代是一个知识快速膨胀的时代，知识的更新可谓日新月异，这就要求我们具备知识的迁移能力，适应时代的需要。我们不仅需要将我们在学校所学到的知识迁移到实际生产、生活及工作中，而且还要迁移在学校中学到的学习方法，不断地在工作实践、社会生活中继续学习新知识、新技能；不仅需要随时运用学到的知识处理解决实际问题，还需要不断地将我们在工作中积累或借鉴而来的方法与经验随时迁移到我们的大脑中，不断丰富我们的知识和技能体系，提高我们解决实际问题、运用知识的能力，使我们在今后有一个更大的发展。

有的同学在学习中只会死记硬背，只见树木，不见森林；不善于用所学的知识解答新情境下的问题，更不善于分析解决新问题；学习方法陈旧，思维迟钝，缺乏应变能力，在新的问题和情境面前往往表现出手足无措，或是对知识点的生搬硬套，或是东拼西凑、胡乱编造。这都是缺乏知识迁移能力的表现。

拓展性学习的方法

显然,我们的知识迁移能力不是天生就有的,也不是靠死记硬背得来的,更不可能在很短的时间内速成,而是要靠我们在学习实践中扎扎实实地训练,认认真真地培养,靠我们在积累知识的过程中注重知识的迁移运用。

培养知识迁移能力的途径和方法是:

(1)提高对所学知识的理解程度,构建具有清晰、概括、包容性的认知结构,这是实现知识迁移的根本前提和基础。

1)避免机械性学习,注重对知识的理解。有的同学在学习中重视对知识的机械性、生硬性记忆,其结果是一方面导致对知识掌握程度和效率的低下,另一方面也将严重影响运用所学知识解决实际问题能力的发挥。我们的目的不是为了记忆而学习,而是为了应用而学习,不是为了对单个知识点的掌握而学习,而是为了实现对知识点间的贯通性理解而学习,这些均需要我们变传统的"接受"式学习方式为"内化"式的学习,由被动学习转变为主动学习,充分调动学习的积极性和创造性,只有这样才能提高对知识的理解度,为知识的迁移、应用奠定基础和准备。如果没有对知识的透彻和贯通性理解是无法实现知识迁移的。

2)构建具有清晰、概括、包容性的知识体系。迁移是知识点之间的灵活转换和应用,不能有效实现知识迁移的一个重要原因是没有形成具有清晰、概括、包容性的认知结构,缺乏知识转换的场所和条件。认知结构是实现新旧知识间相互作用的有机场所,通过广域性认知结构(知识网络)的构建,在新旧知识间和所学知识与新问题间建立起实质性的联系,使新知(新问题、新情境)同化、纳入到原有的知识网络中,并在这个网络中确立其合适的位置。这样,这个新问题、新情境变成了"旧"问题、"旧"知识,减少了我们对该问题的陌生感。具有清晰、概括、包容性的认知结构要建立在对知识点间内在关系的理解基础上。

(2)转换问题情境,将问题进行类化。这是实现知识迁移的关键。

问题情境是问题的呈现方式。一个问题的呈现方式与构建的认知结构越接近,就越有利于知识的迁移和运用。在具体的训练过程中,要注意问题情境的转换。

1)转换问题的呈现情境和样式,使其与我们所构建的认知结构相接近,为知识的迁移和问题的解决做准备。

2)依据问题与认知结构间的共同因素,将问题进行"类化"。"类化"是指将问题纳入相应的同类知识结构中,并从这个结构中寻找解决问题的方法和策略的过程。在转换问题的情境后,根据转换后的问题与认知结构间的共同因素和联系,将问题与知识结构、新知与旧知、未知与已知相"链接",利用所构建的知识结构去"类化"这个新问题。

以上,我们介绍了什么是知识迁移,随后论述了为什么要进行知识的迁移,如何实施知识的迁移,希望对同学们能够有所帮助。

家长对策

1. 注重对孩子学习能力的培养

现在的各级考试尤其是高考特别重视对学生学习能力的考查,其中学会知识迁移、运用所学知识解决实际问题的能力又是学习能力的核心。家长在日常生活中要潜移默化地培养孩子透过现象看本质的能力。

2. 帮助孩子对知识进行理解

有的孩子在学习过程中只知道机械地记忆，不注重对知识的理解。家长要帮助孩子克服死记硬背的毛病，对于知识要"知其然"，更要"知其所以然"。建立起知识点之间的广泛联系，对所学内容活学活用。

3. 帮助孩子培养转换问题的能力

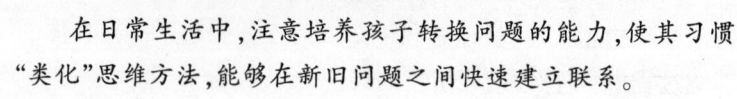

在日常生活中，注意培养孩子转换问题的能力，使其习惯"类化"思维方法，能够在新旧问题之间快速建立联系。

第四章　互动学习方法

> 伟大的人是绝不会滥用他们的优点的,他们看出他们超过别人的地方,并且意识到这一点,然而绝不会因此就不谦虚。他们的过人之处越多,他们越认识到他们的不足。
>
> ——(法)卢梭

第18法:站在老师的角度上来学习

天与地,父与子,师与生,这些都是和谐的搭配,在一个人的学习生涯中,作为传道、授业、解惑的老师对学生有着不可估量的影响。可惜的是,在现实学习过程中,很多孩子并不能从老师这座资源的宝库中汲取到更多的知识与品德上的教益。他们不会从不同的角度去思考问题,寻求学习知识的更高层次。

在学习中,有的孩子老师教什么学什么,缺乏自主学习的能力,对老师的依赖性太强,主动性不够。很多孩子上课时只会认真听讲,把老师的讲义一字不差地抄录下来,课后进行消化吸收,但却很少能发现问题、提出问题,老师讲什么是什么,教什么学什么,把自己变成了一个"知识容器"。瑞士著名的教育心理学家皮亚杰曾说过:"教育的主要目的是培养能创新的而不是简单重复前人已做过的事的人。"所以,针对这种情况,我们主张孩子要多与老师交流,当对老师讲的有疑问或有不同看法时,要敢于坚持自己的观点,敢于向老师质疑,甚至与老师争论,在争论中我们失去的只是错误,而得到的除了正确的认识外,更重要的是智力的发展,还有勇气和信心的提高,最终要"青出于蓝而胜于蓝"。并且要尝试站在老师的角度上去看待学习这件事情,从被动的"接受式"的学习转变为主动的"寻求式"的学习,站得高了,学到的也就多了。

同时,处于青春期的孩子,很可能出现对老师不理解,进而不认真听讲,不认真完成作业甚至逆反等种种情况。这个时候,采取让孩子充当老师的角色来进行学习的方式,可以使学生充分体会到为人师者的不易和老师对学生的期盼,这样可以使学生从心底里真正地产生对老师的理解、尊敬、爱戴之情,从而使孩子在今后的学习中,对老师的教益都能吸收、消化。

换个角度就会有不同的发现

现在已普遍采取的学习方式是,在课前让学生预习,做好充分的准备,然后由这位同学当老师,在讲台上给"学生"讲解课程内容,回答提问。这种方式的作用在于:首先,给孩子施加了一定的压力,使他有责任感,认真对待预习,把自己不懂的知识彻底弄明白,因为如果自己都有疏漏,如何去当"老师"呢? 其次,可以增加孩子的荣誉感,即使对于最调皮的孩子而言,三尺讲台都是一个神圣的地方,能够在那里充当同学们的

"老师",那种风采是每个孩子从心底里都渴望的,所以他会做最充分的准备。再次,可以增加孩子主动学习的热情,以前总是被动学习,老师教什么就学什么,涉及的知识很难超出老师教给的范围,甚至老师教给的也没有完全掌握,而当自己肩负"老师"重任时,他就会想该教给"学生"什么知识,哪些内容是重要的,这样在当"老师"的过程中,其实是做了一个最好的学生。

还可以请学生做"老师",相互出考试卷,给"学生"批改卷子。出考试卷的过程其实是重新复习的过程,需要判断出哪些是重点知识,要在卷子中体现出来,哪些是难点问题,要考察其他人掌握没有。在给同学的答卷挑出错误、改正纰漏时,"老师"也会在心里对照自己的答卷,把类似的失误牢牢记下了。并且,当体会到老师批改作业的不易时,以后再做作业、答卷子,会做得更规范、细致。这样当"老师"的过程,其实是提高自己的过程。

可以组织开展与低年级孩子的交流,让身为学长的他们,真正体会到当老师的乐趣。当通过自己的讲解,使学弟、学妹理解了让他们困惑的问题时,那种满足的感觉,会促使他们更加努力地学好知识。当对一个已经学习过的知识点,由于自己学得不扎实,不能给学弟学妹正确解答时,这种愧疚的感觉也会激发他在今后学习中,更加认真细致地学习。

角色的互换和能力的培养

让孩子站在老师的角度上来学习,不仅能使学生的学习"更上一层楼",而且在无形中培养了孩子在各方面的能力。首先,自觉学习的能力是孩子在学习的道路上不可或缺的。要求孩子能够自觉地安排自己每天的学习活动,自觉地完成各项学习任务。我们应当明确，当学习是一种自觉的行为时才更有效，特别是中学生的学习，主要依靠自觉来完成。如果把学习变成一种被老师和家长压迫的行为，学习的动力就会减弱，久而久之就会产生厌倦感，失去学习兴趣，学习效果可想而知。

其次，孩子主动求知是孩子在学习道路上能否长足发展的关键。要求孩子对学习有热情，主动获取知识，不等待，不依靠，不耻下问。做任何事情，积极主动是取得成功的必要条件，学习也不例外。很多孩子在学习中恰恰缺乏这一点，不懂的问题宁肯烂在肚子里，也不愿开口问一下别人。老师讲什么就学什么，不越"雷池"半步，很少主动与老师、同学交流，有的孩子甚至一年也不会问老师一个问题。这些孩子绝不是一个问题也没有，而是缺乏学习的主动性和积极性，而这种被动的学习状态是十分有害的，必须改变。再者，独立探求知识的能力是孩子有所发现和创新的关键。这种能力也可以叫自学能力，在外界条件完全相同的情况下，不同的孩子所取得的学习成绩是不同的，这有多方面的原因，但其中自学能力不同是一个重要原因。那些优秀的孩子往往具有较强的自学能力，他们不仅仅满足在老师指导下的学习，更注重独立探求知识。他们注重对书本的自学理解，遇到问题并不急于求教，而是首先通过独立思考来解决，他们总是根据自己的实际情况来安排学习，表现出较强的独立性和自主性。我们认为，在一个人所学到的知识中，独立探求的比例越大，那么知识掌握得就越好，而且能更好地促进他的进一步发展。所以，孩子们在学习中应加强自学精神和独立意识。

家长对策

1. 跟孩子多交流

家长可以事先了解孩子这个学期学习的知识是什么,然后多和任课老师沟通,明确他各科知识的掌握情况,然后有的放矢地和孩子展开交流。可以充当学生的角色,向他"请教"刚刚学习过的知识,满足他当"老师"的角色心理,同时增加了亲子交流,又帮助他巩固了学习的知识。

2. 赞扬孩子的进步,激发他的进取心

要多与孩子沟通,了解掌握他的学习情况,对于他取得的一点小成绩要及时地给予鼓励。比如对于一次测验取得的进步,给他口头上的表扬,再给一些学习用品或者他盼望已久的小礼物作为奖赏。当他学习出现问题时,家长一定要沉稳,和他一起分析问题的原因出在哪儿,今后如何避免,切不能一味地批评他,要知道,每个孩子都是有荣誉感和进取心的,他们都希望能够给别人当一个合格的"老师"。

3. 教育孩子尊敬老师,尊重老师的劳动成果

在教师节等节日时,要告诉他老师为了他们的学习付出了很多辛苦,要通过自己的行为表达对老师的谢意。比如上中学了,也要抽时间和同学相约去看望小学的老师,学习上有了进步有了成绩,要告诉老师共同分享。与老师的沟通多了,还可以消除对老师的畏惧心理。通过这些行为,使孩子懂得尊师、敬师、爱师,从而在学习过程中,既能尊重老师的辛劳,又能养成主动学习的精神。

> 三人行,必有我师焉。择其善者而从之,其不善者而改之。
>
> ——孔子

第19法:多与同学交流

人的认识活动总是在一定的社会环境中完成的,所以我们在主张独立探求知识的同时,还需要加强与他人的合作学习,通过合作学习,更加全面、深刻地理解知识。

经常可以看到在课间的时候,前后左右相邻的同学围成一个圈子,热情地讨论着问题,这是多美的一幅画面啊!通过交流,更多的疑难问题迎刃而解了,并且激发了学生探索未知的知识、揭开谜团的信念,在交流的过程中,大家的知识得到丰富,能力有了提高。"三人行,必有我师焉",同学是我们学习中的又一位老师。学习不仅需要孩子与教师之间的双向传递,更需要孩子之间的多向交流,孩子之间的协作也更方便。通过孩子之间的讨论、争辩,有助于开拓思路,激发思维,互相促进。

老师讲,学生听,这只是一种单向传递,知识的掌握需要双向、多向交流,所以,孩子不仅要主动与老师多交流,而且要与同学进行积极的讨论。学会认真听取别人的意见,互相协作解决问题,也是善于同别人打交道的一种社交能力。对于一个知识的理解,可以从不同的角度去认识;对于一道题的求解,可以有不同方法;对于一个实际问题,可以从不同学科去分析解决。世界本身就是一个多样化的世界,我们学习的目的绝不是为了追求唯一的答案。在和同学的相互交流中,可以寻求更多解决问题的途径,养成多方面、多角度认识问题的习惯,训练思维的灵活性和变通性。

打消顾虑,广开交流之门

有的孩子可能会担心和其他同学进行交流是一件浪费时间的事情,会耽误自己学习,其实这种顾虑是完全没有必要的。在平时的学习中,多与同学交流、沟通,不仅不会耽误学习,而且会受益匪浅。只要孩子和同学是真正地讨论问题,那么时间就绝不会被浪费。一位哲学家曾说过:"我有一个苹果,你有一个苹果,交换以后,我们还是拥有一个苹果。但是,我有一种思想,你有一种思想,交换以后,我们就会拥有两种思想。"讨论的结果是困惑者得到了解答,而对方在给人讲解的同时也巩固了知识,双方都得到了进步。或者,对一个有疑问的问题,双方通过争论,透彻地理解了问题的来龙去脉,即使都不能给出正确答案,但为以后的理解做好了铺垫。俗话说:"尺有所短,寸有所长。"每个人的程度都不一样,也许孩子自己在语文、英语等文科方面比较强而理科较弱,而他的同学可能在物理、化学等功课学得比较好,这个时候孩子之间的相互交流,可以使他们共同提高。在和同学的相互交流过程中,他可能会对被自己忽略的问题或者百思不得其解的问题产生新的想法。现在提倡的是开放的学习方式,要多与同学交流,那种仅仅局限于自己的空间里的学习方式,是不值得提倡的。而且,同学交流与向老师请教相比存在很多优势:同学随时在自己的身边,而请教老师有时需要专门去办公室;在老师面前难免会有些局促,担心老师会认为自己不够聪明,而和同学则是平等的;向老师请教基本上是单向的,而与同学探讨问题的过程,双方都得到了学习。

养成爱与同学交流的好习惯

与同学交流，可以使孩子在学习方面取得更大的进步,那么就应该使孩子养成一种喜欢与同学交流的习惯。这种学习方式的培养也是多种多样的,比如,可以在课堂上老师给的自由讨论时间里,和同学认真地讨论。老师在课堂上通常会给学生一些自由讨论的时间，目的就是为了让大家把想法都提出来,使每个人都能从几个方面去理解问题,获取知识。要充分重视这段时间,不明白的问题要抓紧请教同学;有争议的问题一定要摆明自己的观点,若都不能说服对方,就等待老师的评判;自认为是重要的知识点,要主动提出来,提醒同学也应该重视。也可以在课间就不懂的问题请教同学,或者可以把别人未必知道但比较重要的知识,以考试的形式让大家竞猜,当答案出来时,我相信每一个人都会对这个知识记忆深刻。也可以在闲谈时,问大家一个自己刚掌握的英语词汇的意思,一个中文典故的出处,一个难记的理科公式,所有这些知识,都将随着欢快的笑声印在每个人的头脑中。而同学相处的时间是那么多,在无数的课间中日积月累,可以记忆多少知识啊！还可以采取同学之间相互出试题的方式，来考察一单元或者一个阶段的学习内容。这就是比较高级的交流形式了,通常需要老师的协助。在出考试卷之前,肯定需要把考察范围的知识认真复习一遍,然后精心挑出自己认为重要的内容,再赋予它们恰当的形式,形成一张考试卷。重要的是给同学批改的过程,看看同学对同一知识的掌握程度如何,或者有什么不同的解题思路值得借鉴,或者出现什么样的错误,是应该提醒自己要引以为戒的。这样的交流,能够使孩子有更宽广的视野,以更客观的态度来看待学习,评价自己的水平。

家长对策

可能有的家长会担心,和同学交流会耽误孩子的学习,这其实是没有必要的。家长应该鼓励孩子与同学之间的交流,应该支持他们学习与思想的共同进步。

1. 家长应当树立鼓励孩子和同学交流的观念

同学之间的交流更加容易,彼此更加易于理解。老师讲的可能照顾不到每个同学的个人理解力,而同学经过自己的消化吸收理解了,就会从学生的角度给别人讲解,更容易接受。不要认为自己的孩子给别人讲解问题是耽误时间,要知道每个人都会遇到不明白的问题,如果今天不去帮助别人,又怎么能够指望明天别人来帮助你呢?同学之间的这种帮助是互动的,这也有利于孩子互助品格的培养。

2. 家长应当充分理解孩子和同学交流的好处

有的孩子可能在老师面前比较拘谨,或者不好意思请教老师,或者请教了不敢多问问题,而面对同学则比较自由,可以充分发挥自己的想象力,尽可能地提出疑问,表达自己的看法,坚持自己的观点。通过同学之间的讨论明白的问题,往往更加透彻,以后遇到类似的问题,他们会将已经讨论明白的一个问题当作例题,举一反三地解决问题。学习上的问题,就是越讨论越清晰的。

3. 鼓励孩子多与同学交流

家长需要注意,不要一味地说"看某某人家学习多棒啊,你怎么就不行呢"之类的话,这样只会伤孩子的心,甚至激发孩子的逆反心理,要知道每个孩子都有强烈的自尊心,都希望自己是一个好学生。正确的做法是鼓励他,支持他多和成绩好的同学交流,学习别人好的学习方法。鼓励他和程度差不多的同学交流,大家共同探讨学习还在哪些方面存在问题,有什么办法可以解决,有什么更有效的方法可以提高学习效率,集体的力量总是比个人大。同时也让他感到,他并不是孤单的,他的学习中存在的问题,别的同学也会有,从而使他对学习树立信心,不会怀疑自己是唯一的"差生",让他们可以共同战胜困难,共同进步。

> 知识是一种快乐,而好奇则是知识的萌芽。
> ——(英)培根

第20法:节假日通过家庭知识擂台赛等方式学习

课外的学习活动能够让孩子在游戏中培养对学习的兴趣,游戏是孩子的天性。孩子在游戏中成长,在游戏中交朋结友,在游戏中认识世界。所以,在节假日,通过组织家庭知识擂台赛等形式的游戏比赛,可以激发孩子学习科学文化知识,探索未知世界的兴趣和爱好。从而达到寓教于乐,让孩子在游玩中学习知识的目的。

如今的孩子,电视、网络让他们失去了游戏的乐趣,高楼大厦让他们失去了玩耍伙伴,计划生育又让他们失去了兄妹,而应试教育让属于孩子自己的时间少之又少。在丰富的物质生活下,孩子的精神世界依然贫乏,在父母"望子成龙"、"望女成凤"的殷殷期盼下,好多时候似乎只是学习的奴隶,失去了自由。在节假日,或者仍在日复一日地学习,与平时的学习生活没有区别;或者放任自流,沉迷在电脑网络游戏当中,这都是不健康的方式,会使孩子对学习没有兴趣。家长应肩负起责任,积极地给孩子提供健康的学习方式,既让孩子在假期得到放松,又不会因长时间的放假而疏忽学习,失去连续性。

一提"学习",恐怕许多家长马上想到的就是读书、认字、写字、计算等。但是,对于孩子来说,节假日的游戏也可以成为一种学习,它是一种更重要、更适合的学习。近三十年来,心理学家、教育工作者、社会学家等围绕游戏与青少年的发展问题,做了大量的科学研究。结果表明,游戏有助于培养青少年的探索与创造的精神;在游戏中青少年可以学习运用策略解决问题;学习理解符号的意义并学习使用符号;学习与人交际和交往,掌握社会交往的基本技能。同时,游戏也有益于青少年活泼开朗性格的形成与自信、坚强等品质的培养。在游戏中孩子学到的一些东西,正是现代社会所需要的人的最基本的素质。要让孩子有事可做,否则孩子就会感觉无聊、厌烦、精神不爽;别让你的孩子闲着,如果家长能陪着孩子一起游戏,不但能有效沟通情感,而且在游戏的过程中也能教会孩子知识。

看待问题的角度不同,在人的心理方面产生的影响也不同。有的孩子可能不喜欢学习某一门功课,于是给自己一种心理暗示,慢慢地就会越来越讨厌这门课,甚至讨厌上这门课的老师。但是换一个角度,把学习这门课看成一种特殊的"游戏",就会发现这门课并不是自己想象的那么讨厌,而且会从中寻找到快乐的音符。

灵活多样地开展有助于学习的假日游戏活动

针对孩子的学习开展假日游戏活动的确是促进孩子学习、培养孩子学习兴趣的好方法,但是在具体开展这样的活动时也要有章可循,不能漫无目的,因为那样的话,有可能会适得其反。开展假日游戏活动,首先要尽可能与课堂学习内容相结合。比如黄金周的假期,就可以先看看孩子前段时间主要学习的内容是什么,然后有针对性地给他们出一些题,看谁做得对、做得快,由叔叔阿姨或者一直给他们当作榜样的表哥表姐们来做"评委",答得好的自然要有奖励,落后的也会努力争取下次做得更好。第二,寓学于乐活动的内容和时间要适当,不要影响正常的课堂学习、身体锻炼和社会活动,要注意劳逸结合。凡事过犹不及,都要有一个度,开展节假日的学习活动也是如此。要注意时间的长短,不要让孩子和上课时一样劳累,要注意现场的气氛,毕竟是在家庭里的活动,不要让孩子有在学校的拘谨严肃感。这样才能充分发挥家庭里寓学于乐活动的作用。第三,寓学于乐学习活动中,要尽力做到学练结合,手脑并用,把学习和实践结合起来。可以带孩子去一些可以动手亲自去接触去尝试的地方,比如中国科技馆,就提供了让孩子零距离接触各种设备模型和亲眼观看、亲身感受各种实验的机会。第四,要争取老师的指导,以提高寓学于乐活动的效果。在节假日过后,要主动经常和老师沟通,告诉老师这个假期里孩子的表现怎么样,自己给孩子开展了什么样的学习活动。然后向老师询问假期后孩子的表现,是否有了一些变化,今后的假期中,作为家长还需要怎样改进做法。家长与老师的沟通多了,才能够更好地指导孩子的学习。

家长对策

1. 引导孩子选择有针对性的报纸杂志及电视节目等

可以订阅一些有意思的报刊读物,通过与孩子一起做上面的趣味题,激发他爱思考、爱学习的热情。可以引导他一起看和学生掌握的知识联系紧密的电视节目,比如,《三星智力快车》和《联合对抗》就是不错的智力节目,它问题的范围与中学生学习的大体相同,孩子在看节目的时候身心得到了放松,同时又学习到或者重新温习了已掌握的知识。如果孩子对某一学科的兴趣较强,并且有较高的天赋,可以专门为他订阅相关的杂志。比如他爱好文学,可以订阅《作文指导》,爱好英语可以订阅一些英文杂志。同时要注意,并不是绝对禁止孩子看电视就可以让他完全投入到学习中去,电视是孩子了解世界、学习知识的一个重要途径,家长要为孩子选择一些质量高的电视节目,对他的学习同样有促进作用。对待电脑网络也是一样,要积极引导,慎重对待,充分发挥现代媒介的正面的积极作用。

2. 组织家庭竞赛

如果孩子有表兄弟姐妹们,年龄相仿就更好了,可以直接组织一个家庭知识竞赛,考他们相同的内容,看谁回答得又快又好。孩子们都是有很强的上进心的,通过这种方式,让他们掌握到了知识,并且以后也会注意积累,因为他想做到比自己的兄弟姐妹强。这还可以增加孩子之间的感情。现在的孩子几乎都是独生子女,多让他与同龄的兄弟姐妹在一起游戏学习,对于他人格的健康养成,也有很大的帮助作用。

3. 多带孩子参观游览

带孩子多去动物园、植物园、科技馆等地方参观,在这里孩子能够比在游乐园里多学到好多知识。孩子从刚接触知识开始,头脑中形成了好多概念,可是没有亲眼见到过,没有亲手实践过,他还不能形成感性的认识。我听过一位妈妈讲,她带三岁的女儿去动物园,见到一只大猩猩。它很老了,毛已脱落,龇牙咧嘴十分丑陋。女儿指着它大声地喊:"妈妈,魔鬼!"以前妈妈给孩子讲过有魔鬼出现的故事,孩子头脑中形成了魔鬼的概

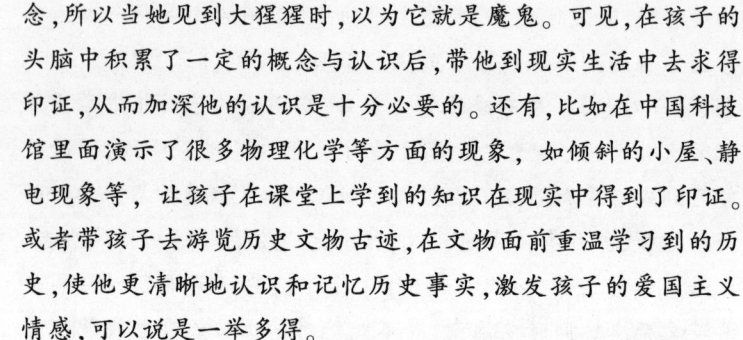

念,所以当她见到大猩猩时,以为它就是魔鬼。可见,在孩子的头脑中积累了一定的概念与认识后,带他到现实生活中去求得印证,从而加深他的认识是十分必要的。还有,比如在中国科技馆里面演示了很多物理化学等方面的现象,如倾斜的小屋、静电现象等,让孩子在课堂上学到的知识在现实中得到了印证。或者带孩子去游览历史文物古迹,在文物面前重温学习到的历史,使他更清晰地认识和记忆历史事实,激发孩子的爱国主义情感,可以说是一举多得。

> 一个人追求的目标越高,他的才力就发展得越快,对社会就越有益。
>
> ——(俄)高尔基

第21法:敢于向学长质疑

以学长为榜样、挑战学长是激发学习兴趣的途径之一。金无足赤,人无完人。任何人都有自己的缺点和不足之处,世界上不存在完美的人。在学习中要有挑战精神,不惧权威,只相信真理,追求真理,这样才会发现问题,取得长足进步。

自古以来,人类就对宇宙的结构不断地进行着思考,早在古希腊时代就有哲学家提出了地球在运动的主张,只是当时缺乏依据,因此没有得到人们的认可。在古代欧洲,亚里士多德和托勒密主张地心学说,认为地球是静止不动的,其他的星体都围着地球这一宇宙中心旋转。这个学说的提出与基督教《圣经》中关于天堂、人间、地狱的说法刚好互相吻合,处于统治地位的教廷便竭力支持地心学说。因而地心学说长期居于统治地位。但是随着事物的不断发展,天文观测的精确度渐渐提高,人们逐渐发现了地心学说的破绽。此时,波兰伟大的天文学家尼古拉·哥白尼以惊人的天才和勇气,挑战先辈已成定论的"地心说",揭开了宇宙的秘密,提出了"地动说",并经过毕生对天文学的研究提出了"日心说",创立了"天体运行论",奠定了近代天文学的基础。

对事物的认识是一个不断深化、发展的过程,真理是相对的,只有不断地去探索、思考,拿出足够的勇气挑战前辈、挑战权威,才能在探索真理的道路上走得更远。在实际学习中,不少孩子总认为自己比别人笨,不相信自己的能力。他们不敢碰难题,即便做出答案也总怀疑不正确,更不敢向学习好的同学挑战。这种缺乏自信的态度,严重地阻碍了学习的进步。如果说每个人都有巨大的潜能,那么,自信就是开发巨大潜能的金钥匙。不管什么时候,我们都要认识到,人与人之间虽然存在着差异,但每个人可供开发的潜力和所能达到的高度是不可限量的。只要自己敢想、敢做,永不服输,就一定能走向成功。

挑战学长需要具备一定的素质

挑战学长必须具备一定的素质,这样才能有的放矢,否则有可能是胡搅蛮缠。积极的上进心是挑战学长者的精神动力。如果有向学长挑战的勇气,首先就说明这个孩子是有心气儿的,以学长为榜样,就是给自己设立了目标和方向。他不满足现有的程度,并且有远见的目光,并不把"对手"局限在同年级的同学中,他的志向更加高远。有坚定的自信心是挑战学长的武器。这样的学生相信通过自己的努力可以做得更好,他们不但有追求更好的勇气,而且有能够实现的信念。他相信,只要努

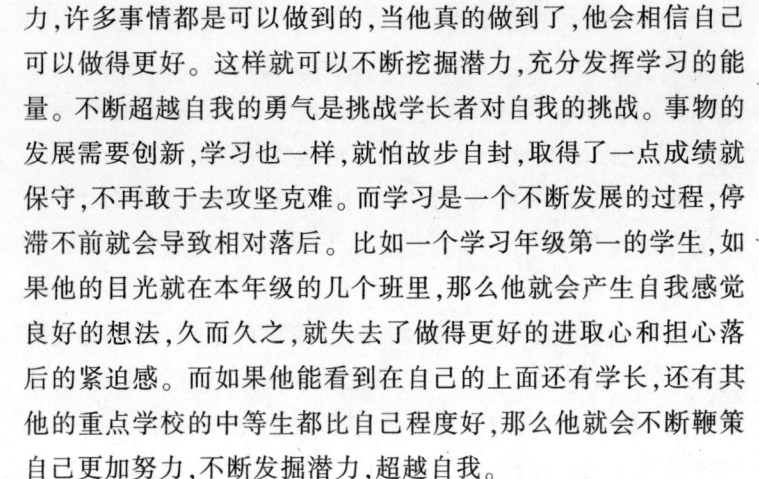

力,许多事情都是可以做到的,当他真的做到了,他会相信自己可以做得更好。这样就可以不断挖掘潜力,充分发挥学习的能量。不断超越自我的勇气是挑战学长者对自我的挑战。事物的发展需要创新,学习也一样,就怕故步自封,取得了一点成绩就保守,不再敢于去攻坚克难。而学习是一个不断发展的过程,停滞不前就会导致相对落后。比如一个学习年级第一的学生,如果他的目光就在本年级的几个班里,那么他就会产生自我感觉良好的想法,久而久之,就失去了做得更好的进取心和担心落后的紧迫感。而如果他能看到在自己的上面还有学长,还有其他的重点学校的中等生都比自己程度好,那么他就会不断鞭策自己更加努力,不断发掘潜力,超越自我。

培养挑战学长的素质

　　课本是我们学习中的第二位老师。课本知识是最基本的知识,它随时伴随在我们身边,一有问题,我们首先想到的应当是查阅课本。不仅如此,课本还起着训练同学自学能力的作用,那些平时不重视阅读课本,只把课本当作课后练习的习题本的同学是很难学好知识的。同时,记忆的知识经过一段时间后总是会减弱一些的,作为低年级的同学我们还有着刚刚学习完的优势,记得比较扎实,用得也较多,在向学长挑战的过程中,自然能够更胜一筹。

　　培养孩子勤学多问的习惯,在学习过程中,有不懂的一定要及时消除,不要留下负担。有一个形象的比喻,把学习比作爬山,而学习中遇到的困难就是一块块大大小小的石头,假设你背着一只筐,如果好多问题都解决不了,就是把一块块石头都装到筐里去了。想想这样,你还能轻松地到达顶峰吗?而且,问题积累到一定程度,很可能你就没有能力再往上走了。所以,学习中遇到的问题一定要及时解决,切莫堆积,这样才能轻松应对学业,也才能轻松上阵挑战学长。

注意培养孩子的自信心。在一个人的学习生涯中会遇到许多拦路虎,其实挑战学长也只是这些困难中的一个罢了。战胜学习中的困难,固然要积累知识、注重方法,但其中重要的一条就是自信心。自信心的力量是无穷大的。我的三位同学成绩差不多,高考时一位上了北京的重点本科,其余两位由于发挥得不够好只上了普通本科。当时大家都向上了重点的祝贺,为另两位惋惜。转眼四年过去了,其中上普通本科的一位考上了硕博连读,一位继续攻读医学硕士学位,而那位上重点本科的却因考研不利早早参加了工作。这前后的变化中重要的一个因素就是自信心。因为好学校里都是各地的尖子生,很容易使人产生自卑感,怀疑自己,放弃了上进心。而在普通的学校大家程度都差不多,当取得了一点成绩之后就相信自己可以做得更好,然后就可能做得更好。这就是所谓的"圣愈圣,愚愈愚"吧。所以,提醒各位同学和家长,一定要注意自信心的培养。同样程度的孩子,因为对自己的自信程度不同发展的结果可能会相差很多。相信自己,你就能超越自己,挑战成功!

家长对策

1. 不要怕自己的孩子吃苦、受挫折,鼓励孩子挑战

人生路上挑战无处不在。我们鼓励孩子敢于挑战学长,其实是鼓励他们发展那种敢于挑战学习中遇到的困难,不断发掘潜力,超越自我的精神。孩子的成长会遇到各种挑战,在学习上,挑战学长只是一类笼统事物中的一个代表而已。比如,孩子的物理学得比较好,正巧市里有个物理知识的竞赛,他很想参加,可又担心万一发挥不好拖了队伍的后腿,给学校丢脸怎么

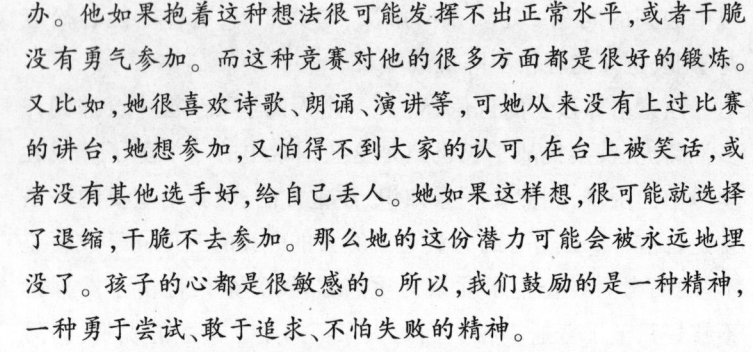

办。他如果抱着这种想法很可能发挥不出正常水平,或者干脆没有勇气参加。而这种竞赛对他的很多方面都是很好的锻炼。又比如,她很喜欢诗歌、朗诵、演讲等,可她从来没有上过比赛的讲台,她想参加,又怕得不到大家的认可,在台上被笑话,或者没有其他选手好,给自己丢人。她如果这样想,很可能就选择了退缩,干脆不去参加。那么她的这份潜力可能会被永远地埋没了。孩子的心都是很敏感的。所以,我们鼓励的是一种精神,一种勇于尝试、敢于追求、不怕失败的精神。

2. 永远做孩子的支持者

面对学长、面对升学、面对从未尝试过的事情,孩子是会怕的,既然他有勇气选择挑战,家长要做的就是鼓励他,帮助他,给他勇气。他是在尝试超越自己,亲人眼中流露出的不信任,足以毁灭他的自信。基于年龄和所掌握知识等各方面的限制,挑战学长在很多时候可能不会取得成功,考试可能也不会取得好的成绩,竞赛也许成了垫底的。这个时候,家长不该感到失望,或去责备他,因为他勇敢地选择了去挑战而不是放弃,他已经尽力了。家长应该肯定他所做的这些,然后静下心来帮助他分析问题出在哪里,以后怎么才能做得更好。我相信,一次的失败只是使他积累了更多走向成功的经验,这甚至会影响到他在今后生活中的行为选择。

> 尺有所短,寸有所长;物有所不足,智有所不明。
> ——屈原

第22法:组织学习俱乐部、学习小组

校有校风,班有班风。每个班级的风气可能大不相同,原因

就是构成班级的每个个体、每个组织有所不同。一个好学、活跃、向上的班级,她的每个成员一定是团结、互助、积极向上的。类似学习小组和俱乐部这样的组织功不可没,通过这种互助的学习活动,学生的学习成绩普遍提高了,同时又营造出了活跃、上进、爱讨论的班级气氛,也就是班风。

在学习中,每个班级都有固定的教室,这样前后左右的同学很容易形成互助的学习小组。几个同学在一个学习小组里可以互相帮助,共同提高。学生敢于发表自己在学习活动中的见解和主张,并敢于对别人的见解发表自己的见解和主张,从而形成讨论的氛围,达到"生生互动"。

灵活采取多种"同学共进"的方式

组织学习俱乐部、学习小组是孩子之间"同学共进"的主要方法,这两种方法在具体的操作过程中又可以灵活多样地去实践。比如,采取个别孩子主讲的方式,这种方式可以分为两种情况。一种是某个孩子在某一学科有专长,或对某个问题理解较深透,就可以采取主讲法,由他来主讲,以使其他孩子都能从中得到启示。还有一种方法是每个孩子都可以利用主讲的机会来复述识记材料,或阐述自己的观点。根据讲述的情况,进行自我判断和自我反馈,同时也听取别人的意见,从而加深理解、巩固记忆、纠正错误。这种方法可以使某个孩子在某学科的专长以及好的学习方法和好的经验得到推广,使大家都从中受益。还可以发现学习中隐藏的问题,使疏漏及时得到补救。也可以采取大家讨论的方式。讨论的方式就是针对某些重点、难点,大家集思广益,从而加深理解或解除疑难的方法。讨论应在每个人独立思考的基础上进行,这样讨论才能深入,才能集中每个人的独到见解而成为集体智慧的结晶。中国古语说"理越辩越

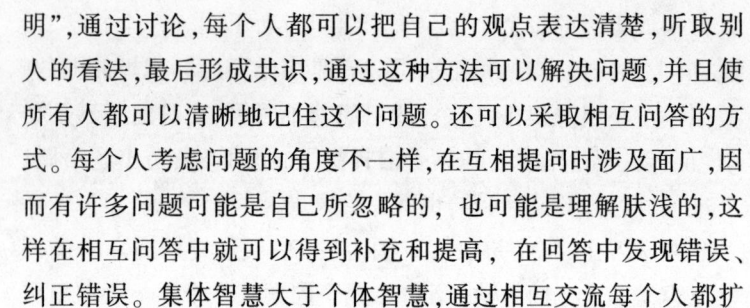

明"，通过讨论，每个人都可以把自己的观点表达清楚，听取别人的看法，最后形成共识，通过这种方法可以解决问题，并且使所有人都可以清晰地记住这个问题。还可以采取相互问答的方式。每个人考虑问题的角度不一样，在互相提问时涉及面广，因而有许多问题可能是自己所忽略的，也可能是理解肤浅的，这样在相互问答中就可以得到补充和提高，在回答中发现错误、纠正错误。集体智慧大于个体智慧，通过相互交流每个人都扩充了知识。

同学共进的多种意义

参与学习活动的态度和程度是提高学习效率的关键，互助式的学习小组等方式可以让学生自主参与学习活动，充分激发孩子学习的内动力，它表现为孩子主动和投入地探求知识，从而大大提高了学习质量。通过孩子之间互助合作学习，共享学习成果，可以提高学习效率，从而更易形成乐学、爱学的良性循环。这种学习方式可以最大限度地激发学生的主体意识，可以高效能地培养孩子的多种能力，达到孩子之间平等竞争、互相启发、共同提高的目的。因为在孩子之间的讨论中，每个人都比较放松，能最大限度地发挥孩子的学习主体意识，获得更多的知识，同时也锻炼孩子共同协作的能力。作为一个社会成员，特别是未来的社会成员，孩子必须学会与同伴密切交往，热心互助，真诚相待。当组内能力较强的同学对较难理解的问题阐述自己的观点时，组内成员可以学习这个同学理解问题、解决问题的方法，从而改善自己的思维方式，求得整个小组的共同进步。更使孩子作为学习的主体的身份得到切实体现，提高了学习的主动性，孩子不再是教学活动中单纯的旁观者，而转变成为学习活动的积极参与者，每个孩子都能从那些与他不同的观点与方法中得到启迪,有利于学习的广泛迁移。这样,孩子在学习过程中感受到了获取知识是一件快乐的事,而不是被动的学习。这有效地激发了孩子学习的动力和兴趣,树立了学习上有问题的孩子的自信心。

同学共进的制胜因素

要想最大限度地实现同学共进,发挥互助的学习组织的作用,应该不断提高小组的效率,首先要促成孩子们组成的学习小组的内部动力。每个孩子都要有和其他同学相互分享知识、共同进步的意识,成员之间建立起互爱、互助和互勉的关系;遇到困难共同克服,有集体的荣誉感,大家在帮助别人的同时也使自己受益,求得学习过程中的双赢。在这种学习方式中,大家都是获益者。每个孩子都能通过合作学习,认识到自己的不足和长处,并通过与他人的交流,获得发展自己的机会;通过相互交流,使大家的知识得到了互补。通过月考或者单科考试等,检查学习小组的情况,并做出方法上的调整。同时,小组成员之间加强沟通是小组共同提高的关键。学习小组的建立不是一劳永逸的事,而要根据每位同学的兴趣、性格和在小组中的发展情况,注意调整、加强沟通,应该特别注意到的是"情感"的作用,没有"互爱、互助和互勉"就没有互动的效果。要充分利用课上自由讨论和课间时间,发挥学习小组的作用。

家长对策

现在很多孩子都是独生子女,缺少玩伴,也缺少学习的伙伴,有时候安静的环境同样不利于孩子的学习。比如当他一个人在家学习时,遇到不懂的问题,父母辅导不了,打扰老师又不方便，靠自己绞尽脑汁地思考可能会耽误时间。这个时候他最需要的就是一个平等的、互助的、活跃的学习小组，所以家长应该支持孩子组成学习小组等形式的互助学习。

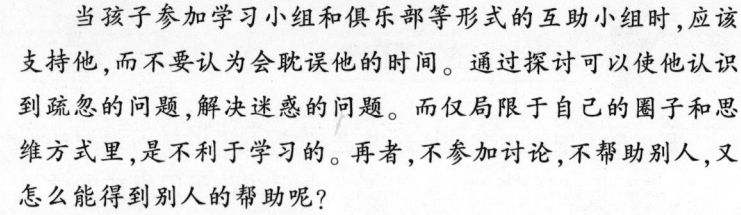

1. 支持孩子参加各种互助小组

当孩子参加学习小组和俱乐部等形式的互助小组时，应该支持他，而不要认为会耽误他的时间。通过探讨可以使他认识到疏忽的问题，解决迷惑的问题。而仅局限于自己的圈子和思维方式里，是不利于学习的。再者，不参加讨论，不帮助别人，又怎么能得到别人的帮助呢？

2. 多与孩子沟通

当孩子的意见与其他同学不同，而与家长继续探讨时，在力所能及的范围内，家长应该认真地听他的表述和讲解，积极地与他交流，从而使他对遇到的问题有清晰、理性的认识。使他认识到，问题是可以通过讨论变得清晰，是可以通过讨论来解决的。

3. 鼓励孩子表达自己的想法

当他有不同于别人的意见时，即使他是少数，只要他有自己充分的理由，就要鼓励他表达自己的见解，阐述理由，不要让他形成盲从的学习习惯，"学而不思则罔"会使他逐渐丧失独立思考、坚持自己看法的能力。

第五章 我思故我在
——掌握科学的思维方法

> 良好的方法能使我们更好地发挥运用天赋的才能,而拙劣的方法则可能阻碍才能的发挥。
> ——(法)贝尔纳

第23法:用抽象的思维方法学习

在学习中,家长和老师可能顾及不到孩子的各个方面。把自己积累的实践经验结合起来,正确地反映外部世界,对事物的本质做中肯的认识,就需要孩子具备一定的抽象思维能力,这对于提高他们认识事物的能力是十分重要的。

抽象思维能力缺不得

开普勒是世界著名的天文学家之一,他发现的行星三大定律在天文学和牛顿力学的发展中发挥了重要的作用,可是大家知道开普勒的研究成果是怎么得来的吗?丹麦的天文学家第谷·布拉赫花了三十年的时间仔细地观察、精确地记录了行星的运动，积累了丰富的资料。但是这些数据的宝库，对于第谷·布拉赫来说，是浩繁而无从下手研究的。而他的学生开普勒善于抽象与概括，数学较好，且敢于冲破框框，从这些多不胜数的材料中进行加工提炼，终于总结出行星三大定律，为牛顿力学奠定了科学基础。那么，为什么开普勒能从同样的材料中发现科学规律，而第谷·布拉赫则不能呢？这当中的奥秘正是因为开普勒具有很高的抽象思维能力。

观察一下我们身边许多父母对孩子的教育，可以发现许多父母都把精力贯注在培养孩子的表演、创作、绘画、演奏等形象思维的能力，在空闲时间鼓励孩子参加加强班学习钢琴、绘画、书法等等，都是在形象思维方面培养孩子。作者关注过德国人对孩子的教育，他们更积极地鼓励孩子学习一点抽象思维。德国父母在培养孩子抽象思维能力上有许多有效途径，其中包括数字类游戏、下棋、走迷宫、搭积木、玩魔方等等，比较常见的是许多父母带着孩子在大自然中嬉戏，在孩子很小的时候就启发他们用小木棍画出自己的家或学校，或是周边的房屋、花园、商店等等，以此来引导他们的抽象思维能力。

重视孩子抽象思维中面临的障碍

不久前一个朋友向我诉苦，说她的孩子在学习数学的过程中，感到压力很大，总是学不好，一测验就考得很差，因此孩子情绪低落，对数学学习产生了惧怕心理。看到母亲不忍的面容，就知道这个孩子遭受的处境有多困难。孩子们正处于长身体、长知识、学做人的重要阶段。在这个年龄阶段他们有自己的特点，他们热情、活泼、好奇，各方面都积极向上，但依赖性强，自制力差；主动性、独立性和坚持性也较差；探究问题、解决问题和合作的能力更差;情感不稳定,注意力不能长时间集中;善于机械记忆和直觉思维等等。造成这种情形的原因就在于这些问题的解决需要抽象思维,一方面是知识的积累和增长需要抽象思维;另一方面孩子抽象思维能力的发展也需要抽象思维的训练。这两个问题不处理好,就会影响孩子的发展。当我把这些告诉这位母亲的时候,她深表同意,但是她还是在问:那怎么办呢,我都苦恼死了!

当这种情况出现时,孩子们往往把对难题束手无策归因于自己智力差,怀疑自己的能力。如果不及时解决,时间一长就会动摇他们学习的信心。分析这些现象,不难发现这都与孩子的学习方法、学习习惯有关。由于传统教育中我们对形象思维的重视远远大于抽象思维,而且孩子的成长过程正处于形象思维发展的高速阶段,形象思维在学业问题解决中占决定性的地位,在学习中他们就形成了思维定式,总是倾向于用形象思维的方式解决问题。这些都不利于孩子的综合发展。当然,这些问题也与孩子的个性有联系。有的学生抽象能力强一些,能够从自己的经验积累和知识的学习当中进行概括和抽象。而孩子知识层次和结构的差异可能也会导致抽象思维能力的不同。这就需要老师和家长在教育的时候采取不同的方法对待不同的学生,促使孩子富有个性地学习,也就是立足孩子的现状培养他们的抽象思维能力。

立足孩子的现状培养抽象思维能力

不知道家长们有没有听说过"初二现象",这是初中生在初二阶段的学习出现分化的现象,造成这种现象就是因为学生抽象思维的发展水平严重滞后于学习内容的发展而形成的。每个孩子都有自身的独特性。由于社会环境、家庭条件和生活经历

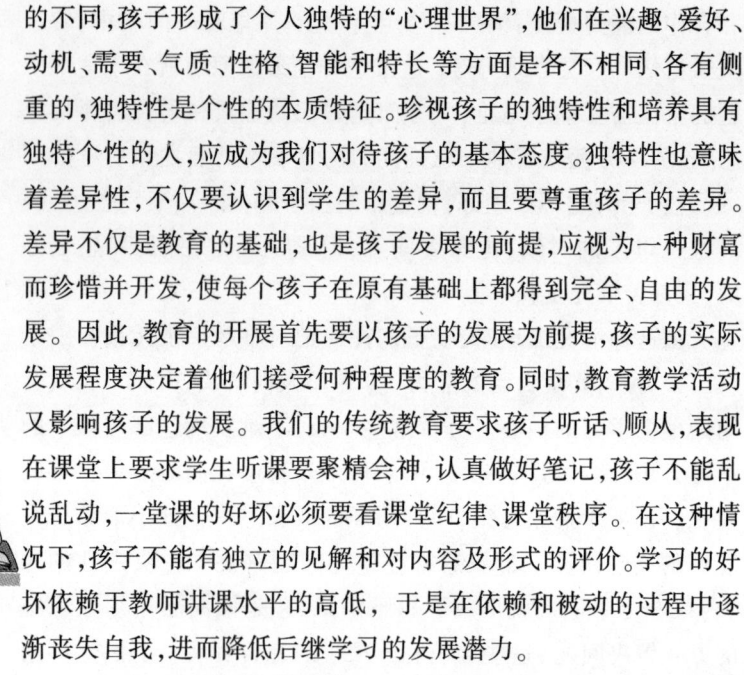

的不同，孩子形成了个人独特的"心理世界"，他们在兴趣、爱好、动机、需要、气质、性格、智能和特长等方面是各不相同、各有侧重的，独特性是个性的本质特征。珍视孩子的独特性和培养具有独特个性的人，应成为我们对待孩子的基本态度。独特性也意味着差异性，不仅要认识到学生的差异，而且要尊重孩子的差异。差异不仅是教育的基础，也是孩子发展的前提，应视为一种财富而珍惜并开发，使每个孩子在原有基础上都得到完全、自由的发展。因此，教育的开展首先要以孩子的发展为前提，孩子的实际发展程度决定着他们接受何种程度的教育。同时，教育教学活动又影响孩子的发展。我们的传统教育要求孩子听话、顺从，表现在课堂上要求学生听课要聚精会神，认真做好笔记，孩子不能乱说乱动，一堂课的好坏必须要看课堂纪律、课堂秩序。在这种情况下，孩子不能有独立的见解和对内容及形式的评价。学习的好坏依赖于教师讲课水平的高低，于是在依赖和被动的过程中逐渐丧失自我，进而降低后继学习的发展潜力。

另外，语言是家长和老师与孩子传递信息和交流思想感情的桥梁。亲切、感人的语言能使孩子保持积极舒畅的学习心境，能唤起孩子的热情，从而产生不可低估的力量。

家长对策

1. 培养孩子的抽象与概括能力

从培养孩子的抽象与概括能力着手，比如说在数学教育中引导孩子通过观察、操作，能用自己的语言描述长方形、正方形的特征，形成相应的初步的空间概念，使他们能够从实物、图形中抽象出数的概念及运用数表示日常生活中的一些事物。也可以运用一些直观的方法或工具，让孩子经过分析、概括、比较、分类和具体化等思维过程,使他们逐步掌握事物的内在本质和规律。

2. 让孩子成为思考的主体

在与孩子交流的过程中,避免以家长为中心的逻辑分析方式,把家长的教变为引导,把孩子的听变为思考,开展以孩子为主体的思维活动。有意识地培养和训练孩子的思维方法,引导孩子积极参与思维活动,并内化为他们的思维品质。

3. 重视语言能力的培养

语言和思维是分不开的,语言对于形成孩子的抽象思维能力具有十分重要的作用。在教育中,家长可以通过引导和循循善诱的方式,也可以给孩子提供一些必要的提示和帮助,一步步引导孩子用自己的语言总结出现象之后的规律,这可以提高他们的兴趣,在潜移默化中达到教育的效果。

> 想象在其本质上也是对于世界的思维,但主要的是用形象来思想,是一种艺术的思维。
> ——(俄)高尔基

第24法:用形象的思维方法学习

有许多孩子在判断、推理、证明、思考问题等方面都条理清楚,而不善于描写想象,不善于生动地塑造人物和形象地反映社会生活。对于一个要跨入五彩缤纷世界的孩子来说,如果缺乏形象思维的能力,那么许多抽象的内容也是很难进行的。

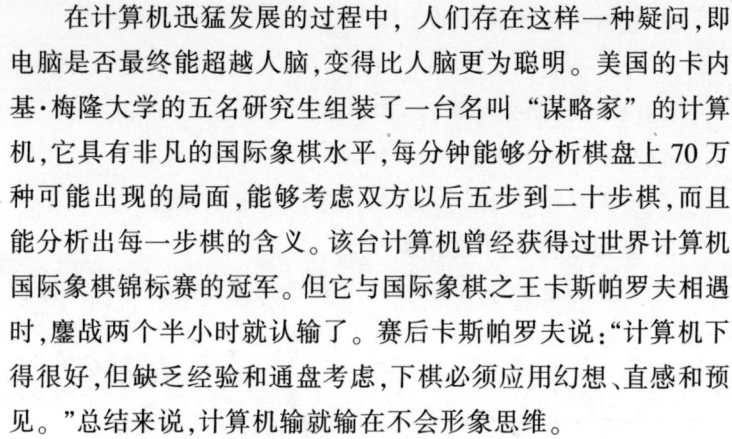

在上一节中我们着重讲述了抽象思维能力的培养,那么形象思维能力在孩子的综合发展中又有什么样的作用呢?

在计算机迅猛发展的过程中,人们存在这样一种疑问,即电脑是否最终能超越人脑,变得比人脑更为聪明。美国的卡内基·梅隆大学的五名研究生组装了一台名叫"谋略家"的计算机,它具有非凡的国际象棋水平,每分钟能够分析棋盘上70万种可能出现的局面,能够考虑双方以后五步到二十步棋,而且能分析出每一步棋的含义。该台计算机曾经获得过世界计算机国际象棋锦标赛的冠军。但它与国际象棋之王卡斯帕罗夫相遇时,鏖战两个半小时就认输了。赛后卡斯帕罗夫说:"计算机下得很好,但缺乏经验和通盘考虑,下棋必须应用幻想、直感和预见。"总结来说,计算机输就输在不会形象思维。

发现和引导孩子的形象思维能力

也许有家长会想到,既然上一节课说过抽象思维能力在孩子的身上有那么大的作用,在教育中侧重发展孩子的抽象思维能力就可以了,形象思维能力就可以不必那么重视了。这种想法是有失偏颇的。基于篇幅的限制,我们在行文中把抽象思维与形象思维分离开来,但在日常的学习和生活中,抽象思维和形象思维常常是融合在一块儿发挥作用的,他们是1+1大于2的关系。

伟大的科学家爱因斯坦说过:"想象力比知识更重要,因为知识是有限的,而想象力概括着世界上的一切,推动着进步,并且是知识进化的源泉。严格地说,想象力是科学研究的实在因素。"爱因斯坦在16岁时曾问自己:"如果有人追上光速,将会看到什么现象?"后来,他又这样问道:"一个人在自由下落的升降机中,会看到什么现象?"他就是在这些想象中推动自己探索科学的奥秘,探索未知的世界,最终创立了伟大的相对论,获得了诺贝尔奖,成为世界上最伟大的科学家之一,至今他的相对论在我们各门科学的研究中都仍然起着举足轻重的作用。

形象思维能力是孩子从小最容易接受的,从牙牙学语时他们便从一些直观的形象中获得了一些信息,并综合这些信息而产生了自己的想法,但要使它像爱因斯坦一样在孩子的身上起着启迪的作用,还需要孩子深入地开发和锻炼,从而使这种能力在孩子的身上起到魔法般的作用。

形象思维能力需要训练

时代在发展,锻炼孩子们的形象思维能力可以采取多样的方式,比如运用多媒体的手段可以使教育事半功倍,把家长想要实现的目的通过图文并茂的方式传达给孩子,唤起他们的审美知觉,开启他们的联想,培养他们对直观形象的特定情感,且有益于创造良好的学习气氛,使他们生动活泼地学习,大胆地进行艺术表现和创造,既有助于发展孩子的形象思维能力,也有利于培养孩子的创造能力。而采用多媒体的教育方式,只需要家长拥有一台多媒体电脑就可以了,鼠标一点,孩子身处这样的氛围,便能打破时间、空间、地域的界限,驰骋中外,跨越古今,在各种各样的长廊中漫步,在自由的想象空间中飞翔,把对形象思维能力的培养实现在潜移默化之中。

生活是丰富多彩的,孩子在日常生活中看电视、欣赏音乐、学习、参观、旅游、做家务和参与社会实践活动,扩大对自然和人类活动中事物形象的掌握,有意识地观察事物形象,广泛积累表象材料,在头脑中积累的形象材料越多,便越为形象思维提供了形象原料。1979年诺贝尔物理学奖获得者格拉肖也指

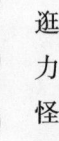

出:"涉猎多方面的学问可以开阔思想,像抽时间读读小说,逛逛动物园都有好处,可以帮助提高想象力,这同理解力和记忆力一样重要。假如你从来没有见过大象,你能想象出这种奇形怪状的东西吗?"因此,扩展自己的眼界,提升自己的见识,将会有助于形象思维能力的提高。

另外,要经常开展形象丰富生动的联想和想象活动。不要束缚自己的想象,要让想象展翅高飞,任其在广阔的宇宙中遨游。想象不是凭空产生的,它是在社会实践活动中产生和发展的,以实践经验和知识为基础。客观形象就好比空气,想象力就是翅膀。只有两方面结合,智力才能如矫健的雄鹰,翱翔万里,探索广阔无垠的宇宙,搜索一切知识宝库。

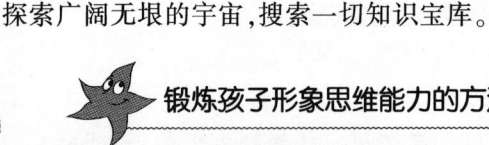

锻炼孩子形象思维能力的方法

帮助孩子建立和提高形象思维能力,便需要考虑孩子的特点,使用他们感兴趣的方法,便可起到事半功倍的作用。对于直观的东西,通过亲自实践和动手会帮助他们获取感性认识。记得我们在学习《乌鸦喝水》这篇文章的时候,老师便在课堂中做了一个现场的模拟,文章中说:"它叼起小石子,一颗一颗地放到瓶子里。瓶子里的水渐渐升高了,乌鸦就喝着水了。"老师为我们提供了一只瓶子和一些石子,让我们自己往瓶中丢,等到所有的孩子都丢了石子后,瓶中的水差不多全溢出来了,这个过程至今仍给我深刻的印象,而现场模拟的过程更给了我们课堂中前所未有的体验。因此,用直观和形象的方法进行锻炼可起到十分有效的作用。

孩子的思维带有很强的具体形象性,因此,在引导学生感悟时,就注意以形象思维为支撑,采用创设情境的方法,例如和孩子们一起绘图,从而化抽象为具体,把书中抽象的形象化为鲜活的形象,从而达到教育的目的。另外,爱动、表演欲望强也是孩子的天性。针对这些特点,家长便可以在教育的过程中让孩子扮演书中的形象,而自己也融入其中的角色,这样便会调动他们的积极性。例如在讲故事的时候,便可以让家长和孩子都扮演其中的角色,在互动的过程中,孩子的形象思维能力便得到了有效的锻炼。

家长对策

1. 通过创设问题情境以激发孩子的思维

亚里士多德说:"思维是从惊讶和问题开始的。"良好的开头是教育成功的一半。孩子正处于青少年成长时期,学习情绪容易波动,学习持久性差,注意力不易长时间集中。如果在教育过程中创设的问题情境和设置的疑问引发他们的好奇心,吸引他们的注意力,那就能激发他们的学习兴趣和求知欲望。孩子因疑生趣,因趣引思,有效地激发孩子思维,引起他们的思维活动。

2. 调动孩子的多种感官,发展孩子的形象思维能力

一般来说,青少年时期的孩子,学习思维主要是经验型的,孩子在进行逻辑思维时,需要具体的形象、感性的材料等感性经验的支持,然而这些感性经验的来源主要是实践,来源于孩子五官协同活动的感觉。因此,运用各种手段的刺激,调动孩子多方面的感官,帮助孩子掌握形象思维的基本方法,是家长开发孩子形象思维潜能的基本对策。

3. 教育应充满感情

形象思维富有情绪色彩,在教育中应投入感情。家长的情感也是鲜明的形象,对孩子的爱是成长的雨露阳光,是教育教

学中育人的伟大力量。家长充满感情地投入，便会使情感意识越来越强，感情越来越真挚自然。孩子自己的感情是其成长的催化剂，是其内心世界中最宝贵的精神财富。对孩子感情的培养，能促进其精神健康成长，促进其思维健康发展。

4. 通过小实验激发孩子的探究欲望

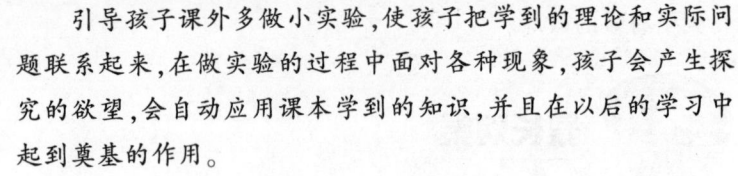

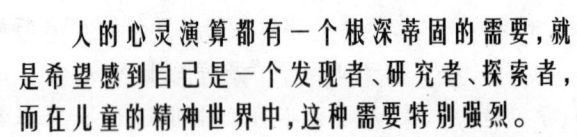

引导孩子课外多做小实验，使孩子把学到的理论和实际问题联系起来，在做实验的过程中面对各种现象，孩子会产生探究的欲望，会自动应用课本学到的知识，并且在以后的学习中起到奠基的作用。

> 人的心灵演算都有一个根深蒂固的需要，就是希望感到自己是一个发现者、研究者、探索者，而在儿童的精神世界中，这种需要特别强烈。
> ——（俄）苏霍姆林斯基

第25法：用集中的思维方法学习

每天打开电视、报纸，铺天盖地的补钙、补锌的广告便会迎面而来，其实对于发展期的孩子来说，身体固然要补，但不成熟的思维方式和思维习惯更是需要补充。

第一次世界大战期间，在一个局部战场上，法军的一个旅在一处阵地阻击德军，这个旅的司令部在前线构筑了一座极其隐蔽的地下指挥部，指挥部的人员深居简出，十分诡秘，德军经多次冲击未果,于是两军僵持不下。在僵持的间歇,德军的一位军官拿着望远镜漫无目的地在法军阵地及其身后搜索。突然,军官眼前一亮,他发现在法军阵地后的一个土包上,有一只波斯猫慵懒地晒着太阳。他依此判断,首先,这只猫不是野猫,野猫白天不出来,更不会在炮火隆隆的阵地上出没;其次,猫的栖身处就在土包附近,很可能有一个地下指挥部,因为周围没有人家;再次,根据仔细观察,这只猫是相当名贵的波斯品种,在打仗时还有兴趣玩这种猫的绝不会是普通的下级军官。据此,他们判定那个掩蔽部一定是法军的高级指挥所。随后,德军集中六个炮兵营的火力,对那里实施猛烈袭击。事后查明,他们的判断完全正确,这个法军地下指挥所的人员全部阵亡。

这种思维方式就是集中思维的结果,集中思维也叫求同思维,即从不同的角度将思维指向这个问题,以寻求解决问题的最佳方案的思维形式。在青少年时期的孩子身上,常常可以发现他们的思维比较容易受干扰,变动性较强,从已知条件中找到答案的能力是比较弱的。如何培养和提高孩子的集中思维能力便成为家长和孩子共同关注的问题。

引导孩子正确认识集中思维能力

三国时期,有一个孩子叫曹冲。有人送给他父亲曹操一只大象,曹操很想知道这只大象有多重,就叫他手下的官员想办法把大象称一称。这在当时可是一件难事,大象是陆地上最大的动物,可没有这么大的秤,也没有那么大力气的人,官员们都围着大象发起愁来。

正在这个时候,曹冲跑出来说:"我有办法,我有办法!"官员们一看心里不禁暗笑,大人都想不出办法,一个小孩子又会有什么好办法。但是曹冲说,我称给你们看。他叫人牵了大象,跟着他到河边去,把大象牵到船上,船身就沉了下去,他让人在船帮上与水面相接的地方做了一个记号。记号画好了以后,曹冲又叫人把大象牵上岸来,大船就往上浮起一些来。大家看着,都在想这孩子在玩什么把戏呀?

接下来曹冲叫人挑了石块,装到大船上去,大船又慢慢地往下沉了。曹冲看见船帮上的记号齐了水面,就叫人把石块又一担一担地挑下船。这时候,大家明白了:石块装上船和大象装上船,那船下沉到同一记号上,可见,石块和大象是同样的重量。再把这些石块称一称,把所有石块的重量加起来,得到的总和不就是大象的重量了吗?

这办法看起来简单,可是一般人为什么就想不到呢?因为他们眼中看到的只是大象,而忘了问题的本质是要知道大象的重量,忘记了这个对象,又怎能找到解决这个问题的方法呢?而曹冲正是在考虑怎么知道大象重量的基础之上,以此为中心,从自己的经验中找到解决这个问题的最佳方法,这正是集中思维的结果。因此,在教育孩子的过程中,应该引导他们集中思维来解决问题,只有这样才能提高孩子的综合能力。

我们知道,创造性思维包括集中思维和发散思维,但是在许多人的印象中,讲创造性思维,只是指发散思维,以为发散思维就等同于创造性思维。我们可以看到,市面上热销着诸如此类的书,如"数学发散思维"、"物理发散思维"等等。当然,我们不反对发散思维在创造性思维中的重要性,它在创造性思维活动中也确有不可替代的作用——为思维活动指明方向,即要求朝着与传统的思想、观念、理论相反的方向去思维,其实质是要冲破传统思想、观念和理论的束缚。但是把发散思维等同于创造性思维,则是无论如何让人不能接受的,孩子们的思维中形象的、直观的因素居多,本来就具有分散的特点,如果不强调培养他们的集中思维能力,则对于他们从纷繁复杂的事物中找到本质和问题的答案的能力,则无疑会起到负面的作用。

科学培养孩子的集中思维能力

集中思维是孩子掌握知识、发展技能的基本思维形式。它是四周向一点集中,从而在众多解决问题的办法中找出最佳方法的思维,是创造性思维的重要组成部分。它在思考中把信息向一个方向聚敛前进,从而形成单一的、确定的答案,即利用已有的信息,达到某一正确结论。集中思维意在求同和集中,把问题提供的信息聚合起来,从共同的统一的方向思考问题,以形成一定的习惯思路去解题,总结规律,形成思维定式。

一般来说,对于集中思维能力家长们关注得很少,针对性的训练则更是少之又少了。对这种能力的培养,也要讲究科学的方法。首先,家长可以鼓励孩子对知识归类,激发他们的集中思维,在解决问题时,通过综合求解。例如在分析问题后需要归纳时,或对某问题的多种理解需要辨析时,或从某些事实中把握其本质规律时,可以通过综合以前学过的知识求得解决;其次,用选择最佳答案法激发孩子的集中思维。这样做立足于让孩子多角度寻求正确答案,在解决某一问题时,从多角度思考,但在他们找到最佳的解决办法时,应给予他们赞扬和鼓励,这可以激发他们的兴趣,从而加深他们的印象,开发他们的潜能。再次,鼓励孩子以新的角度、新的方式进行表达,鼓励他们从反向求得问题的答案,这对于培养孩子的集中思维能力都会起到事半功倍的作用。

家长对策

1. 图示的方法

也就是用图像、图表、文字等来进行示意,利用图文,通过分析、比较,引导孩子在各种材料之中找到中心点,最终寻找到一定的答案,这可以使孩子思维明晰化。

2. 分析的方法

也就是先将一个整体的问题分解为若干部分,然后引导孩子进行鉴别、评价,最后作出正确的选择。在这个方法中家长扮演的是领路人的角色,用引导的方法,一步一步引导孩子的思考走到正确的方向上来。这对于启迪孩子的思路有十分显著的作用。

3. 比较的方法

通过异同鉴别,从而得出结论。这种方法是家长把想要表达的主题和其他对立的方面一起摆在孩子的面前,用自己的讲解让他们从中鉴别出优与劣,这种方法可加强孩子的记忆,开拓他们的思路,创新他们的思维。

4. 聚焦法

这种方法就是引导孩子在一个问题上倾注足够的努力,而不能轻言放弃,当他们的思维在一个问题上积累到一定的程度时,便达到了教育的效果。

> 正是在发散性思维中,我们看到了创造性最明显的标志。
>
> ——(法)吉尔福

第26法：用发散的思维方法学习

在强调以教师和家长为中心的传统教育模式下，只强调教师和家长对学生单向讲授知识，把学生当作知识灌输的对象，而忽略了孩子自身的创造性，也就扼杀了孩子的发散思维能力。发散思维能力对于一个人的创造性具有十分重要的作用，是应该在教育的过程中加以重视和培养的。

1492年10月，哥伦布历经艰辛，终于在远航后发现了美洲新大陆。对于哥伦布的创举，西班牙举国为之欢呼。但是也有一些王公贵族对哥伦布的新发现嗤之以鼻，认为这只不过是碰巧罢了。在哥伦布回来之后，在一次聚会上有个贵族对哥伦布说："其实发现新大陆是世界上最简单不过的事情，任何人都可以做到这一点。"哥伦布听后沉默了一会儿，然后顺手拿起一个鸡蛋，对他们说："你们谁能把这个鸡蛋竖立起来？"哥伦布提出的问题突兀而又新奇，这些王公贵族面面相觑，硬着头皮一个个地试着竖这个鸡蛋，结果没有一个人能把这个圆溜溜的鸡蛋竖在桌子上面。于是他们一致认为这完全是不可能做到的事情，此时哥伦布微微一笑，拿起那个鸡蛋，把尖端朝下轻轻一磕，鸡蛋就稳稳当当地竖在桌子上了。"这不算数，你把鸡蛋磕破了，如果这种方法可以的话，这也太简单了。"王公贵族不服气地吵吵嚷嚷着。哥伦布不慌不忙地说道："我并没有讲不让磕破，我只要求把鸡蛋竖立起来。这样竖鸡蛋，是任何人都能做到的，然而你们却说不可能。但当别人竖立起来时，你们又说这是多么简单的事。这么简单的事为什么你们就做不到呢？"那些自认为聪明绝顶、无所不能的王公贵族们哑口无言了。

从哥伦布巧妙的发散思维中，我们可以看出，发散思维的

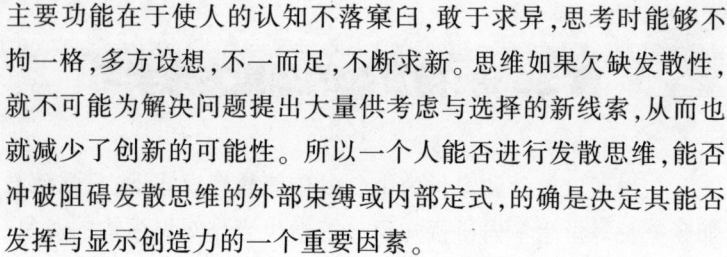

主要功能在于使人的认知不落窠臼，敢于求异，思考时能够不拘一格，多方设想，不一而足，不断求新。思维如果欠缺发散性，就不可能为解决问题提出大量供考虑与选择的新线索，从而也就减少了创新的可能性。所以一个人能否进行发散思维，能否冲破阻碍发散思维的外部束缚或内部定式，的确是决定其能否发挥与显示创造力的一个重要因素。

那么，什么是发散思维呢？发散思维是一种沿着不同方向去思考的思维方法，是从一点向四面八方想开去，由已知探索未知的思维形式。它是一种多向开展的思维形式。它的特点是没有一定的方向和范围，它针对同一个问题，沿着不同的方向去思考，在思考中，它不墨守成规，不拘泥于传统，不受已有知识束缚。如果某一问题可能有许多解决方法，思维就可能以这个问题为中心，向四面八方自由扩散，有利于寻找更多的、更新的、更奇特的解决方法。因此，从发散思维的特点来看，它是创造活动的起点，在各个方面都会影响孩子创新精神和能力的形成与发展。

重视对孩子发散思维的培养

对于伟大发明家爱迪生的故事，大部分家长和孩子应该是比较熟悉的。爱迪生幼年时喜欢思考，对身边的事物表现出强烈的关心，而且具有很强的求知欲，爱"打破砂锅问到底"。看见不明白的事情就问，脑子里总是充满了各种问号。如：为什么不可以把黑夜里的闪电取来为人们照明？钟表为什么能永不停息地走动？诸如此类的问题数不胜数。他母亲对儿童做过研究，很理解孩子的心情，因此对于爱迪生提出的每一个问题，丝毫不嫌麻烦，总是尽可能给予科学的解答，并且想方设法启发小爱迪生动脑筋思考问题，动手做实验，进一步增长知识和技能。正是在这样的教育环境下，爱迪生的思维能力得到了充分的培养，终于成为了闻名世界的发明家。

从思维的发散过程来看，发散思维能力也是在一般思维的基础上发展起来的，它是后天培养与训练的结果。卓别林为此说过一句耐人寻味的话："和拉提琴或弹钢琴相似，思考也是需要每天练习的。"因此，家长应有意识地培养孩子的发散思维能力。对每一个孩子来说，他们都可能制造奇迹，每个孩子都可能富有创意。假如他们长大以后仍然拥有这份创意的话，他们就会成为爱迪生、达·芬奇、牛顿，但是如果教育方式有偏颇的话，则会适得其反，反而扼杀了孩子的发散思维能力。比如经常给孩子打分，光是期待别人评估的这种心情，就足以扼杀孩子的创意；或者过分给孩子施加竞争的压力，如果时刻把孩子和别人放在一起比较，分数最高的会得到奖励，无形中会使孩子束手束脚，不敢自由发挥。因此，培养孩子的发散思维能力还需要讲究方法。

用科学的方法培养孩子的发散思维能力

曾经听过一对犹太人父子的真实故事，深深为他们的思维方式所打动。二战时一对犹太人父子逃出了奥斯维辛法西斯集中营，跑到了美国休斯敦，做铜加工的生意，父亲对儿子讲："我们现在唯一的财富就是智慧了，别人说一加一等于二时，你应该想大于二。"这天父亲问儿子："一磅铜的价格多少？"儿子答："35美分。""对！"父亲说，"每个人都知道每磅铜价是35美分，但我们应该说3.5美元。你试着把一磅铜做成门把手，看看价格是不是3.5美元。"

父亲死后，儿子独自经营铜器店。他用铜做铜鼓、做奥运会奖牌，他能把一磅铜升值卖到3500美元。不久之后他成了一家

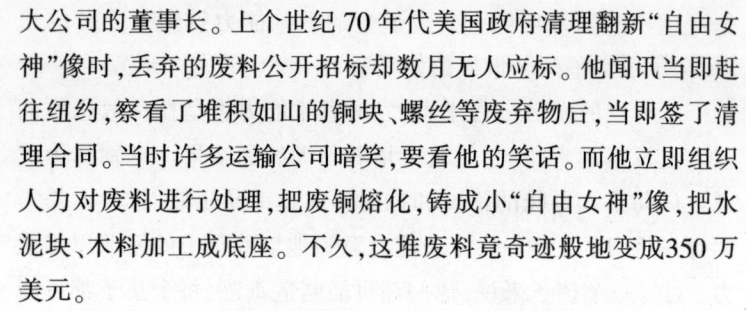

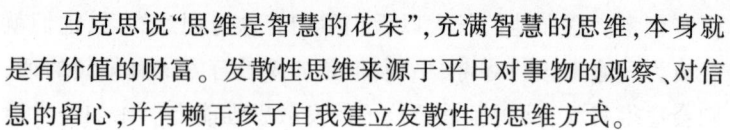

大公司的董事长。上个世纪70年代美国政府清理翻新"自由女神"像时,丢弃的废料公开招标却数月无人应标。他闻讯当即赶往纽约,察看了堆积如山的铜块、螺丝等废弃物后,当即签了清理合同。当时许多运输公司暗笑,要看他的笑话。而他立即组织人力对废料进行处理,把废铜熔化,铸成小"自由女神"像,把水泥块、木料加工成底座。不久,这堆废料竟奇迹般地变成350万美元。

马克思说"思维是智慧的花朵",充满智慧的思维,本身就是有价值的财富。发散性思维来源于平日对事物的观察、对信息的留心,并有赖于孩子自我建立发散性的思维方式。

首先,应注意训练孩子思维的积极性,培养思维的流畅性。思维的惰性是影响发散思维的障碍,而思维的积极性是思维惰性的克星。所以,培养思维的积极性是培养发散思维极其重要的环节,在教育过程中,家长可以激起孩子强烈的学习兴趣和对知识的渴求,使他们能带着一种高涨的情绪从事学习和思考。

其次,训练孩子思维的求异性,培养思维的变通性。青少年时期的孩子在进行抽象的思维活动过程中由于年龄的特征,往往难以摆脱已有的思维方向。所以要培养与发展孩子的发散思维能力,必须十分注意培养思维求异性,使学生在训练中逐渐形成具有多角度、多方位的思维方法与能力。

再次,应注意训练孩子思维的广阔性,培养思维的"独特性"。思维的广阔性是发散思维的又一特征。在培养过程中,家长对设计的例子应进行广泛的一题多解式的挖掘训练,还应引导孩子对例子适当改变条件,探讨结论的变化,这样便会鼓励孩子敢于标新立异,养成发散思维习惯。

家长对策

1. 培养孩子的创新意识

创新意识是发散思维的基础,不受定式的束缚,不人云亦云,不迷信权威和教材,勇于从"确信无疑"的答案或结论中发现破绽,提出疑问,独创己见,独树一帜。

2. 鼓励孩子坚持自己见解的信心和勇气,而不要坚持用自己的思维来引导孩子

在对孩子的教育中,让他们自己查资料、找证据、求事实,千方百计论证自己的观点,想方设法证实自己的见解,以使思维得到充分的发展。

3. 为孩子创设疑问,引导他们解决问题

家长在培养孩子的思维能力时,可以创设问题情境,不断质疑,因为有了疑问才会激发孩子的思维活力。提出问题后要给孩子留出思考的时间,而不是迫不及待地将答案和盘托出。这样通过富有启发性的问题,从多角度、全方位提问,便可以鼓励孩子进行发散思维。

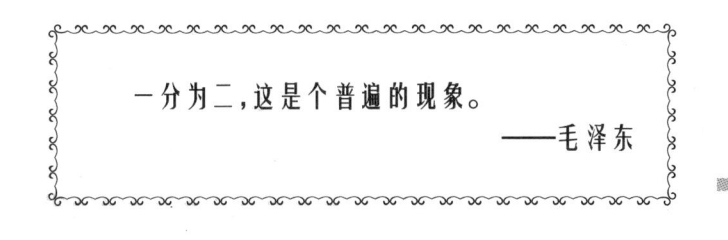

> 一分为二,这是个普遍的现象。
> ——毛泽东

第27法：用逻辑的思维方法学习

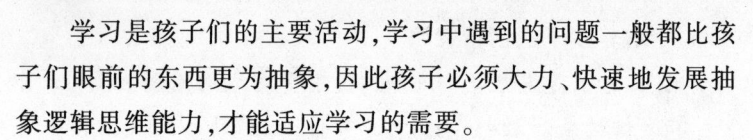

学习是孩子们的主要活动，学习中遇到的问题一般都比孩子们眼前的东西更为抽象，因此孩子必须大力、快速地发展抽象逻辑思维能力，才能适应学习的需要。

我的小侄女有10多岁了，听她讲的一件事使我对她的老师十分钦佩。一次上数学课时，老师说自然数和零都是整数，我的小侄女属于思路特别活跃的孩子，她就在课堂总结的时候对老师说："今天我学习了整数是自然数和零。"可贵的是，这位老师并没有在课堂上批评她，而是首先表扬她思路转得快，然后反问她："一只牛有两只角，那么有两只角的都是牛吗？"她说不对，羚羊也有两只角。虽然这位老师并没有教她什么是逻辑思维，但是，她通过形象的对比抓住学生回答问题中的逻辑错误设计反问，对于培养学生思维的逻辑性，纠正学生在这里所犯的逻辑错误，提高学生学习的积极性，无疑会起到良好的效果。

从各个方面发展孩子的逻辑思维能力

歌德是18世纪德国的一位著名的文艺大师。当时有一位与他的文艺思想不同的文艺批评家，性格孤僻，对人态度傲慢。有一天，歌德与他不期而遇，这位文艺批评家见歌德迎面走来，不仅没有礼貌地打招呼，反而高傲地往前直走，并大声说："我从来不给傻子让路！"面对这种情景，歌德镇定自若，笑容可掬，谦恭地闪避一旁，并机智而礼貌地答道："呵呵，我可恰恰相反。"故作聪明的文艺批评家顿时怔住，讨了个没趣，只得默然离去。

在这个故事里,无论是文艺批评家还是歌德,各自都只说了一句话,而且话语非常简练,但是意味却大大不同了。歌德的反击显示的正是逻辑的力量,文艺批评家的逻辑是:我从来不给傻子让路——你歌德是傻子——我不给你让路。而歌德的逻辑是:我可恰恰相反(即我只给傻子让路)——你文艺批评家是傻子——我给你让路。两句简单的对白,得到了迥然不同的结果,但他们运用的都是逻辑思维这个工具。

一般来说,只有经过逻辑思维,我们才能把对事物的认识从现象进入到本质,对孩子逻辑思维能力的培养,应从实践出发,才会达到父母想要的效果。首先,理解任何事物,也包括孩子学业上遇到的问题,都离不开分析与综合的方法。例如,我们在头脑里可以把一株植物分解为根、茎、叶、花等来加以思考,这是分析;又可以把根、茎、叶、花组成整株植物来加以思考,就是综合。

其次,要概括地掌握某种知识,常常需借助归纳和演绎的方法。归纳和演绎这两种推理方法是孩子在学习过程中常用的思维方法,也是孩子认识、掌握相关概念、定理的重要工具。孩子掌握和运用归纳推理与演绎推理的过程,实质上就是学习能力形成和提高的过程。在教育的过程中经常有孩子的思维能力跟不上学习要求的情况,而孩子经验型的思维又会形成不良的思维习惯、方法和定式,使思维结果与客观实际总是存在差异,从而导致孩子在解决实际问题时感到没有方向。所以,归纳推理与演绎推理的教育是培养孩子认识和解决问题的重要途径和步骤。

用科学的方法培养孩子的逻辑思维能力

记得有这么一个小故事,标题好像就是《逻辑学家的故事》:两个朋友甲和乙在一家比较低档的酒吧喝酒,这时一位衣着整洁的绅士走了进来。他们就谈起了这位绅士的身份,是注册会计师,还是律师或者医生?结果他们没有达成共识……于是甲便向绅士问询起来。绅士答道:"我是位逻辑学家!"甲摸不着头脑,问"那逻辑学家是干什么的?"绅士说:"打个比方说,你们家有金鱼吗?"甲回答道:"有的。"绅士问:"那你们家肯定有一个金鱼缸或者池塘来养金鱼?"甲说:"是的,我们家有一个很大的池塘。"绅士问:"你们家有一个大池塘,那肯定有一个大花园?"甲说:"对的,我们家的花园可大了。"绅士又问:"既然你们家有花园,肯定你们家有一栋很大的别墅?"甲答道:"是的,我们的房子可是有5间卧室的哟。"绅士说:"那你不可能一个人住这么大的房子,肯定你已经结婚了。"甲惊奇道:"你怎么知道,我的妻子很贤惠!而且还有3个可爱的孩子。"逻辑学家说:"噢,从金鱼知道你已结婚,这便是逻辑学家的工作了。"

其实这个故事中渗透的就是逻辑思维的方法与过程,对于这位逻辑学家的方法我们也可以参考,因为兴趣是最好的老师。孩子的逻辑思维能力,只能在兴趣盎然、思维积极的过程中去培养。事实上从儿童时期开始孩子们就从认数计数起开始有了逻辑思维,家长可以有意识地培养孩子的比较分析能力,培养孩子初步的抽象概括能力等,只有及时起步进行适当教育和锻炼,才能使孩子在逻辑思维能力发展的初始阶段就得到有意识的培养,把这种发展的可能性变为现实。

思维离不开形象和动作是孩子的思维特点,孩子在逻辑思维过程中仍然需要凭借具体形象,所以在培养孩子的逻辑思维能力时要十分重视从直观形象入手。让学生多看、多听、多动手,调动学生的各种感官,使其获得多方面的感性认识,在此基础上启发、引导学生凭借形象思维来发展初步的逻辑思维。

另外,培养孩子的逻辑思维能力,家长也要鼓励孩子敢于质疑问难。孩子不敢质疑问难是大部分家长在教育中面临的但又常被忽略的现象,这种现象的直接结果就是孩子的思维没有积极性。只会随着家长的喜好进行思考,这必然会抹杀孩子思维能力的正常发展。因此,在教育过程中,如果孩子对一些问题提出即使是错误的疑问,家长都应予以重视和欢迎,然后加以适当引导,千万不要在不知不觉中扼杀学习中出现的质疑问难的好苗头。这样,家长在培养孩子的逻辑思维能力的过程中,一方面逐步使孩子学会用这些方法质疑问难,另一方面在质疑问难、释疑解难中培养了孩子的逻辑思维能力。

家长对策

1. 学习分类法

这个方法就是把日常生活中的一些东西根据某些相同点将其归为一类,如根据颜色、形状、用途等。父母应注意引导孩子寻找归类的根据,即事物的相同点,从而使孩子注意事物的细节,增强其观察能力。

2. 培养孩子有根据有条理地进行思考

扎实的基础知识是孩子有根据有条理思考的前提。培养孩子有根据有条理地思考应以扎实的基础知识作前提,要教好、教活基础知识,才能促进孩子思维的发展。教好基础知识,主要指基础知识要教得正确、扎实,让学生切实掌握。比如说概念教育,使学生概念明确,不是简单地由家长把概念说一下、讲一下,学生读一下、背一下。要弄清概念是怎样说明的,根据各个概念不同的说明形式、方法和孩子的年龄特征,选择适当的教学方法进行教学,教完后还要引导学生将概念具体化。教活基础知识主要是指要让孩子灵活掌握基础知识,而不是死记硬背。

3. 培养孩子思维的独立性和批判性

思维的独立性表现在独立思考、善于发现问题和解决问题。这一过程，要让孩子尽量独立完成。当孩子遇到难题时，首先要鼓励他独立思考。如果孩子通过努力还是解决不了，家长可以给予一些启发，但决不能包办代替。思维的批判性表现在善于根据客观事实和情况，冷静地考虑问题，且不会因某些偶然的暗示或影响而动摇；善于评价自己思维的价值，并检查自己的思维过程和结果，看看是否有错误以及如何纠正。

> 如果学生在学校里学习的结果是自己什么也不会创造，那么他一生永远是模仿和抄袭。
> ——（俄）托尔斯泰

第28法：用创新的思维方法学习

爱因斯坦曾说过："提出一个问题比解决一个问题更重要。"问题来自于头脑中的疑虑。孩子对周围世界充满着好奇心，头脑中也有许多的问号，他们会频频向家长提问。许多有成就的伟人与一般人不同的地方就在于其思维的创新性。引导孩子的疑问心理，培养他们的创新精神，对塑造孩子的辉煌人生具有重要的意义。

一个制鞋厂有这么两个推销员，都到一个岛屿上去推销鞋。一个推销员到了岛屿上之后,发现这个岛屿上每个人都是赤脚,从来没有过穿鞋的习惯,于是他大失所望,人们都不穿鞋,这鞋卖给谁去?他就向厂里发电报,告诉工厂鞋不要运来了,这个岛上没有销路。第二个推销员也来到了这个岛上,一看这种情况,欣喜若狂,这里每个人都不穿鞋,若是每个人都买鞋的话,这是多大的一个市场呀!于是他也马上打电报,告诉工厂快运鞋来,而且要空运。他在这个岛上大作宣传,销售取得了巨大的成果。面临同样一个问题,不同的思维得出的结论是不同的,只有具有创新思维能力的人,才能在局面意外的情况下取得别人难以达到的成功。

引导孩子确立创新思维意识

观察是启迪孩子思维的基本途径,也是培养孩子创新能力的基础。瓦特就是在观察蒸汽顶起壶盖的现象后,创造发明了蒸汽机。因此家长在培养孩子创新思维能力的时候,不能忽视对孩子仔细观察能力的培养,应积极引导孩子注意观察生活、观察社会现象。当孩子发现问题、提出问题时,家长也不要急于告诉他答案,而要引导他独立思考,启发他思索。家长可引导孩子查阅工具书或资料寻找答案,告诉他这个问题可通过查字典、查百科全书找到答案。家长也可以与孩子一起查找资料、寻找答案,在这个过程中,激起孩子对这个问题的强烈兴趣,在思索的过程中锻炼了思维能力。另外,孩子的质疑意识也是十分重要的,质疑不是对某人或某事的批判,而是一种批判思维,也就是对某一种理论或观点敢于说不,敢提出质疑,不相信权威。比如,在引导孩子学习的过程中,虽然孩子已经知道这个问题是什么了,还是引导他们问一个为什么,为什么是这个答案,有没有别的答案等等。经常这样做,孩子就会养成一种习惯,会有一种批判的意识,一种创新的思维。

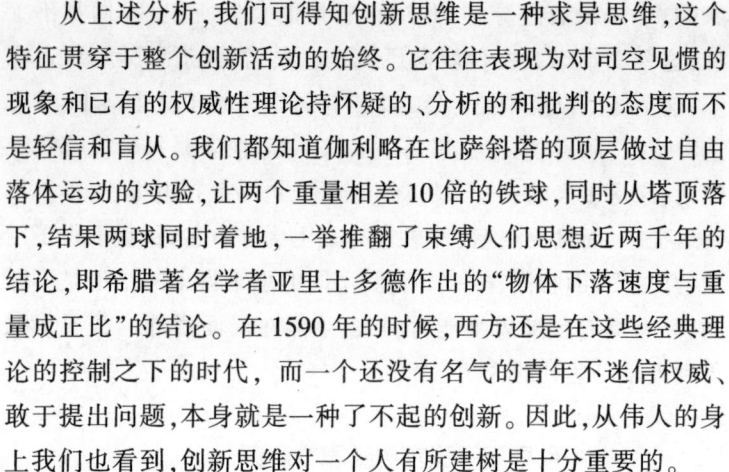

　　从上述分析,我们可得知创新思维是一种求异思维,这个特征贯穿于整个创新活动的始终。它往往表现为对司空见惯的现象和已有的权威性理论持怀疑的、分析的和批判的态度而不是轻信和盲从。我们都知道伽利略在比萨斜塔的顶层做过自由落体运动的实验,让两个重量相差10倍的铁球,同时从塔顶落下,结果两球同时着地,一举推翻了束缚人们思想近两千年的结论,即希腊著名学者亚里士多德作出的"物体下落速度与重量成正比"的结论。在1590年的时候,西方还是在这些经典理论的控制之下的时代,而一个还没有名气的青年不迷信权威、敢于提出问题,本身就是一种了不起的创新。因此,从伟人的身上我们也看到,创新思维对一个人有所建树是十分重要的。

培养孩子创新思维的科学方法

　　一般来说,孩子们都具有很强的模仿能力,他们想象力丰富,形象思维占主导地位。但这并不一定对创新思维的发展造成障碍,创新思维也受到形象思维的启发。对于李四光,大部分家长和孩子都不会陌生,他是我国杰出的地质学家,他提出的"三字型地质构造"学说,便是受到自然美启迪的结果。1930年夏天,李四光在西伯利亚进行实地考察时,发现乌拉尔山脉褶皱有序而强烈,东西方向蜿蜒且明显,高高地耸立在广阔的西伯利亚大平原中。是什么原因导致形成这样的地质构造呢?他陷入了深深的思索之中。不久,他提出了"三字型地质构造"理论假说。后来,他的这个理论假说得到了证实,极大地丰富了地质力学的内容。

　　创新活动需要创新动机来激发和维持。情境教育十分重视在教育过程中创设探究性问题情境,这就为孩子创新动机的激发提供了机会。家长在教育中可以将教育活动设计成一个故事情节,让孩子围绕着这个情节进行学习。好奇心是兴趣的先导,是孩子积极探求新奇事物的动力之一,对于形成动机有着重要的作用。富有创新精神的人往往有着强烈的好奇心。爱因斯坦就曾说,他没有特别的天赋,只有强烈的好奇心。因此,家长在创设问题情境时,可以根据自己进行教育的内容,提出疑点,揭示矛盾,有效地诱发孩子的求知欲,进而形成内在动机,培养孩子的创造性,同时注意在情境中提出问题,引发孩子的好奇心,激发他们探求的欲望。

家长对策

1. 培养学习兴趣

兴趣是学知识的前提,有了兴趣就有可能对问题进行深入研究,就有可能获得很大的成绩。一个孩子能否在未来生活、学习、工作中取得成功,不仅取决于他们拥有知识、技能的多少和一般智力水平的高低,而且还取决于他们的兴趣、动机、态度、意志力、自信心等非智力因素的发展水平,以及分析问题和解决问题能力的高低。亚里士多德说:"思维是从惊讶和问题开始的。"孩子的创新想法、创造活动,往往来自于对某个问题的兴趣和好奇心,而兴趣和好奇心又往往来自于家长创设的问题情境。问题情境具有强烈的吸引力,能激发学生对学习的需求,引发学生的创新性思维,因此,家长在教育活动中应有意识地创设问题情境,激发孩子探索事物的愿望,引导他们体验解决问题的愉快,促进创造思维的发挥。因此,在培养孩子创新思维的过程中,家长应激发起孩子的兴趣,有了巨大的兴趣,他们就能够以巨大的热情投入到学习中去。

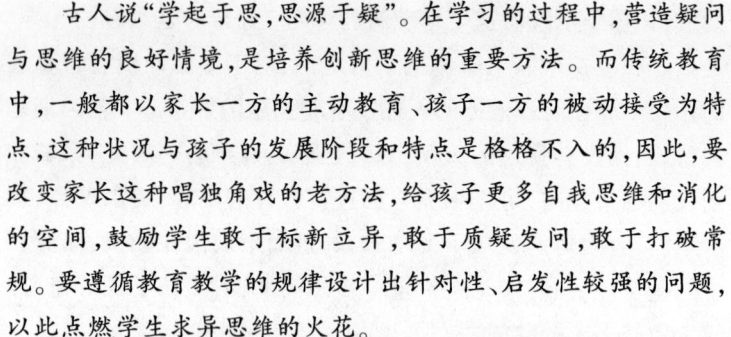

2. 设置疑问,启发孩子思路,培养创新思维

古人说"学起于思,思源于疑"。在学习的过程中,营造疑问与思维的良好情境,是培养创新思维的重要方法。而传统教育中,一般都以家长一方的主动教育、孩子一方的被动接受为特点,这种状况与孩子的发展阶段和特点是格格不入的,因此,要改变家长这种唱独角戏的老方法,给孩子更多自我思维和消化的空间,鼓励学生敢于标新立异,敢于质疑发问,敢于打破常规。要遵循教育教学的规律设计出针对性、启发性较强的问题,以此点燃学生求异思维的火花。

3. 扩大视野、丰富知识,培养孩子创新思维能力

创新建立在拥有足够见解和见闻的基础上。一般说来,一个人的知识面很广,知识丰富,他的创造思维就越活跃,创新能力就越强。因此,家长在教育的过程中,应尽可能地扩大孩子的知识面和丰富孩子各方面知识的积累,把教育的层面扩展到更为广阔的空间,把孩子的思维发展植根于扎实的基础之上,以取得更好的教育效果。

第六章　行为学习方法

> 知识只有当它靠积极思维得来的时候,才是真正的知识。
>
> ——(俄)托尔斯泰

第29法:"自言自语"
——把课堂上的学问转化为自己的语言

在学习的过程中,最重要的一个环节就是如何将自己在课堂上、课外所学的知识转化为自己的东西。这就是知识的消化、内化,只有将知识消化,并且尽可能多地内化为自己的知识,才能真正实现学以致用,才能有更大的进步。

★ 学问的转化至关重要

从上个世纪50年代第一台能同人下棋的计算机问世至今,"人机大战"已经上演了四个回合。1958年,IBM704成为第一台能同人下棋的计算机,名为"思考",思考速度每秒200步,在"人机大战"中旗开得胜。1987年,"深思"首次以每秒钟75万步的思考速度露面,它的水平相当于拥有国际等级分为2450的棋手。第二年,电脑选手"深思"便击败了丹麦特级大师拉尔森,"人机大战"硝烟燃起。1989年,人机展开"拉锯战","深思"已经有6台信息处理器,每秒思考速度达200万步,但在与世界棋王卡斯帕罗夫进行的"人机大战"对阵中以0比2败北。第二年,"深思"第二代产生,并于1993年击败了丹麦国家队,又在与世界优秀女棋手小波尔加的对抗中获胜。1995年,"深蓝"更新程序,新的集成电路将其思考速度提高到每秒300万步。但是,在第二年举行的"深蓝"与卡斯帕罗夫的挑战赛中,这位机器人选手仍旧以2比4不敌卡斯帕罗夫,败下阵来。现在,电脑的思考速度已经可以达到2亿步以上,基本上可以战胜任何挑战者。人们在设计计算机程序的时候为什么如此注重其思考速度呢?其实这是一个知识转化的例子,当设计人员将程序输入计算机,计算机只有通过"思考"才能将输入的程序转化为自己的能够灵活运用的程序。"思考"的速度越快,程序转化的速度就越快,运用程序解决问题的能力也就越强。

人的脑子如果没有思维,就相当于一台没有装上程序的电脑,当操作者将信息输入的时候,它只不过就是一个笔记本,只是记载了输入的东西,却不能转化,更谈不上应用。从上述例子可以看出,电脑棋手为了战胜人类棋手,只有不断地提高自己的思考速度,把输入其中的"战术思想"转化为自己的东西,再应用到实战当中。

孩子的学习也是如此。学习不单单是将书本上的知识记在笔记本上、脑子里,无论学哪一门功课,课堂上老师讲的、笔记本上记的、课外阅读的……,都是书本上的知识,要把它们转化为自己的知识,能用自己的语言表达出来,以便使自己能够自如地运用,这才是真正意义上的学习。众多的学生在学习中会产生学习成绩上的差异,一个主要原因就在于其对各种知识的领悟程度的不同。

让孩子把知识说出来

让孩子把课堂上所学的知识说出来,这实质上就是一个学习的过程。在上课时,往往由于课堂时间有限、学生人数众多、学习内容量大,所以孩子在课堂上很少有将当堂知识转化为自己语言的时间,他们在很大程度上是做笔记、听讲,也许老师偶尔会提问题让大家来回答,但是真正用来转化刚学到的知识的时间并不多。这样一来,如果课下不及时转化、消化课堂上所学的知识,日积月累,就会出现"消化不良"的后果,学习成绩上不去,从而打击孩子学习的兴趣和积极性。

课后回忆可以帮助孩子及时地转化自己课堂上学到的知识。课后回忆在时间的安排上具有随时性的特点,比如课间活动时、吃饭时、睡觉之前等,都可以利用来回忆自己今天课堂上到底学习了什么。在回忆时最有利于知识转化的方法就是把自己学到的知识尽量用自己的语言表达出来,这样可以加深理解。例如,对于 $12\times5+18\times5$ 这样一个算式,转化为自己的语言可以是 12 个 5+18 个 5 就是 30 个 5,从而把算式转化成 30×5,这样的表述有效地使自己更加熟练地掌握了乘法结合率。每当忙完了一天的功课,洗漱完毕上床睡觉的时候,利用睡觉前的半小时回忆一天的学习情况,一个人躺在床上"自言自语"地把自己白天在课堂上所学的知识从头到尾地说上一遍,检查自己哪些部分能说出来,已经理解了,哪些部分还回忆不起来,如此查缺补漏。然后就会很有成就感,可以睡一个舒服觉了。这样养成习惯,天长日久,既锻炼了自己的记忆力,又巩固了自己所学的知识,同时潜移默化地锻炼了自己对事物的描述能力、表达能力。

孩子在成长时期各方面都需要得到发展，表达能力是重中之重。通过让孩子将课堂上所学的知识转化为自己的语言的方式，既锻炼了孩子的语言表达能力，又加深了孩子对所学知识的理解和掌握，能够取得一举两得的效果。在学习中，很多孩子会出现能够理解却不能很好表达的现象。就拿12×5+18×5这个例子来说，当问到其结果是什么时，有的孩子可能还需要拿出纸笔来算上一算，才能得出答案。

家长对策

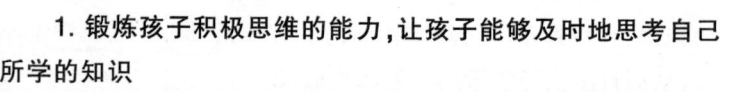

1. 锻炼孩子积极思维的能力，让孩子能够及时地思考自己所学的知识

孩子一般都有贪玩好动、学习持久性差、注意力不易长时间集中的特点。在教育过程中应多向他提一些和其所学知识有关的问题，激发他的思考能力和运用知识的能力，使其对学习相关知识产生兴趣。孩子因疑生趣，因趣引思。这样可以有效地激发学生思维，引起他们的思维活动。

2. 培养孩子随时回忆所学知识的习惯

比如在吃晚饭时，可以很有兴致地问孩子当天学到了什么，引导他回忆课堂上所学的内容，鼓励他把所学知识转化为自己的语言，及时地鼓励他的表达能力，纠正他的缺陷。这样既能培养孩子的学习，又能建立起孩子与父母之间良好的沟通渠道，增进孩子与父母之间的感情。

3. 给孩子提供讨论学习内容的环境，参与到孩子的学习当中去，帮助孩子转化自己的知识

促使其积极思考问题，加深记忆、理解和掌握。学习离不开交流与讨论，当孩子能够把自己对所学的知识的看法、观点表达出来时,可以有助于强化孩子的思维,有效地组织思维活动,同时通过表达想法,并倾听父母的反馈,可以拓宽和丰富孩子的知识,并进一步增强学好知识的信心。

4. 注意和孩子之间的交流,包括思想交流和感情交流

父母是孩子语言的第一老师,和孩子的交流在培养孩子表达能力方面是十分重要的。

> 我有一个苹果,你有一个苹果,交换以后,我们还是拥有一个苹果。但是,我有一种思想,你有一种思想,交换以后,我们就会拥有两种思想。
> ——(英)萧伯纳

第30法:好为人师
——在给别人讲解的同时巩固学习

孟子曰:"人之患,在好为人师。"(《孟子·离娄章句上》)认为好为人师是一个人的大毛病,常被用来形容那些喜欢教训别人的人。但是,这里的"好为人师"指的则是在学生学习的过程中,把自己掌握了而别的同学不明白的知识讲给大家,不仅帮助其他同学解决困惑,而且自己的学识也得到了进一步的巩固,是一种很好的学习方法。

打好"为人师"的知识基础

要做到"为人师",首先必须自己搞懂了学习的知识。要想学习好，基础知识的掌握尤为重要，而基础知识就是指课本上的知识。但在学习中，很多孩子为了寻求一条捷径，不重视课本知识的理解和掌握，只愿意去多做一些题，因为考试就是做题。实际上这是一种本末倒置的做法，应当说，课本与习题这两方面都很重要，互相不能替代，但课本知识是根本，做题的目的之一是能更好地掌握知识。其次就是多思考并注重理解。"学而不思则罔"，思考是学习的灵魂。在学习中，知识固然重要，但更重要的是驾驭知识的头脑。如果一个人不会思考，他只能做知识的奴隶，知识再多也没用，而且也不可能真正学到好知识。知识的学习重在理解，而理解只能通过思考才能实现，思考的源泉是问题，在学习中应注意不要轻易放过任何问题，有了问题不要急于问人，应力求独立思考，自己动手动脑去寻找问题的正确答案，这样做才有利于思考能力的提高。再者，平时要练习自己的表达能力。正如我们在第29法中所言的，把课堂上的知识转化为自己的语言，这样当别人问及时不至于讲不出来。

如果没有扎实的基础知识，没有充分理解所学的知识，没有驾驭知识的本领，却还要给他人解答疑难，到头来只能落得个灰头土脸，成为真正的"好为人师"者。

"为人师"的好处多多

在学习的过程中，有的同学当别人向其求教时，会产生这样或者那样的想法，比如担心别人取得了进步会超过自己，怕耽误自己的学习时间，担心给求教者讲不好或者讲不对等。我在初中的时候曾经遇到过这样的同学，刚上初一的时候，他各科成绩优异，在班里名列前茅，同学们有问题就向他请教，可他总是推三阻四，就是不讲。慢慢地向他问问题的同学越来越少了，大家和他的关系也逐渐疏远了，平时课间时当别的同学在一起玩耍、讨论问题时,只有他一个人在自己的座位上看书。时间久了,他的性格变得孤僻,学习也受到影响,成绩每况愈下。

其实种种顾虑是完全没有必要的,给同学讲解最终是双赢的,可以使自己的学识得到巩固和提高。学习上的"对手"是最好的合作者,平时给同学讲解问题的时候,可以带动自己的思维加速转动,回顾了自己所学的知识。即使遇到自己不明白的问题,也许同学会帮你解决。互相协作解决问题,也不要怕同学超过自己,你在帮助同学提高的同时,自己也得到了提高,大家共同营造一种宽松友爱的班级学习氛围。有一首歌唱得好:"风呼呼地吹着/月朗朗地照着/我和你奔跑在同一赛场上/我对你笑着……"在这个竞争与合作并存的社会中,只有微笑竞争,携手同行,方能实现双赢。而且还能够加强和同学的沟通,联络感情。给同学讲解问题,也是一种和同学沟通的很好渠道。人是一种社会关系的主体,不可能脱离这种关系,成为一个孤立的人而存在,所以要通过各种各样的方式和周围的事物进行沟通。和同学交流感情,采用这种讲解问题的方式是最好不过的了,大家之间没有高低之分,平等相处,互相促进,共同提高的效果更为明显,还能锻炼孩子的表达能力。第29法中讲的"自言自语"虽然也能锻炼表达问题的能力,但毕竟没有表达的对象,缺少监督,表达者没有压力,容易忽略带过。当面对别人表达时,因为自己正面对着一个活生生的人,产生一定的压力,促使自己尽量表达得更加准确,即使自己某个方面表达有误,也能及时得到纠正,更重要的是增强了自己学习的信心和兴趣。当自己给别的同学讲解时,从心理上必然会产生不同程度的优越感,这种优越感会激励自己更加努力地学习,从而增加自己学习的兴趣和学好知识的信心。在这种双赢的过程中,还可以改变孩子的内向性格。有的孩子性格内向,平时不喜欢和别人交往,也不喜欢和别人探讨问题,长此以往,不利于其今后的发展。现代社会是一个开放的世界,只有和他人积极地去沟通,才能建立起一定的社会关系,在社会交往中较好地生存。"好为人师"能够锻炼孩子积极地面对人生、主动和他人交往的能力,改变自己的内向性格。

献出爱心,帮需要帮助的人

有时是别人向孩子直接讨教问题,此时此刻,放开自己的顾虑,热情地、耐心地为同学讲解问题,直至他把问题搞懂。既然别人能够不耻下问,那就是看得起你,认为你学得比自己好,比自己强,能够帮他的忙,否则他也不会找你。那么你就应该利用自己所学的知识,献出自己那颗真诚的爱心,尽自己所能为同学讲解。

有时孩子自己要大胆主动地帮助同学。可能有的同学还没有正确领会"不耻下问"的含义,不敢主动向学习好的同学请教,或者把自己归为"特困生"一类,对自己的前途不负责任,放弃了学习,放弃了自己不懂的问题。这样的同学更需要帮助,和他们建立关系,给他们适当的帮教,很可能从此挽救了一颗坠落的心,使其走上学习的正道。

"好为人师"虽然在一般意义上被认为是贬义,但只要自己是出于一颗爱心,一颗真诚的心,帮助需要帮助的同学,为他们排难解惑,也是值得学习和发扬光大的。

家长对策

1. 不要看不起孩子的知识,有问题可以向他求教,做一回他的学生

通过听孩子讲解,增强了孩子与父母之间的感情交流,增强了孩子为同学讲解问题的自信心，也能够从中发现孩子存在的问题，为孩子及时提出改正意见，有利于孩子的快速健康成长。

2. 鼓励孩子为别人讲解

很多孩子信心不足，不敢在学习的过程中为别的同学讲解，担心自己讲得不好，会遭到同学的嘲笑。这就需要家长通过沟通，积极鼓励孩子打消顾虑，勇敢地展现自己的才学，为同学讲解。

3. 防止孩子因为自恃学问高而产生骄傲情绪

有的孩子由于学习好，能为别的同学解答疑难，容易产生骄傲情绪，不利于其健康成长，家长应当及时发现问题，及时解决，尽量将孩子的不良习惯、不好的风气及时纠正过来，以免恶性发展。

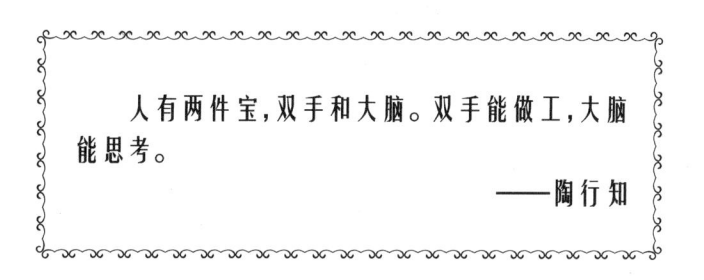

> 人有两件宝，双手和大脑。双手能做工，大脑能思考。
> ——陶行知

第31法：自己动手
——用自己的行动深化学习

从认知角度讲，孩子在学习时应充分利用其自身的各种感觉器官将相关的知识按照人的认知规律传递到大脑，以利于大脑对知识的理解与记忆。从认知心理学角度来看，孩子的认识

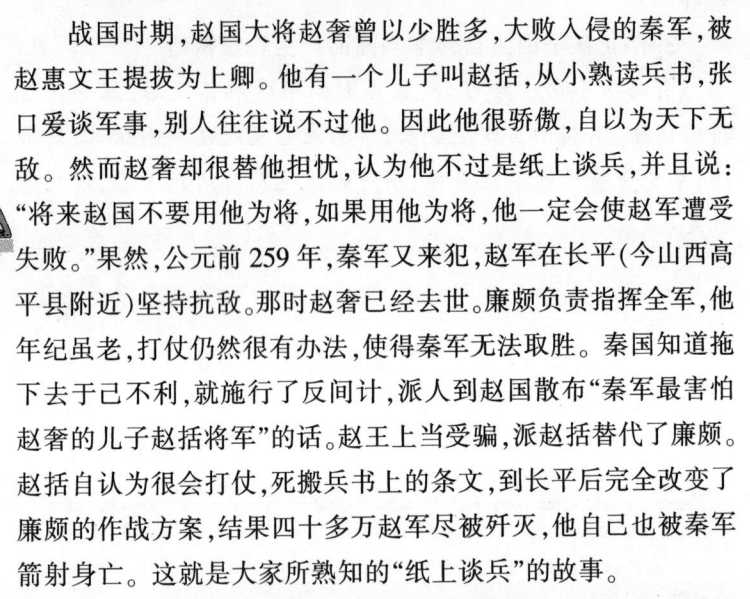

一般是从实物、图形到数学符号的系统过程,而各种实践正是提供了丰富的感性材料,使抽象的理论具体化、形象化,有助于加深孩子对理论知识的理解。同时,可以从实践中发现新的矛盾,能够有效地激发孩子的认知欲望,调动孩子的学习积极性,培养孩子的学习兴趣,形成良好的学习习惯。

学以致用才是最终目的

战国时期,赵国大将赵奢曾以少胜多,大败入侵的秦军,被赵惠文王提拔为上卿。他有一个儿子叫赵括,从小熟读兵书,张口爱谈军事,别人往往说不过他。因此他很骄傲,自以为天下无敌。然而赵奢却很替他担忧,认为他不过是纸上谈兵,并且说:"将来赵国不要用他为将,如果用他为将,他一定会使赵军遭受失败。"果然,公元前259年,秦军又来犯,赵军在长平(今山西高平县附近)坚持抗敌。那时赵奢已经去世。廉颇负责指挥全军,他年纪虽老,打仗仍然很有办法,使得秦军无法取胜。秦国知道拖下去于己不利,就施行了反间计,派人到赵国散布"秦军最害怕赵奢的儿子赵括将军"的话。赵王上当受骗,派赵括替代了廉颇。赵括自认为很会打仗,死搬兵书上的条文,到长平后完全改变了廉颇的作战方案,结果四十多万赵军尽被歼灭,他自己也被秦军箭射身亡。这就是大家所熟知的"纸上谈兵"的故事。

不可否认的一点是,在孩子学习的过程中,很多的家长灌输给孩子这样一种思想:只有好好学习,将来才能考上一所好的大学,找到一份称心如意的好工作。我不否认这种思想的正确性,但是需要说明的是,这种思想只是对学习的一种片面的、粗浅的认识。它在一定程度上能够起到积极的作用,激发孩子努力学习,为实现将来上好大学的梦想而奋斗。但是,我们来再进一步设想一下:当孩子考上了一所自己满意的好大学,毕业后也找到了薪水丰厚、称心如意的工作,那时我们原来所学的知识就无用了吗?我想大家肯定不会这么想。事实上,我们要考名牌大学、找好工作只是一个相对来说的短期目标,我们学习的终极目标是学以致用,在日常生活中、工作中运用所学的知识解决所遇到的问题。想必大家对"高分低能"这样的说法并不陌生吧!最近几年备受关注的"素质教育"的话题和"高分低能"现象更是给我们每一位孩子的家长敲响了警钟。因此,在孩子的学习中,把所学的知识运用于日常生活的实践当中去,再从实践当中得到提高,才能取得实质的进步。

动手操作通过对比练习加深对知识的理解

有的家长为了保证孩子的学习,通常不让孩子干任何事情,一味地督促他们认真学习。事实上,生活也是一本天然的教科书,它教会我们很多东西。曾经看到这样一幅意味深长的漫画:一位母亲叫儿子称一下她手里的一袋苹果有多重,儿子左手拿着一张面对着我们的数学试卷,卷子上写着一个醒目的"100",他却说:"我不会呀!"就这个例子来说,儿子虽然在考试中取得高分,但在实际生活中却不能将所学的知识灵活应用,这就说明他并没有学到知识的真谛,没有从本质上把握所学知识,这样的知识是不可靠的。让孩子自己动手,把所学的知识运用到实践当中去,或者用所学知识解释实践中遇到的各种问题,这是一个学习深化的过程。因此,锻炼孩子独立解决问题的能力是十分重要的。

据科学统计,在大脑中支配手部动作的神经细胞有20万个,而负责躯干的神经细胞却只有5万个,可见大脑发育对手的灵巧的重要性,而手动作的灵敏又会反过来促进大脑各个区域的发育。这就是人们常说的"眼过百遍,不如手做一遍"。通过

手的操作,可以直接促进视觉、触觉、动觉及感知觉的发展和相互间的协调,能进一步认识同一类物体的共性,因而使知觉更加具有概括性,使现实现象和书本知识互相摩擦,最终互相促进,产生共鸣。苏霍姆林斯基说过:"儿童的智慧在他的手指尖上。"让孩子多动手,亲身实践,能激发孩子的学习兴趣,调动学习积极性,加深对所学知识的全面理解,同时也能开发孩子的智力,让他们积极动手、动脑,使孩子不再是被动接受知识的容器,而成为主动积极的参与者和认识过程的探索者,真正成为学习活动的主体。

在日常生活中,应及时为孩子提供合适的动手操作的机会。孩子表示愿意自己动手做的事,家长应当给予鼓励,并且应当耐心地在一旁指导,而不应自己动手代替孩子去做。孩子在刚开始学做有些事情时,难免做得不完善,但熟能生巧,慢慢地他就会懂得如何运用所学知识解决问题。比如孩子学习了阿基米德的杠杆原理,并记住了它的公式是动力×动力臂=阻力×阻力臂($F \cdot L_1 = W \cdot L_2$)。在实际生活中,让孩子利用杠杆原理搬走一块大石头,让他亲自感受杠杆的妙处所在,可以加深孩子对杠杆原理的理解,使其认识到在使用杠杆时,为了省力,就应该用动力臂比阻力臂长的杠杆;如欲省距离,就应该用动力臂比阻力臂短的杠杆。因此使用杠杆可以省力,也可以省距离。但是,要想省力,就必须多移动距离;要想少移动距离,就必须多费些力。要想又省力而又少移动距离,则是不可能实现的。

家长对策

1. 引导孩子做家庭小实验,使孩子的知识得到深化

家庭小实验真实、直观、易做,孩子通过做家庭小实验能获取知识、获得技能和发展能力,加深对知识的理解。因此,家庭小实验在激发学生科学探究兴趣、培养学生探究能力方面有着十分重要的作用。家长应当配合、支持孩子发掘家庭小实验的可做因素,尽可能多地为孩子创造亲历实验的机会。例如做1+1是否等于2的实验:把100毫升水和100毫升酒精倒在一起是否得到的物质的体积是200毫升呢?

2. 鼓励孩子积极参加课外活动

有人说,课外活动是智慧的起源地。课堂教学可以使学生获得知识,而课外活动又是不可或缺的,因为课外活动可以为学生创设另一种学习方式,使学生在体验中有所发现、有所创造,获得可贵的新知识、新感受。如书法、围棋、航模、木工、金工、物理实验、小制作、小发明等课外活动,都能够使孩子的学习得到深化。

3. 培养孩子独立完成作业的习惯

做作业促进了知识的"消化"过程,使知识的掌握进入到应用的高级阶段。做作业可以提高思维能力,面对作业中出现的问题,会引发积极的思考,在分析和解决问题的过程中,不仅使新学的知识得到了应用,而且思维得到锻炼,使思维能力在解答作业问题的过程中迅速得到提高。

> 才能来自独创性。独创性是思维、观察、理解和判断的一种独特的方式。
> ——(法)莫泊桑

第32法：发明创造
——把创意变为现实

国家的发展、时代的发展需要有创新能力的人才。对于祖国发展建设的接班人来说，要想赶上时代的步伐，适应社会发展的需要，必须具有创新能力。创新能力的培养是时代发展和孩子自身发展的需要，而且家长都希望自己的孩子有创造性能力，能够适应社会发展的需要。所以，孩子的创造能力备受社会和家长的关注。但是如何培养孩子的创新能力，又是教育界和家长们面对的一个重大问题。

鼓励孩子的创新意识

在传统的教学模式下，以提高学生的应试能力、获得高分、提高升学率为目的，忽视学生能力的全面发展，在教学方式上往往采用"填鸭式"、"满堂灌"、"题海战术"等，把学生看作接受知识的容器，在课堂上沿袭老师的教学思路，学生的创新思维得不到展现，在一定程度上压制了孩子创新思维意识的发展。这样就把培养孩子创新意识的重担完全落在了家长的身上，所以家长对孩子创新能力的发展有着至关重要的作用。

事实上每个人看待事物都有自己独特的角度、方式，孩子思维敏捷，想法更是独特，其实是很有利于创新能力的培养的。但是，很多家长却忽视了孩子的这一特点，甚至认为孩子与众不同的想法是幼稚的、不切实际的，从而不予重视。孩子因没有得到及时的鼓励而感到失落，逐渐对自己的想法产生质疑和不自信，丧失了思考和创新的积极性。求新求异是创新最重要的特征，家长要鼓励孩子标新立异，求新求异，鼓励孩子有所发现,培养孩子观察和发现问题的能力。

在瓦特的故乡——格林诺克的小镇上,家家户户都是生火烧水做饭。对这种司空见惯的事,有谁留心过呢?瓦特就留了心。有一次,他在厨房里看祖母做饭,灶上坐着一壶开水。开水在沸腾,壶盖啪啪啪地作响,不停地往上跳动。瓦特观察了好半天,感到很奇怪,猜不透这是什么缘故,就问祖母说:"是什么使壶盖跳动呢?"祖母漫不经心地回答说:"水开了,就这样。"瓦特没有满足,又追问:"为什么水开了壶盖就跳动?是什么东西推动它吗?"可能是祖母太忙了,没有工夫答对他,便不耐烦地说:"不知道。小孩子刨根问底的有什么意思呢?"瓦特在他祖母那里不但没有找到答案,反而受到了冤枉的批评,心里很不舒服。可他并不灰心,连续几天,每当做饭时,他就蹲在火炉旁边细心地观察着。起初,壶盖很安稳,隔了一会儿,水要开了,发出"哗哗"的响声。蓦地,壶里的水蒸气冒出来,推动壶盖跳动了。蒸汽不住地往上冒,壶盖也不停地跳动着,好像里边藏着个魔术师在变戏法似的。瓦特高兴了,几乎叫出声来,他把壶盖揭开盖上,盖上又揭开,反复验证。他还把杯子、调羹遮在水蒸气喷出的地方。瓦特终于弄清楚了,是水蒸气推动壶盖跳动,这水蒸气的力量还真不小。正是这件事启迪瓦特发明了蒸汽机。谁都知道,小孩子就是"问题多",凡事就喜欢问个"为什么",没准他的问题里蕴藏着又一个伟大的发明契机呢!幸亏瓦特坚持不懈,没有因为祖母的漫不经心和批评停止对蒸汽现象的进一步观察,否则人类历史的发展还不知道要推迟多少年呢。

支持孩子把创意变为现实

在2002年全国青少年创造能力培养社会调查的内容中,设定的孩子"拆装闹钟"的具体情境中,52.7%的家长对孩子的行为表示赞许,其中大部分还陪同一起做。但是仍然有将近一半的家长对孩子的这种行为漠不关心,或者坚决予以反对。在家庭中,家长对孩子创造能力的培养应当予以支持,但是家长通常担心孩子不会做事,怕他出事,或怕孩子损坏东西,许多事不让孩子自己动手去做,而由成人包办,使孩子失去了一次次的动手机会。孩子进了家门,这不许动,那不许碰,玩具不能自由拿放,孩子的活动空间太小。爸爸妈妈花钱买的玩具,外表虽美观,但大多数是机械或电动的,不能拆拼,孩子缺乏动手材料。有的家庭由于经济原因,干脆不关心孩子在创造能力方面的培养,更别说支持了。种种情况严重地制约了孩子创造能力的展现。

孩子是祖国的未来,是父母的期望,父母应当充分重视其成长,在创新能力培养方面更应该不遗余力地大力支持,既不能过分地溺爱孩子,把孩子当成"小皇帝",包办他们的一切,也不能漠不关心,置之不理。对孩子的一些独特想法,或者与众不同的做法,应当给以鼓励,支持其把自己的好创意变为现实,满足孩子的好奇心,维护孩子的自尊心,鼓励孩子勇于探索的积极性。因此,我们的家长除了满足孩子创造力发展的物质条件外,还需要提供有利于其创造力发展的人文环境,使环境成为孩子创造力发展的有利课堂。环境之功在于发掘,教育之妙存于一心。

家长对策

1. 要教育孩子学会动手

许多家长包揽孩子能做的事,不给孩子创造独立解决问题的环境,剥夺他们自我发展的机会。没有独立做事的习惯,独立思考解决问题的能力,谈何创造性的培养?因此,家长要由替孩子做事变为指导孩子自己做事；当好"向导",指导孩子独立地跨越障碍,独立地思考问题;甚至吃点苦头,使孩子从中进行自我调整、自我完善,逐步具备独立地解决困难、处理问题的能力。动手能力是创造力的组成因素。孩子上学时,尤其到了中学阶段,应该争取多动手。家长应鼓励孩子动手做实验,动手制作,动手发明创造一些作品。

2. 要教育孩子学会读书

家长不能只满足于孩子学会,而更要教孩子会学,虽然两者仅仅只是词序的不同,但它却反映出两种不同的素质。杨振宁博士在谈到自己成功的秘诀时说:"我到芝加哥大学攻读博士学位,学到一种与中国完全不同的学习方法。老师要你注意的不是最高原则,而是一些新的现象,抓住这些现象进行探索、研究、归纳、总结。"我们不是要削弱基础知识的学习,而是希望孩子能掌握不断自我学习、自我完善的工具。

3. 要教育孩子学会思考

科学思维是发明创造的"向导",离开了这个"向导",就有可能被伪科学钻了空子,就有可能分不清什么是科学,什么是迷信,什么是科幻,什么是神话,什么是真实,什么是魔术。

4. 孩子的创造个性的培养与家庭环境和氛围有密切关系

保持家庭成员之间的和睦相处,平等生活,遇事互相探讨,共同商量,有理为正,有理为真。孩子在平等的气氛中长大,没有拘束和压力,才能有开放的思维,愉悦的心境,并不时闪烁出创造的思维之光。

家庭不仅是开发孩子创造力之源,而且在开发孩子创造力中有着特殊作用。人世间父母对子女的爱最亲密,这种由衷的特殊情感进而转化为最直接、最有力、最有权威性的教育力量。世界上最早的教育专著、我国的《学记》中有句话,叫做"亲其师,信其道",这就是教育中重视情感的作用。

第七章　传统学习方法

第十章 作发衣不对

> 不动笔墨不读书。
>
> ——徐特立

第33法：好记性不如烂笔头
——在学习的过程中应该勤动手

前两年的时候，看到一份针对中学生的调查报告，调查人员对北京市的部分中学进行了调研，结果发现很多同学并不知道应该如何记笔记。有的是一上课就开始忙着埋头记笔记，老师讲的和黑板上写的、画的，他一古脑儿地全都记下来，本子上可以说是密密麻麻，课堂笔记变成了课堂记录。可是如果你仔细看他的笔记，就会发现内容杂乱无章，不分主次，显然是没听懂老师的讲课。再问他老师讲了些什么，他也是脑子里空空如也。其结果是"上课手忙脚乱记笔记，下课费时费力看笔记"，课堂上的宝贵时间被白白浪费。还有的同学上课时只是听老师讲课，不做笔记，虽然当时好像是听懂了老师所讲的内容，可是课下复习时却发现仍有许多遗漏，这样也会影响学习效果。

做笔记的好处

俗话说,"好记性不如烂笔头。"这说明,做好课堂笔记是记忆和理解知识、提高学习成绩的一条重要措施。总结下来,做笔记的好处有如下几点:

其一,思想不易开小差。因为上课时要边听边记边思考,这样能保持注意力集中、持久,加强对知识的接受与理解。

其二,记笔记要手、眼、耳、脑并用,使大脑接受多种感官的综合刺激,从而加深对老师讲授内容的理解、掌握和记忆。

其三,提高应用文字能力,练出速记本领。

其四,省去考前突击查资料、重新思考、临时归纳所花的时间,能得到事半功倍的效果。

其五,整理自己的思路。

其六,从众多的信息中有目的地整理出有用的东西,从而培养了处理信息的能力。

其七,有利于发现课程内容的重点、难点和自己的疑点,便于课后查阅、复习和巩固。

如何做笔记

那么,怎样才能做好课堂笔记呢?

首先要弄清楚课堂笔记应该记些什么:

一是记课程提纲。一般来说,老师在课堂板书中所示的课程提纲是以教材内容为基础,根据多年教学体会总结出来的,它基本上能反映授课内容的知识结构和要点,有助于学生理解、掌握、复习新课内容和知识体系,所以,同学们不妨将它记在笔记上。

二是记补充内容。老师在讲课时,除了讲解教材中的内容外,常常还会作些适当的补充,这些补充的内容融入了老师的心血,对于帮助同学们更好地理解教材内容、启迪思路、开阔视野,都是十分有用的。所以,同学们在熟悉教材的基础上,对老师补充的内容除了记在心上外,还要突出地记在笔记本上。此外,还可以将参考书上对课本内容有针对性帮助的材料也摘录到笔记中。

三是记疑点。疑点是指对老师所讲的内容有疑问的地方。有的疑点缘于老师的疏忽,有的则可能来自自己的理解错误或遗漏。同学们也应该把这些记下来,课后再求教老师,或通过自己思考来解除这些疑惑。

四是记问题。一是学习该内容时容易出现的问题,记下来提醒自己;二是课堂上没有弄懂的问题,便于课后弄懂它。

五是记方法。老师在讲解例题时,常常会讲解题的技巧、思路和方法。这些对于开发学生的智力、培养能力是十分有益的。同学们应将这些方法记录在册,并根据所记录下的方法进行理解、复习,并且日积月累,举一反三,无疑会大大提高自己的思维能力。

六是记心得。听课时,在老师的启发和指导下,学生有时会突发奇想,将两个或两个以上的以前认为不相关的观念串在一起,忽然悟出平日百思不得其解的道理,或是对老师讲解的内容有新的想法和心得,同学们也不妨将这些思想的火花记录下来,以便课后复习、理解、整理甚至进行创新。

其次,要注意记笔记的方法。因为笔记是一种供我们复习之用的纲要式文本,所以要力求简明扼要、一目了然。重点、难点、疑点要记全,但不必照抄老师的原话,否则会因忙于记笔记而顾不上听下面的内容。记录最好能用自己的话或"关键词"概括老师讲授的内容。这样可以迫使自己集中精力,边听边积极

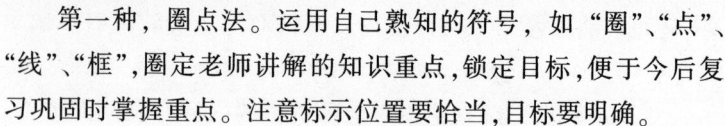

思考，抓住重点，重新归纳，既省时，又省力，还能提高听课效果。记要点时，书上有的不必多记，可在笔记上留下空白，课后补记。另外，对尚未完全理解的内容，最好也简要地记下来并加上记号或批注，以便课后复习时予以解决。以下介绍两种记笔记的具体方法以供参考：

第一种，圈点法。运用自己熟知的符号，如"圈"、"点"、"线"、"框"，圈定老师讲解的知识重点，锁定目标，便于今后复习巩固时掌握重点。注意标示位置要恰当，目标要明确。

第二种，文字压缩法。上课认真细致地听讲，留心老师反复的话题，边思考边把重要的知识点在相应的地方记录下来，只记几个关键词。对于不清楚的地方可利用休息时间进行整理，切不可贪多求全，把记笔记当成是听写训练而忽视了对知识的"消化"。

最后，要处理好"听"与"记"之间的关系。

记笔记的原则是以听为主，以记为辅。笔记与听课发生矛盾时，首先应以听懂为主。笔记可以缓记、不记或补记。记笔记以不影响听课、思考、理解的效果为前提。有些同学认为，不管懂不懂，先记下来，等课后再慢慢思考理解、消化吸收。一旦有了这种想法，上课脑筋不大动，拼命记笔记。下课笔记几大页，问题一大堆。想把问题一个个思考弄懂，时间和精力不允许，势必会影响学习效果。

笔记是钻研、学习留下的记录，是动脑动手留下的结晶。好的笔记应该工整而不呆板，有自己独特之处，包括各种样式的记号、彩色标记以及在课后复习过后留下的增补。

家长对策

1. 引导孩子养成记笔记的习惯

由于记笔记在课堂学习过程中所发挥的重要作用，对于那些没有记笔记习惯的孩子，家长应引导其养成记笔记的习惯。具体来说，家长可以通过一些简单的训练来教会孩子记笔记的方法和技巧。比如，放一段录像，让孩子记下其中人物所说的主要内容；给孩子一篇短文，让他看后用自己的语言进行简要复述。

2. 经常查看孩子的课堂笔记

家长还可以协助孩子对课堂笔记进行查缺补漏，使其明白课堂笔记中应该记些什么。具体内容上文已经提到，在此就不再赘述。

> 独学而无友，则孤陋而寡闻。
> ——《礼记·学记》

第34法：应有不耻下问的勇气

所谓"学问"是由"学"和"问"两部分组成的。我们对于学习中的不明之处要多问几个"为什么"，向同学问，向老师问。

与同学交流的益处

《礼记·学记》中有这样一句话："独学而无友，则孤陋而寡闻。"意思是说，如果学习中缺乏了同学之间的交流切磋，就必然会导致知识狭隘，见识短浅。《论语》中则说"三人行，必有我师焉"。可见，在学习过程中经常与学友交流、向同学请教是很重要的。古今中外许多在学术上有卓越成就的人，都十分重视结交学友,并在讨论与交流中获益匪浅,道理就在于此。

张衡在青年时代有很多知己朋友,如扶风的马融、平陵的窦章、安定的王符、琢郡的崔瑗等。张衡经常同他们一起研究学问,交谈心得,终于学业大进,成为一位科学文化上的多面手。他不仅博通经史,写出了使洛阳纸贵的名作《二京赋》,而且还制作了浑天仪和候风地动仪,完成了天文学杰作《灵宪》,对世界科学的发展作出了巨大贡献。

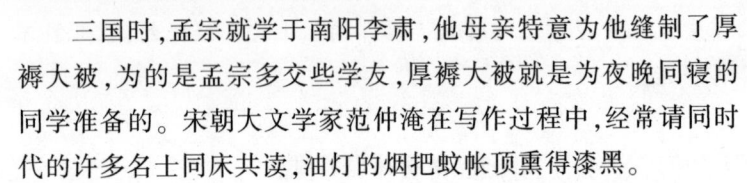

三国时,孟宗就学于南阳李肃,他母亲特意为他缝制了厚褥大被,为的是孟宗多交些学友,厚褥大被就是为夜晚同寝的同学准备的。宋朝大文学家范仲淹在写作过程中,经常请同时代的许多名士同床共读,油灯的烟把蚊帐顶熏得漆黑。

法国有两位著名的科学家,一位是普鲁斯特,另一位是贝索勒,为了探索化学上的"定比定律",他们激烈地争论了9年,最后,普鲁斯特获得了成功,但他把一半功劳归功于贝索勒。他说,由于贝索勒对他的观点提出的种种质疑,才激发了他的智慧,迫使他更加深入研究"定比定律"。著名的流体力学家冯·卡门的寓所,经常宾客满堂,有知名教授,也有学生和助手,他们用不同国度的语言交流,进行无拘无束的争论,洁白的桌布上写满了各种数学方程式,宝贵的思想火花就在这种讨论、争论中不断地迸发。有人担心自己的观点因在讨论中公之于众而被人据为己有,但冯·卡门坦然地说,与人交流讨论,只会丰富自己的思想,开拓自己的视野,纠正自己的失误,收获总会大于输出的。

美国数学家维纳在哈佛大学学习和研究期间,经常与从事数学、工程学、心理学、生物学等方面研究的学者和专家相互交流,后来创立了被称为"三论"之一的控制论。大科学家爱因斯坦在年轻时也喜欢用晚上时间约请一些志同道合者,在一起一边喝茶,一边讨论学术问题,他把这种聚会冠以"奥林匹亚科学院"的美称。他早年的一些重要论文,几乎都在这个"科学院"讨论过,爱因斯坦在创立相对论的前前后后更是经常和朋友一起讨论哲学和物理问题,为创立相对论奠定了基础。20世纪30年代,法国一群大学毕业没几年的学生,组织了一个名叫"布尔巴基"的数学研究团体,他们激烈地争论和探讨数学问题,并以《数学原本》为名出版一套综合性现代数学丛书。从1939年起,这套丛书陆续出版。这个团体经历了几代数学家的建设,形成了有名的"布尔巴基学派"。

我们正处在一个崭新的信息时代,一个人靠个人的寒窗苦读所能了解的知识和信息,是难以适应飞速发展的社会要求的。一个人学习虽然会有所收获,但难免也有一知半解的时候,同学之间通过交流讨论,就能够取长补短,丰富自己的知识,开拓自己的视野,完善自己的知识结构。总结下来,在学习过程中同学之间相互请教、相互交流对你会有如下帮助:

其一,取长补短,提高学习效率。一个人学习,难免会有一些难点、疑点一时弄不明白,这时不妨向你的同学请教,大家互相交流一下,或许就会茅塞顿开。在学习过程中,人各有所长,也各有所短,但同学间互教互学,相互讨论和交流,就能取长补短。你不明白的地方,其他同学或许清楚,通过相互交流,就可以在这个问题上获得迅速突破,节省了时间,提高了效率。

其二,促进自己对知识的深刻理解。知识是否理解透彻,有时候自己是难以自我检验的,而在为同学解答疑惑、与同学互相质疑、讨论和争辩的过程中,同学之间的"疑义相与析",则很容易使自己发现知识的不足所在,解决了这些不足之处,在学业上就会前进一步。

其三,增长了见识,开拓了思路。一个人囿于时间精力,所读所看毕竟有限,而同学间的相互交流则可以突破这种限制,集思广益,开拓视野。可能小明知道一道几何题的快速解法,小

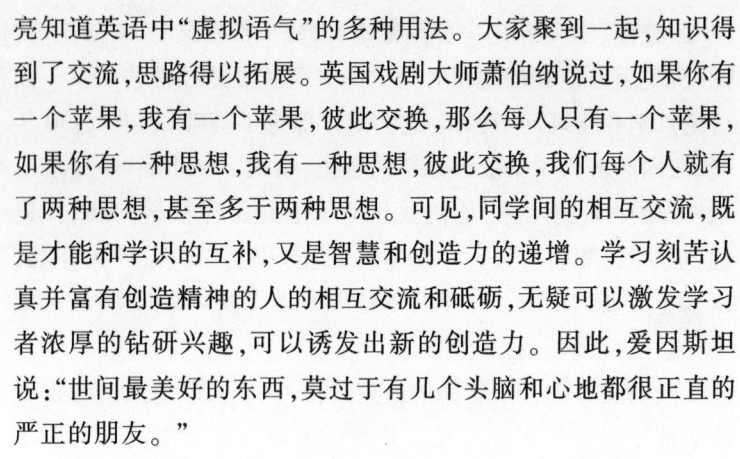

亮知道英语中"虚拟语气"的多种用法。大家聚到一起,知识得到了交流,思路得以拓展。英国戏剧大师萧伯纳说过,如果你有一个苹果,我有一个苹果,彼此交换,那么每人只有一个苹果,如果你有一种思想,我有一种思想,彼此交换,我们每个人就有了两种思想,甚至多于两种思想。可见,同学间的相互交流,既是才能和学识的互补,又是智慧和创造力的递增。学习刻苦认真并富有创造精神的人的相互交流和砥砺,无疑可以激发学习者浓厚的钻研兴趣,可以诱发出新的创造力。因此,爱因斯坦说:"世间最美好的东西,莫过于有几个头脑和心地都很正直的严正的朋友。"

其四,提高了思维能力和表述能力。同学之间的交流讨论还能促进自己思维能力的提高。在交流讨论过程中,很容易使自己"于不疑处有疑",从而提醒和激发自己深入钻研,力求弄懂弄通;积极主动地参与讨论,也会逼迫自己多学一点,理解得全面一点、深入一点,对关键部分和知识要点也必须了如指掌,而要做到这一点,就会自觉地去深入思考,从而使自己的逻辑思维能力不断得到锻炼和提高。参与交流和讨论,也能锻炼自己的语言表达能力。在交流和讨论中,不仅要求参与者能迅速听懂别人的论点和问题,善于抓住要点和实质,而且要善于准确而有条理地表达自己的概念、判断,严格而合乎逻辑地进行推理、论证,表达中要求措辞恰当、提纲挈领、言简意赅,还要富于生动性和启发性,这对于锻炼和提高同学们的语言表达能力是非常有益的。

与同学交流的技巧

向同学请教、与同学交流要讲究一定的技巧和方法。

首先,要以互相学习的态度展开交流。

其次,自己要做好准备。在交流过程中正确表达自己的观点和阐明自己的理由。

再次,交流时尽量运用准确精练的口头表达。

最后,要善于抓住他人讲话内容的要点。

家长对策

1. 鼓励孩子与同学交流

有些孩子可能比较内向,不善于与人沟通。家长应鼓励他与同学多交流,帮助其建立起与同学的联系。鼓励孩子参加各种兴趣小组也是一个不错的方法。

2. 注意培养孩子与人沟通的技巧

使其能够迅速捕捉到别人讲话的要点,也能够言简意赅地表达自己的想法。

3. 给孩子创造交流的环境

家长还应该给孩子创造一个有利于与同学交流和沟通的环境,不要过多地限制孩子的交友范围。要知道,比自己孩子成绩差的学生也是有其优势的。

> 世界上只有两种物质:高效率和低效率;世界上只有两种人:高效率的人和低效率的人。
> ——(英)萧伯纳

第35法：提高听课效率，减轻课外负担
——课堂学习法

中学时期，我们一天之中的大部分时间是在课堂上度过的，因此，听讲就成了我们学习的中心环节。抓住课堂上的四十五分钟，提高听课效率，对于我们提高学习成绩有着不可替代的作用。

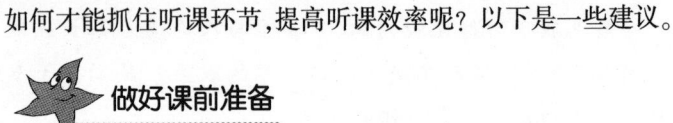

如何才能抓住听课环节，提高听课效率呢？以下是一些建议。

做好课前准备

包括心理上的准备、知识上的准备、物质上的准备、身体上的准备等。我们在课堂上无法集中精力听课，很多时候是因为外界的影响因素造成的。例如，上课时才发现忘了带课本；老师正讲到关键的内容时，突然想上厕所等等。因此上课前一定要做好课前准备工作。具体来说，包括：

（1）课前调整自己的心理，使自己进入学习状态，准备开始听课。

（2）提前预习课上要讲的内容，做到心中有数。

（3）事先准备好上课要用的学习物品，如课本、纸、笔等。

（4）解决好自身的生理问题，如上厕所、喝水等。

掌握课堂听课的技巧和方法：

（1）集中注意力。高度集中注意力是提高听课效率最基本的要求。有人说，注意力是知识的窗口，不集中注意力，知识的阳光就无法照射进来。这形象地说明了集中注意力在课堂学习中所起的作用是多么重要。听讲时应聚精会神，尽力捕捉住老师传达的每一个信息，要善于从老师讲课时语调的抑扬顿挫中听出重点和难点;还应注意听同学发言,听听别的同学如何质疑、如何答问,从中吸取营养。看要专注:一要看板书,老师的板书一般都经过精心设计,是教学内容的浓缩;二是看老师的手势、眼神、表情,这些体态语言也会帮助学生加深对知识的理解。

(2)跟着老师的思路走。老师讲课,总有思考问题的线索和具体过程。一般来说,教师常用的思维方法有分析综合法、归纳演绎法、比较分类法等,不管老师采用什么思路,同学们都要积极跟上,顺着老师的思路积极思考。把老师讲课过程中运用的各种思维方式、思维过程搞清楚。学习老师是如何进行周密科学的思考的。

(3)积极思考。积极思考是课堂学习的关键。我们在课堂上不能只是等老师把知识灌输给我们,而应充分发挥自己的主观能动性。具体来说,就是对老师所讲的知识要多问几个为什么,要善于从不同的角度、不同的侧面去分析和理解,将问题进行加深和拓宽。只有这样,才能将知识真正把握,从而做到举一反三,触类旁通。苏联当代著名教育家苏霍姆林斯基说:"你首先要把自己培养成思考者,才能体会和认识到学习是一种幸福,是一种智力活动。"

(4)积极参与课堂讨论。对老师的提问要勇于回答,积极参加课堂讨论,阐明自己的见解和看法,以培养我们的思维能力和表达能力。

(5)抓住学科特点和教师的讲课特点。实际上,各门学科的内容体系、发展思路、训练要求以及教的方法各有特点。学习中非抓住这些特点不可。如物理、化学、生物课要特别注意观察和实验,在获得感性知识的基础上,通过思考来掌握科学概念和规律。数学要通过大量演算、证明等练习获得数学知识,培养出数学思维能力。在听语文课和外语课时,主要抓住字、词、句、篇等方面的知识点,并且通过听、说、读、写来提高阅读和写作能

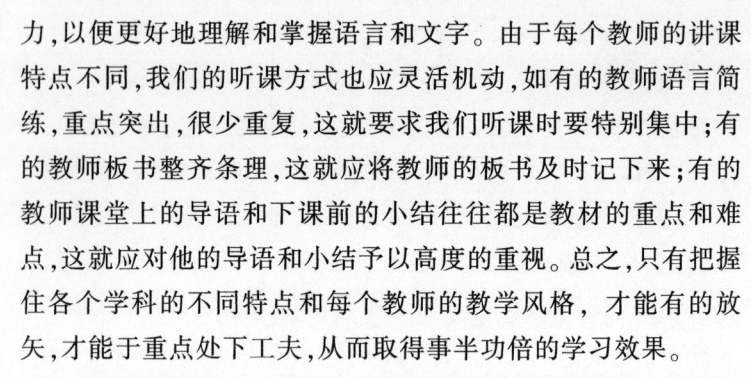

力，以便更好地理解和掌握语言和文字。由于每个教师的讲课特点不同，我们的听课方式也应灵活机动，如有的教师语言简练，重点突出，很少重复，这就要求我们听课时要特别集中；有的教师板书整齐条理，这就应将教师的板书及时记下来；有的教师课堂上的导语和下课前的小结往往都是教材的重点和难点，这就应对他的导语和小结予以高度的重视。总之，只有把握住各个学科的不同特点和每个教师的教学风格，才能有的放矢，才能于重点处下工夫，从而取得事半功倍的学习效果。

（6）不钻牛角尖。课堂上，教师总是一个问题接着一个问题地往下讲。有时，我们会遇到些听不懂的问题，这时不要中断听讲而去死钻"牛角尖"，而应先将暂时不懂的问题记下来，留到课后去解决，以保持听课的连续性。否则，如果中断听讲而去死抠某个问题，就会使课堂的整体性遭到破坏。待到你从"牛角尖"中醒悟过来时，老师已经又讲到其他问题上去了。这样就会因一步掉队而步步被动，甚至造成整堂课都听不懂的严重后果。所以，上课时一定要紧跟老师的思路，不走神，不掉队，不钻"牛角尖"，始终保持思维的灵活性和听课的连续性。

总之，我们要努力向课堂四十五分钟要质量，力求当堂掌握所学的知识，通过提高课堂学习的效率来减轻课下的负担。要想当堂掌握所学的知识，最重要的就是课上认真观察，专心听讲，积极思考。要将重点放在认识事物的思考过程上，千万不要跳过认识事物的艰苦思考过程而直接去背结论。

家长对策

1. 帮助孩子认识课堂学习的重要性

有些孩子对课堂学习的重要性认识不足，认为老师在课堂上讲的书中都有,因此上课时看小说或思想走神。家长可以让孩子读一些成绩优秀的"过来人",诸如高考状元所写的谈论课堂学习重要性的文章,以帮助其提高认识,也可以请老师或成绩较好的同学来给孩子讲解课堂学习的方法。

2. 帮助孩子做好课前准备工作

为了避免外界因素造成课堂上分心,家长应协助孩子做好课前的各类准备工作,例如准备好学习用具等。

3. 利用各种方法培养孩子的听讲技巧

例如,和孩子谈谈自己当年读书时的听课技巧;借助专项训练提高孩子集中注意力的能力。

> 善于摄取必要营养的人,要比只图吃得多的人更健康。同样,真正的学者往往不是读了很多书的人,而是精读了有用的书的人。
>
> ——(希腊)亚里斯提卜

第36法:书读百遍,其义自现
——应学会精读的学习方法

精读,作为一种阅读技巧,一种学习方法,在我们的学习过程中被广泛使用,但真正能够用好这种学习方法的人并不多。本文就来和同学们探讨一下如何将精读的方法应用于日常学习之中。

什么书应该精读

发明家爱迪生小的时候家境贫寒,一边卖报,一边到图书馆读书。爱迪生曾经天真地想将一个图书馆的书都读完,幸亏得遇一位先生的指点,告诉他读书要有目标,要讲究方法,才使得他少走弯路。无独有偶,一个年轻人也曾经向法国昆虫学家法布尔诉苦:"我不知疲倦地把自己的全部精力都花在我爱好的事业上,结果却收效甚微。"他又说:"我爱科学,可我也爱文学,对音乐和美术我也感兴趣,我把时间全用上了。"法布尔听了这些话之后,掏出一个放大镜,意味深长地对他说:"把你的精力集中在一个焦点上试试,就像这块凸透镜一样。"

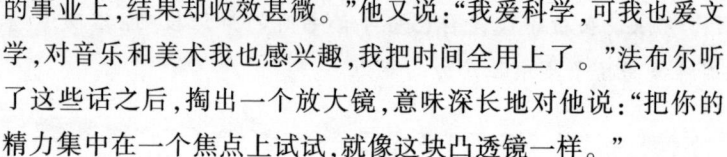

爱迪生和法布尔的故事生动地告诉我们,阅读学习首先要有一个明确的主攻方向和目标,这样才能提高效率。对于我们中学生来说,什么书应该精读呢?

(1)教科书。教科书是教育部门组织专家、学者和有经验的教师依据教学大纲,按照知识的科学体系,针对学生的年龄特征和社会发展需要而编写的。内容上系统、严谨、深刻。因此,是我们精读的首要目标。

(2)优秀的参考书。参考书不需要多,每科一至两本即可。现在,各类学习参考书浩如烟海,同学们应该选择与教材体系相符,由有经验的授课教师编写的,最好是知名品牌的辅导书。如果不知如何选择,可以请老师或是师兄师姐推荐一些。

精读的具体方法

(1)阅读标题。每阅读一章或是一节的内容,就要首先阅读标题。标题是对以下内容的总结和提示,阅读标题可以帮助读者抓住文章的线索。此外,阅读标题还有助于读者在精读过程中分辨出主要内容和次要内容。主要内容就是材料中对标题进行针对性说明的部分,次要内容则是材料中标题所不能涵盖的部分。

(2)仔细阅读材料。细读是精读的关键阶段,精读的效果如何,主要取决于这个阶段的收获。细读切忌贪多求快,要一个字、一个词、一句话地读,甚至是一个标点也不放过,一定要把其中所要表达的意思弄懂、弄清楚,然后通过思考把作者的观点和文中的实质内容"抓"出来。细读时,经常使用的两种手段是画线和眉批注释。

画线可以增加阅读效率,也能为以后的再次阅读提供记忆线索。当再次阅读时,只需看一眼画线部分就可以想起文中内容的大略。画线必须考虑到内容的整体性,针对标题在文中找答案。在阅读的过程中,要随时留意与标题相关的内容,并在出现的地方做一个记号(但不要画线),等一段文字看完了,确定哪一句话最能涵盖标题所示的内容,再画线将它标记清楚。

有很多同学在阅读的时候,从一开始就画线,结果是满页都是线。这种做法毫无益处,不但不能增强阅读效率,还会影响对重点问题的发现。

细读的另一种常用技巧是在书页的空白处写上批注。批注不要重复材料中已有的文字,要简明扼要,其目的是引起思考。例如,历史教材的某一节标题是"辛亥革命"。当看到这个标题时,先不要立即读下去,可以自己试着把标题转换成几个问题,例如"什么是辛亥革命?""辛亥革命发生于哪一年?""辛亥革命的历史意义是什么?"然后,带着这些问题去阅读教材,有针对性地查找文章中对问题的回答,从而把握住材料的核心所在。

(3)及时解惑。阅读时,对阅读材料难免会有不理解的地方。带着这些问题去阅读,力求在阅读时解决疑问,也是精读技巧之一。阅读时遇到疑点,应先把问题标记下来,然后通过其他途径求解:

其一,查阅参考资料寻找答案。比如到图书馆查阅相关文章,还可以借助网络搜索相关内容。

其二,向老师、同学求教。授课教师因为长年钻研所教课程,对相关内容十分了解,况且其他同学可能以前问过类似的问题,他已经总结出相应的答案。尺有所短,寸有所长。有些时候你不明白的地方,其他同学可能正好知道,因此向同学请教,有时也会有意想不到的收获。

(4)复述。复述过程是对阅读材料进一步理解和消化的过程,可以帮助同学们把分散而零碎的材料整理成系统的知识。在基本读懂的基础上,同学可用自己的语言把已读过的内容重新表述一遍,如果能够准确地表述出来,就说明你已经理解了材料的中心内容。

复述的具体方法如下:

在一节读完之后,合上书本,以自问自答的形式进行一次完整的复述。可以借助材料中的标题、标示出的关键词、重要的图表及公式等,列出一个简单的复述提纲作为复述的依据。

家长对策

1. 让孩子知道精读是学生必须掌握的一种重要的学习方法

有些孩子对此重视不够,看书时不分主次,走马观花,时间耗费了,对知识的掌握程度却不高。

2. 帮助孩子选好该读的书

针对看书不分主次的孩子,家长一开始可以帮助其选定哪些书应该精读、哪些书可以泛读,逐渐地等孩子自己掌握了正确的判断标准后,应由孩子自己作出选择。教材上一定要精读的要读,好的参考书也可择其一二精读。

3. 督促孩子把书读懂、读透

对于那些看书贪多求快、粗枝大叶的孩子,家长要使其明白读书既是一个量的积累过程,更是一个质的提高过程。把书读懂、读透才是硬道理,考试的时候才能有好的发挥。

> 发奋识遍天下字,立志读尽人间书。
> ——苏轼

第37法:读万卷书,不求甚解
——应学会泛读的学习方法

泛读,是和精读相对应的一种阅读技巧,一种学习方法,在我们的日常学习中也被广泛采用。了解一些关于泛读学习方法的知识,对同学们的学习一定会有所帮助。

新学期开始的时候,小强班里转来一位新同学——明明。因为两个人的家都在同一个小区,所以放学后他们经常一起回家。在与明明的交往中,小强发现明明知道许多学校没有教过的东西,因此很是羡慕。于是,他问明明:"你是从哪里知道的这么多东西呀?""从书本上呀,光看课本是远远不够的,你也应该多看些课外书,这会使你的知识丰富起来,对你的学习也有帮助。"

中学阶段是人一生中最重要的学习时期,在这一时期多学一些知识,开阔你的视野,会为将来的发展打下良好的基础。有鉴于此,掌握泛读的方法对于广大中学生来说十分必要。

泛读,顾名思义,就是广泛地、泛泛地阅读,它是和精读相对而言的。它不要求如精读那样字斟句酌、反复研读,而只要"观其大略",抓其要点和精髓。泛读的作用在于拓宽知识范围,碰撞智慧火花,打开思路,激发灵感。毛泽东和鲁迅先生都很重视"泛读"。毛泽东提倡"四多"读书法,即多读、多写、多想、多问。毛泽东读书面很宽,一套线装的二十四史,他一遍一遍读到许多册封面被磨损。鲁迅先生也提倡"随便翻翻",他认为这是一种很好的阅读方法。当代作家秦牧在《在探索学问的道路上》一文中将泛读比作"鲸吞":"只需知道一个梗概的书报可以泛读,但要面广,犹如大鲸吸水。"秦牧说,泛读法,是指读书要像鲸一样广泛地捕食。鲸游起来一直张着大口,小鱼小虾随着海水流入它的口中,它把嘴巴一合,海水就从齿缝中哗哗漏掉,而大量的小鱼小虾却被筛留下来。如此一大口一大口地吃,整吨整吨的小鱼小虾就进入鲸的胃袋了。人们泛读也应该学习鲸的吃法。一个想要学点知识的人,如果每天不能"吞食"它几万字的话,知识是很难丰富起来的。

对于中学生来说,由于时间、精力有限,泛读不宜过于宽泛,可在老师的指导下,选择一些与课堂学习相关的书籍、报刊作为泛读材料。其目的在于通过泛读增长知识、开拓视野、陶冶情操,为学好各门学科打下较为广博的知识基础。

中学生在泛读过程中应注意一些问题:

(1)泛读并不等于漫无目的地读。古人说"开卷有益",泛读也是以从书中汲取知识为目的的。不能是一段材料草草地看下来,什么也没记住,什么有用的信息也没获得,这并不是泛读。

(2)泛读并不是要求人们一味地快速阅读。要根据阅读的内容和阅读的目的灵活地调节阅读速度。当快则快,当慢则慢。如果在泛读过程中遇到了有价值的内容,这时要把速度降下来,仔细阅读。

(3)要处理好泛读与精读的关系。就课堂学习而言,精读是主体,泛读是补充;就效果而言,精读是准备,泛读是应用。叶圣陶先生有一段话说得很透彻:"学生从精读方面得到种种经验,应用这些经验,自己去读长篇巨著以及其他的单篇短文,不再需要教师的详细指导,这就是'略读'。"泛读不仅与精读具有同等重要的作用,而且泛读是在精读基础上的进一步发展,是一种层次更高、应用性更强的阅读方式。泛读以精读为基础,如果没有精读的能力和习惯,一开始就泛读,容易养成不求甚解的毛病。

此外,同学们在泛读过程中不妨做些笔记。做读书笔记是积累知识的重要方法。做笔记就好比是建立资料的"存储库"。一旦需要有关资料,就可以很方便地从笔记中寻找。做笔记还能弥补记忆力的不足,起到强化记忆的作用。俗话说"好记性不如烂笔头",即使记忆力再好的人,也会有遗忘的时候。通过做读书笔记,既可以帮助我们更好地掌握问题的重点和实质,又可以培养概括和表达的能力。阅读过程中经常会闪现出思想的火花,如果不随时记下来,它就会一闪而过,瞬息即逝。将这些思想的火花记下来,过后再来重温和思考这些笔记上的内容,往往能获得新的启示,甚至形成一种成熟的完善的新见解。不少人的研究成果就是这样来的。所以,在泛读过程中,不妨将遇到的有用的信息、精彩的观点和句子摘录下来,把自己的灵光一闪记录下来。

家长对策

1. 培养孩子爱看书的习惯

当今是一个知识大爆炸的时代,在每个领域,知识都在以几何级数增长,仅仅掌握在课堂所学的知识已经远远不能满足社会的需要。家长应从小培养孩子多看书、爱看书的好习惯,博闻广记,为将来的发展打下基础。

2. 鼓励孩子多看一些有益的课外书

课外书中所包含的知识十分丰富,有时还会对孩子课内的学习内容起到补充和启发作用。但如果孩子把过多的时间用在阅读课外书上,甚至是一些不好的课外书上时,势必会影响学校的正规学习,这时家长应引导孩子处理好课内学习和课外阅读之间的关系,做好课外阅读时间和内容的安排。

3. 从物质角度为孩子的广泛阅读创造条件

例如,经常带孩子到书店挑选好的课外书,为孩子办理图书馆的借书证,鼓励孩子利用网络查找阅读材料等。此外,家长还应该为孩子创造一个有利于读书的环境,使孩子能够不受外界的干扰安心阅读。

熟能生巧,勤能补拙。

——《增广贤文》

第38法:台上一分钟,台下十年功
——通过做练习来巩固知识的方法

中学语文课本中有一篇文章,讲的是卖油翁熟能生巧,将油通过铜钱孔灌入葫芦中,钱孔却不曾溅上一滴油。学习中,我们如果能像卖油翁那样勤加练习,也一定能在考试中取得好成绩。

做练习的必要性

一个学生在中学阶段究竟要做多少作业,恐怕没有人认真统计过。仅以中学数学一科为例,教材上的习题就有4000多道。尽管做了如此多的习题,可是仍有不少同学并不清楚为什么要做练习。有的同学做练习是为了应付老师和家长,还有些同学做练习只是因为其他同学都在做,自己就亦步亦趋。这些同学对为什么要做练习并不清楚。

做练习是学生学习中的重要内容和环节。它对于及时检查学习的效果,巩固和消化课堂知识,积累做题技巧,培养同学们思考问题、分析问题、解决问题的能力十分重要。

下面,我们就来展开说说为什么要做练习:

(1)检验学习效果。经过预习、上课、课后复习,知识究竟有没有领会,有没有记住,能否应用,有时很难凭个人感觉得知。而在做练习中,我们能检验对知识的掌握程度。如果练习做得很顺利,那么在一定程度上可以认为这部分知识掌握得还不错。相反,则说明这部分知识还没有完全掌握,要及时查找原因,进行调整。有的同学自以为知识已经掌握了,就不做练习或

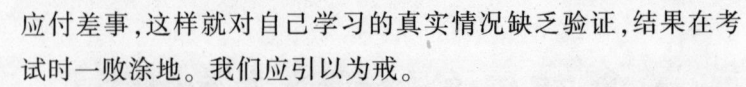

应付差事,这样就对自己学习的真实情况缺乏验证,结果在考试时一败涂地。我们应引以为戒。

(2)加深对知识的理解和记忆。通过课堂学习,我们对新知识有了初步的了解。可是对在不同的情况下,如何应用这些新知识,我们还没有完全掌握。而做练习正是对知识的具体应用,通过做练习,我们对于新知识的运用变得更加灵活、准确。此时,知识已不再是空洞的条文或死板的公式,而是融入我们知识体系的一个部分。正是做练习促进了我们对于知识的"消化",使我们对知识的掌握进入应用的高级阶段。

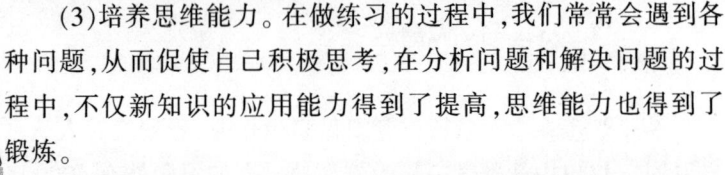

(3)培养思维能力。在做练习的过程中,我们常常会遇到各种问题,从而促使自己积极思考,在分析问题和解决问题的过程中,不仅新知识的应用能力得到了提高,思维能力也得到了锻炼。

(4)积累解题技巧。在练习题中有不少很有代表性,通过对这类问题解题技巧的总结,可以使我们的解题能力迅速提升。

总之,如果一个学生没有意识到做练习是掌握知识的必要环节,把做练习作为一件苦差事,他就会时刻处于被动的状态,很难从练习中获得益处。

确立做练习的科学原则

在明确了为什么要做练习之后,我们还要确立做练习的科学原则。只有这样才能达到既减轻学习负担,又提高学习效率的目的。

(1)贵精不贵多。许多同学除了课堂上老师布置的作业外,还为自己补充了不少习题来做。这种学习精神是可嘉的,但在选择课外习题时,要少而精,不要搞"题海战术"。课外习题的选择要选择质量高的,体系较为系统、与教材同步的,符合自己特点的。

（2）循序渐进。做练习要讲究由浅入深、循序渐进。基础练习应以课本为主，不要因为课本习题简单就不屑一顾，不要把过多的精力都投入到"啃难题"中。

（3）突出重点。对于某些重点知识，可利用习题的变式从多个方面进行训练，以强化对重点知识的理解，获得有关的解题技巧。要多看题解，少看解题。

（4）合理分配时间。知识和技能的形成和保持，需要有足够多的练习次数和练习时间。不仅在技能的形成阶段如此，在其形成之后，也需要不断地练习，使之得以保持和提高。练习的时间应适当分配。一般来说，合理的分散练习要比过度的集中练习效果好，这样每次的练习效率较高。根据遗忘曲线和学习曲线所揭示的先快后慢的规律，以及练习初期防止"信息负担量"过重的原则，开始练习的阶段提倡"少量多次"，随着知识和技能的掌握，可适当延长各次练习之间的间隔。内容越复杂、技能要求越高，则需要练习的次数和练习的时间越多；高年级的同学要比低年级的同学每次练习的时间和各次练习之间的间隔长。

养成良好的做练习的习惯

不要把做练习看作一种负担，草草做完，交上了事。应养成良好的做练习的习惯：

先复习后做练习。做练习前，先把老师上课所讲的内容认真看一遍，弄清楚基本原理和概念。对于典型例题，要明白解题时用了哪些方法，解题思路是什么，突破口在什么地方，等等。全部弄清楚之后再去做练习，这样效果更佳。

认真审题。做练习的关键一步就是认真审题，要多琢磨、细推敲、深思考。审题时首先要弄清楚题目的内容,所给的条件,有什么限制,什么要求,需要联系哪些知识,等等;其次,要考虑好解题思路、方法、步骤。一定要让自己做到不明白题意不做题,不清楚方法步骤不下笔。

要独立完成练习。做练习的目的就是巩固、消化、加深和提高对课堂所学知识的理解。为了达到这个目的,就要求同学们必须独立完成练习。

做完练习后作个总结。同学们在做完练习后应尽快作个总结,对做对的题目,想一想是采用了什么样的思路和方法做对的,以后遇到类似的题能不能触类旁通;对做错的题,要找出错在哪里,为什么出错。是由于粗心大意,或是基础知识掌握得不够扎实,还是思路不对。对于第一种情况,要告诫自己以后做题要仔细;属于第二种情况的,要在巩固所学知识上下工夫;属于最后一种的,就要认真钻研和分析例题,总结解题方法。

家长对策

1. 督促孩子平时多做题练习

有些孩子存在"眼高手低"的毛病,自以为已经掌握了所学内容,但一上考场,面对考题时却感到无从下手,或是做出来的题错误百出。对于这些孩子,家长应教导其平时多加练习。唯有如此,才能在考试中避免重蹈覆辙。

2. 要培养孩子先复习后做练习的习惯

有时,孩子为了应付老师,会在没有复习相关内容的情况下,就匆匆忙忙地做老师布置下来的练习,这样做练习就失去了其检验知识掌握程度的作用,效果一定不会好到哪里去。家长应使孩子明白学习的真正目的,养成先复习、后练习的习惯。

3. 不要让孩子淹没于"题海"之中

做题并不是越多越好,对典型例题多加揣摩,掌握其解题思路才是正途,家长不要给孩子布置过多的课外作业,增加孩子的负担。

> 疑问是迈向真理的第一步。
> ——(法)狄德罗

第39法:敢于质疑
——问题学习法

学习的过程就是一个从"无疑"到"有疑",再到"解疑"的过程。学须善思,思后存疑,疑然后问,问然后知。作为一个中学生,我们要善于发现问题,敢于向权威挑战,同时又要虚心求教,不耻下问。不懂的问题多向老师请教,多向同学请教。

学习中要勇于提出问题

明代著名医学家李时珍在给人治病的时候,发现医书上对草药的记载有含糊不清的地方。"这些草药到底是什么?它们有什么功效?"李时珍不止一次地问自己。为了解答自己的疑惑,他开始了长达数十年的实地考察,最后终于写出了中医药学的巨著《本草纲目》。

学习的过程往往是这样,读过一本书有不明白的地方,学过一些公式、定理,解题的时候却有无从下手的感觉。此时正是

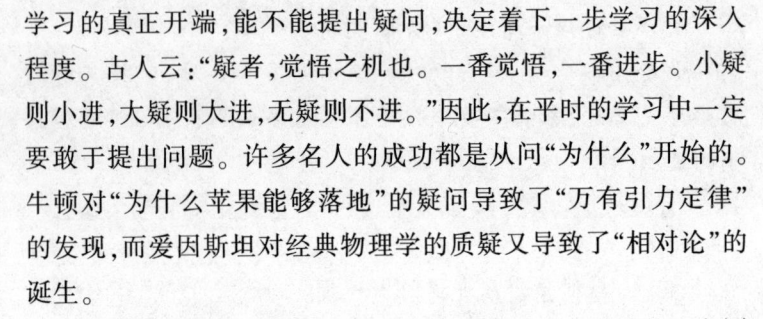

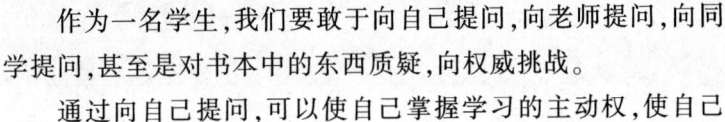

学习的真正开端,能不能提出疑问,决定着下一步学习的深入程度。古人云:"疑者,觉悟之机也。一番觉悟,一番进步。小疑则小进,大疑则大进,无疑则不进。"因此,在平时的学习中一定要敢于提出问题。许多名人的成功都是从问"为什么"开始的。牛顿对"为什么苹果能够落地"的疑问导致了"万有引力定律"的发现,而爱因斯坦对经典物理学的质疑又导致了"相对论"的诞生。

作为一名学生,我们要敢于向自己提问,向老师提问,向同学提问,甚至是对书本中的东西质疑,向权威挑战。

通过向自己提问,可以使自己掌握学习的主动权,使自己对问题的思考更深远,对知识的掌握更牢固;向老师请教,向同学求解,则可能使自己百思不得其解的问题豁然开朗,使思路得到拓展。

学习应该是一种创造性的活动,同学们应该敢于质疑,有时甚至是对课本、对权威质疑。孟子在学习方面提倡存疑,他认为有疑问的学习才能促进思维能力的发展。为此,他要求学生在学习过程中要有存疑的精神,并且善于提问,他还说:"尽信书,则不如无书。"鲁迅在"五四"时期发出的第一声呐喊就是:"从来如此,便对了吗?"鲁迅在其一生的学习和研究中,看了很多孔子、孟子、庄子等古代思想家的著作,他不是全部否定,也不是全盘接受,而是取其精华,去其糟粕。正是因为有了质疑的精神,终使鲁迅成为中国文学史上的一位巨匠。作为中学生,我们在学习中也要敢于质疑。以语文课本为例,虽然语文课本所选文章都是经过筛选的,语言的使用相对标准、规范,但也不是尽善尽美、无懈可击的。比如,在初中语文课本《荔枝蜜》一文中,有这么一句话:"蜜蜂是在酿蜜,又是在酿造生活;不是为自己,而是为人类酿造最甜的生活。"而后,作者又写道:"透过荔枝林,我望着远远的田野,那儿正有农民在水田里,辛勤地分秧插秧,他们用劳动建设自己的生活,实际也是在酿蜜——为自己、为别人、也为后世子孙酿造生活的蜜。"这里前后两句一对比,同学们就不难发现一个问题:作者本意是想借咏蜜蜂而引起对劳动人民的赞美,重点在颂人,相比之下,似乎蜜蜂更伟大,因为它"不是为自己",是无私奉献,而人却要"为自己"。其实,这主要是作者语言表达不够严密所致。因为,蜜蜂是一种昆虫,它酿蜜是为了自身生存,至于其他,则是作者主观的引申和联想。为了突出后面的精神属性,不妨用一个递进关系的句子替换它。大家不妨比较一下,"不仅仅是为自己,更是为人类酿造最甜的生活。"跟原句相比哪个更好?

学习中还要善于提出问题

在学习中,我们不但要敢于提问题,还要善于提问题。谢觉哉老人曾说过:"好问是好的,但如果自己不想,只是随口问,即使能得到正确答案,也未必受大益。"所以,在提问题之前,一定要经过认真思考。问题提得好,往往能起到启发思路的作用,也表明你对相关内容是认真学习过的;而如果问题提得不适当,则可能使被问的人无所适从,不知如何回答,也可能被误解,得到的并不是你想要的答案。提问题一定要尽可能地把握住问题的关键所在。

在提出问题之后,接下来要做的就是解决问题。遇到疑问时,要花大气力去寻求正确的答案。可以自己查阅有关书籍,也可以向老师、同学求教。不要满足于现成的答案,要多角度地进行思考,更深刻地去掌握和理解知识。这样,每解决一个问题,就会使我们在学业上更上一层楼。

著名物理学家、诺贝尔物理学奖得主杨振宁博士在谈到中美学生的差异时,曾提到美国的学生非常喜欢提问题,敢于向权威挑战,相比之下,中国学生往往囿于书本、不习惯于提问和怀疑、考证。因此,杨振宁主张,中国的学生应该学习美国学生那种敢于怀疑、敢于创新、以兼收并蓄为主的学习方式。

家长对策

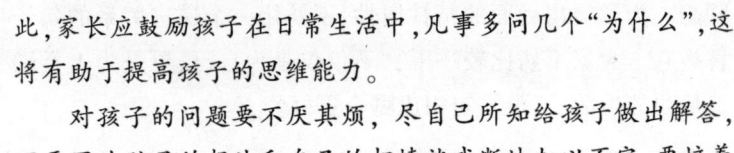

问题学习法能使孩子的思维活动更有目的性和方向性。因此,家长应鼓励孩子在日常生活中,凡事多问几个"为什么",这将有助于提高孩子的思维能力。

对孩子的问题要不厌其烦,尽自己所知给孩子做出解答,不要因为孩子的想法和自己的相悖就武断地加以否定,要培养孩子敢于质疑和考证的习惯。

要培养孩子独立自主解决问题的能力。提出问题的目的是要解决问题。家长应从日常生活中做起,从小事做起,注意培养孩子自己动手解决问题的能力,教会孩子通过各种途径寻求解决问题的技巧。

第八章 攻无不克,战无不胜
——轻松应对考试

> 有信心的人，可以化渺小为伟大，化平庸为神奇。
>
> ——（英）萧伯纳

第40法：沉着冷静，松中有紧
——以一颗平常心面对考试

考试是现有教育体制下每一个孩子都必须面对的考验，大大小小的考试从他们上学开始，会一直伴随到孩子们毕业为止，而每一次考试都会对孩子们造成不同的压力，只有以一颗平常心认真地对待考试，才能赢得考试，最终取得优秀的成绩。

我的一个堂弟在去年考入了我们本地的一所重点高中，他在初中的时候成绩十分优秀。入学几个星期后，学校举行了一次考试，他从入学时的班级前十几名一下滑落到三十几名，一股无形的压力随之而来。对他来说，这种压力也是前所未有的。虽然家里人也没有责备他，可他每天一回到家就闷闷不乐，唉声叹气，胃口不好，晚上睡觉也不安心。一天，他见到我时，说道:"三哥,我感觉好大的压力呀!"这是我第一次听到弟弟说这样的话,很为他感到不安。考试是每一个学生所不得不面对的问题,只有具有一个良好的心态,才能把握好每次考试,考出理想的成绩,否则一临考试就紧张,那肯定是不行的。

考试是压力也是动力

作为一个从多次考试中走过来的过来人,作者对于考试可以说是身经百战了。虽然也有紧张的时候,特别是临考之前,总在担心还有什么书没看,别人是不是准备得比自己充分等等。但是,回过头来看看,考试有时候不完全就只是压力,它也可以转化为一种学习的动力。学校以学习成绩排名次是激励孩子的一种有效手段,而让自己的孩子早一点参与竞争并非坏事,虽然很多孩子会因此承受一定的压力,但在能够承受的情况下,只要调节好,这种压力完全可以转化为进步的动力。

孩子们一般都是十分感性的,很容易受外界的影响,在轻松的氛围中,他们很容易受惰性的影响,而把学习丢到了脑后。而有一种考试的紧张氛围笼罩着,自觉不自觉地,孩子们便把学习放在了心上,而不是一遇到感兴趣的活动就把学习忘了。而且,学习成绩对孩子们来说也是一种鞭策,一种竞争的意识使他们有一种上进的劲头,一次考试的失利可能使他们更为发愤,这种自发的学习,对于孩子素质和能力的提高是最为有效的。

同时,这种压力也如同一把双刃剑,它可能会伤及一部分由于种种原因而总是名列末位的学生,这种情况是不可避免的,无论哪一个班级,总有这样的学生存在。但我仍然认为,它能促进更多的学生不断进步。更重要的是,它还能让孩子增强抵御压力、战胜压力的心理素质和能力。事实上,一些学生之所以被压垮,并不是排名次的错,而是老师特别是家长没有调节好孩子的心理，没有教育他们如何面对压力和竞争，而是一味地指责，教育方法欠妥，过于伤害孩子的自尊心，给孩子造成了更大的甚至是难以承受的心理压力。如果孩子在一种关怀的环境下，在一种平常心下，对于考试成绩他们自己首先就会产生一种评价，是好是坏他们自己心中就有一杆秤，在家长和老师平常心的关注和感染下，产生的效果只会更为明显，成绩好的要保持，而成绩差的自会心里用劲，迎头赶上。因此，无论是家长还是孩子，在对待考试时，都应保持一颗平常心，以一颗平常心来对待考试，则考试会由一种压力变为一种潜在的动力。

轻松应对考试

在孩子们考试时，常常可以发现这样的现象：考试前心神不定，精神极度焦虑，记忆力下降，思维迟钝；考试时感到头脑出现空白，思维能力降低，手足无措，心慌意乱，难以控制自己的情绪和思维，对考不好的严重后果感到恐惧。我们都知道，在考试前，如果心情十分紧张的话，会影响考试的发挥，甚至会严重到失常的地步。当孩子在考试中求胜的动机过于强烈并产生了极度紧张的心理时，对考试成绩的担心会严重干扰和分散考生在解决问题时所需要的思考力和记忆力，并且在考试中稍遇困难，就会引起恐慌。特别是当有那么几次考试失利的阴影后，这类考生容易建立起消极的条件反射。他们十分担心再次考试的失败。可越是怕失败，心理状态越不稳定，反而越容易失败。因此，考试焦虑与孩子的考试成绩有极显著的相关关系，焦虑水平越高，考试结果就越不理想。由于高度焦虑，使得大脑的兴奋中心偏离了应该使注意力集中的中心，即考试内容，而转移到所担忧的问题上去了，对考试的内容与操作行为造成了压抑，结果导致考试达不到本应发挥的水平。

如果遇到这种情况，家长应帮助孩子调整心态，让他们明白一时的失利并不代表学习能力和水平的高低，经过努力一切都会改变的。而且家长在行为和语言上都应表现出对这次成绩的失利并不看重，使他们不会形成心理阴影。当然，整体的导向是使孩子考出好的成绩，这种缓解孩子压力的意图，不能扩大到让他们觉得考好考坏一个样，若是这样的话，就会适得其反了。因此，家长心中应形成的一个意识就是，孩子在考前紧张的情绪会降低学习效率，消极的情绪会影响考试成绩，而积极的、良好的情绪可以提高学习成绩。而考前学生有点紧张、焦虑也很正常，不要看得太重。这样，便可以在这种平和心态的基础之上，以稳定的心理对待考试，而不至于考试的时候紧张得无所适从了。

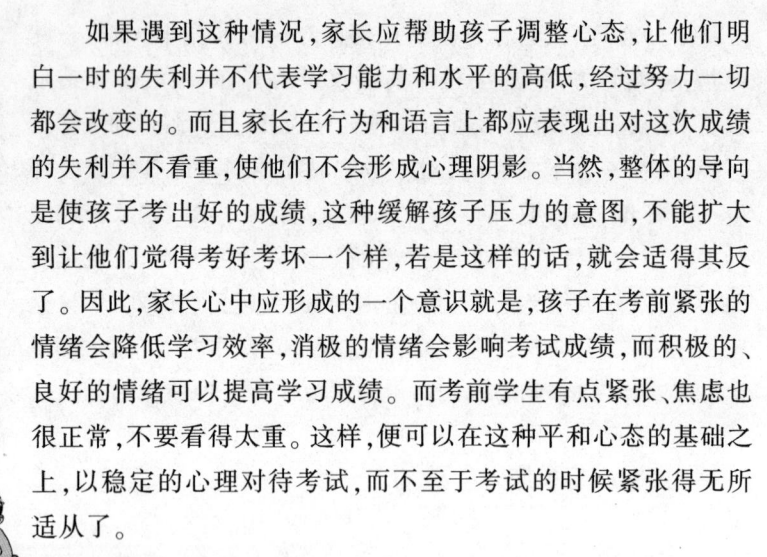

家长对策

1. 教会孩子深呼吸放松法和想象放松法

深呼吸法是指闭上眼睛，鼻式呼吸，缓缓吸气，徐徐呼出，这可以使自己心平气静。想象放松法是指通过自己对某种活动或自然现象的想象，转移对考试的焦虑，例如想象天上下着细雨，感觉雨水淋湿自己的身体，想象毛毛细雨可以使自己清醒，感觉细雨冲刷了自己的紧张、疲惫。

2. 让孩子保持自己的生活节奏

考试之前孩子应该像往常一样作息，不需要早睡或是休息过多，否则会打破自己的生活、心理节奏。有的同学在考试前一天八九点钟就上床睡，反而睡不着。睡不着，心里就着急，越着急越睡不着，这样会影响自己的休息，也会影响自己的心情。

3. 让孩子正确处理好考前行为

孩子在考前等待中最容易产生焦虑情绪，因而孩子去考场不宜去得太早，一般提前15分钟为宜。另外，告诉孩子，进入考场前不要再翻阅书籍，否则发现一些自己尚未记住的内容会越发令人感到紧张不安。打开考卷后，先让身体放松，等心里慢慢平静下来后，再开始浏览及答题。

> 只有满怀自信的人，才能在任何地方都怀有自信，并实现自己的意志。
> ——（俄）高尔基

第41法：没有过不去的坎儿
——自信地面对每一次考试

面对考试，往往是那些心态稳定、心理素质较好、充满自信的孩子发挥得比较充分，而我们也总听一些孩子说"再给我考一次就能做出来了"、"就差那么一点"之类的话，正是自信心的不足使他们在考场中败下阵来。

小泽征尔是世界著名的交响乐指挥家，年轻时他去欧洲参加世界优秀指挥家大赛，在进行前三名决赛时，他被安排在最后一个参赛，评判委员会给他一张乐谱，他全神贯注地指挥一支世界一流的乐队演奏。突然，他发现乐曲中出现了不和谐的地方，开始他以为是演奏错了，就让乐队重奏了一遍，但仍觉得不自然。他觉得是乐谱有问题。这时，在场的作曲家和评委会的权威人士坚持说乐谱绝对没有问题，是他错了。面对几百名国际音乐大师和权威,他不免对自己的判断产生了动摇。但是,他考虑再三,坚信自己是正确的,于是大吼一声:"不!一定是乐谱错了!"喊声刚落,评委们立即起立向他报以热烈的掌声。原来,这是评委们精心设计的一个圈套,以此来检验指挥家在发现乐谱错误并遭到权威人士"否定"的情况下,能否坚持自己的正确主张。前两位参加决赛的指挥家虽然也发现了错误,但终因随声附和权威们的意见而被淘汰。小泽征尔却因充满自信而摘取了世界指挥家大赛的桂冠。

在小泽征尔的事例中,我们看到的不仅仅是他对音乐热情洋溢、精湛绝伦的演绎,更有那种与生俱来、笃定执著的自信。莎士比亚说过:"自信是走向成功的第一步,缺乏自信即是其失败的原因。"面对考试的孩子,如果有充分的自信,能正常甚或超常地发挥自己的水平,那么在考试中取得理想的成绩就没有问题了。

自信是考试成功的最好武器

自信是使人保持心理稳定的重要条件,自信心是战胜失败的精神力量。当然自信是建立在自己的功课扎实之上,通过刻苦学习,运用正确的方法,基础知识和技能学得扎实,有了相当的实力,才能够充满自信。在考试中即使遇到难题、怪题,也不畏惧,相信对自己困难的,对他人同样困难,就是说,在考试面前人人平等,我难他也难。只要相信自己的能力,静下心来思考,尽可能发挥自己的能力,尽可能从难题中取得分数,就会获得较好的成绩。因此,孩子拥有自信是取得较好成绩的关键,自信能唤起孩子强烈的学习动机、浓厚的学习兴趣、积极的学习态度。孩子越自信,学习就越起劲,学习成绩就越好。如果一个孩子从出生的那天起,他(她)听到的声音就是"你怎么这么笨"、"你啥都干不了"之类的话，那么这个孩子长大以后几乎可以肯定是没有出息的，因为他们的自信心从刚开始就被扼杀了。

信心是成功的精神保障。同时，信心也是建立在实力基础之上的，对考试抱以过高的目标也会挫伤自己的信心。信心来源于实力，所以孩子应该全面掌握知识，不要存侥幸心理，要抓住重点，重视自己学习中的薄弱环节，只有自己最薄弱的地方得到加强，自己心里才更有底气。每一个孩子都可能会遇到考试受挫的情形，对这种情况正确的对策是要面对挫折，相信自己有能力转败为胜。古人说"胜败乃兵家常事"，偶尔一次的挫折是正常的，从反面来说这也并不是一件坏事，只有经得起失败的挫折，才能够敢于面对失败，通过接受失败的教训，最终使自己转败为胜。

自信心需要培养

自信心并不是遥不可及的，对一般的孩子来说，在考试中正常发挥自己的本领是可以训练的。我读高中的时候，有位同班同学在这方面深有体会。他在第一年的高考中，由于过于紧张，考试落榜了。他又复读了一年。在复读的过程中，他着意培养自己的自信心，把每一次平时的考试、测验都当作是对自己的考验。他的经验是只要把每一次大考、小考都当作是高考，那么适应了这种氛围之后，在最后的考试中就不会感到紧张，也能发挥自己的正常水平了。摆脱缺乏自信的消极心理，可以采取许多办法，比如孩子可以经常找一些关系要好的、考试成绩不佳的同学聚在一起，每个人敞开自己的心扉谈自己学习的苦经，谈受到的压力，谈老师、同伴、家长对自己不正确的态度。在这样的心情交流中，你会感到自己的状况不是独一无二的，从而减轻了恐惧感，也减轻了情绪压力。再在家长的帮助、指导下，便会走出学习的困境。伴随着这种调整，孩子也会逐渐对自己产生信心。

确立信心，也要求孩子以积极的态度主动迎接考试。这要求平时孩子对基础知识和技能有一定的积累，打有充分准备的仗，才能做到胸有成竹。另外，孩子也要对考试有正确的认识，考试只是学习过程的延续，是对平时学习成果的一个考量和测试。平时学习刻苦、知识积累充分是考试成功最主要的决定因素，其他因素都是一种偶然的因素，对考试的影响并不起最终的决定作用。在这样认识的基础上，孩子便可明白只有定期考试，才能不断丰富知识，提高学习水平。尽管考分在事实上有决定孩子前途命运的价值，但考分的多少是与自己的准备密切相关的，只要充满信心，不被考试牵着鼻子走，做好打主动仗的准备，把握好考试还是可以达到目的的。

家长对策

1. 增强对孩子自我效能感的培养

自我效能是指人对自己能否成功地进行某种成就行为的主观推测和判断，包括自我暗示，而正面的内在言语的积极自我暗示，对于考前和考场心态的调适作用很大。如经常教育孩子对自己说"我一定能行"、"我一定能考出好成绩"、"我一定能控制住自己"等，而不要总是去想如果考得不好会出现的不良后果。

2. 提醒孩子不要过多去想已考完的考试

考完一门之后，家长应特别提醒孩子，一门考完以后就不要再去想它，更不要跟同学对题，或给自己任何消极的暗示。如果孩子老惦记着哪道题可能答错了，那就会使他们的自信心受挫，会影响下一场的考试。因此，家长应让孩子树立考完一场就是胜利一场的观念，抱着必胜的信心去投入下一场考试。

3. 帮助孩子树立信心

在考过了几门的情况下,有些孩子对前面考试的成绩不很满意,便对后面的考试丧失了信心,会存在破罐子破摔的心理,也有干脆缺考的现象,这样的现象是屡见不鲜的。其实,只要后面的考试把握好,仍然是有扭转局面的机会的,而且觉得考得不好可能只是一种心理的作用,不见得前面的考试就那么差。因此,这种时候,家长应该为孩子打气,使他们克服后半场急躁的心理,还有一半的机会,仍要一分一分地争取。

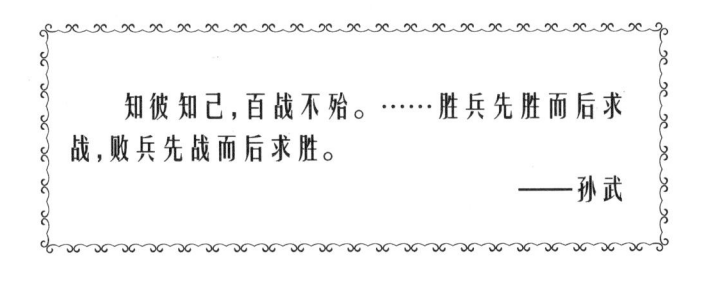

> 知彼知己,百战不殆。……胜兵先胜而后求战,败兵先战而后求胜。
>
> ——孙武

第42法:上天偏爱有准备的头脑
——充分做好考前准备

我们经常听说一些考生忘带身份证、准考证,或是没睡好觉、发挥很差的事情,这就属于临考之前准备不够充分的情形。在一定意义上,准备不充分的考试,就等于失败了一半。

南北朝末期,杨坚逼迫北周年仅九岁的小皇帝让位,建立了隋朝,当时中国出现了隋朝与突厥、陈国对立的局面。杨坚利用突厥的内部矛盾,使突厥投降了隋朝。之后,杨坚便全力谋划灭陈。为了对付陈,杨坚做了充分的准备。一是根据情况变化,灵活确定战略打击目标。隋本来准备先灭陈，但因突厥大举南下，随即改为北攻南和、先北后南的方针，力避两面作战，以集中兵力打击主要敌人。二是军政并举，对陈先以外交等手段，使之麻痹松懈，继之以军事手段使其疲惫消耗，在条件成熟时突然集中兵力给以打击，使陈迅速土崩瓦解。为了灭陈，从战争未开始之前就派人经营江北要地，多次讨论灭陈的办法，并制订战略计划，根据渡江作战需要，大造舰船，训练水军，保证了渡江作战的顺利进行。至于陈朝的失败，其原因是多方面的，政治上腐败不堪，军事上麻痹松懈，最重要的原因便是战前无准备、战中无定策，在强大而又准备充分的隋军突然打击下土崩瓦解，兵败国亡也就成为必然的结果。这样，杨坚便结束了西晋以来长达300年之久的分裂局面，使中国重新归于统一。

一场考试的充分准备如同一场战役的充分准备，也有十分重要的作用，只有考前充分地准备，才会在考场上轻松自如、游刃有余，并获得理想的考试成绩。

做好必要的工具和交通准备

为了不在考试的时候慌慌张张地找笔、抓草稿纸、吸墨水等等，浪费宝贵的考试时间，就需要孩子在入考场前，仔细检查携带的文具、手表等，确保它们的可用性和准确性。有些粗心的孩子在这些方面不太注意，结果上了考场才想起笔没带或是写了一会儿笔就没水了，结果在考场上叫天不灵、叫地不应的。这种情况就是太不应该犯的错误了。

因此，在考试之前，孩子应该多备几支笔，所有的笔都应当书写流利，以保证思路不被打乱，最好再准备两三支备用笔替换。万一发现忘带了什么文具不要慌张，可以举手向监考老师请求帮助。另外，最好是家长备一个必用物品的单子，在临考之前帮孩子检查一遍,以免进了考场之后才发现少拿了东西,这对心理素质不够稳定的孩子来说,影响是十分大的,不仅影响到答题的思路,也会影响到他们的考试心态。

另外,交通情况也是家长和孩子在考试之前应该十分注意的一个问题。当年我们高考的时候,就有一个同学因为家住得离考场远了一点,也没有公交线路可以直达,所以就自己骑自行车过来考试。结果考完第一天回家的时候,因为思路仍然集中在考卷上,在过马路的时候不留神,被一辆面包车撞翻在地,不但没能参加后面的考试,而且还在医院住了一两个月。后来每当说起这件事,都后悔得不能自已。因此,孩子在赶考途中走错考场或遇到交通堵塞,最好的办法是找交警,并出示自己的准考证,寻求帮助。为预防这一情况的发生,考生和家长最好先到考点考察周边环境,计算到达考场所需的时间,并提早出门留出时间。考前家长和孩子也要先尽量熟悉考场周边的环境,特别留心哪里有出售文具、饮料以及其他应急物品的,以备不时之需,在万一进错考场或找不到自己的考场时,考生要马上拦截出租车等赶往考点。考场的入口会有老师查准考证,一旦发现有误要及时向他们求助。

做好答题前的准备

有的孩子试卷到手后,为了节省时间,便匆匆开始答题,这种做法是不可取的。因为,在考试中注意力是十分集中的,万一在考后忘填涂答题卡,忘了写上自己的考号和名字,那么一切的努力岂不白费了。另外,也存在试卷和答题卡缺漏的情形,万一在考前没有检查好,这些遗漏的题就成了考试失败的伏笔。因此,在拿到试卷后,要先涂卡,填好姓名、报考号后,立即审阅试卷共几页几题,是否有漏页漏题或者印刷模糊、分辨不清地方,如果有,则立即向监考老师要求换卷。

在填涂选择题答案时,孩子也要特别注意对准题号。因为填错一个就可能导致后面题目的连环错误,造成很大损失。试卷答完后,切勿马上交卷,应仔细检查,包括错别字改正、整理试卷顺序、核对姓名、考号等。拿到考试试卷也要先浏览一下试卷,熟悉一下试卷的内容。有孩子和家长认为刚入考场时头脑比较清醒,应先做难题,事实并非如此,因为先答难题,导致神经过度紧张,对于下面的一些容易题在心理上也就不敢轻易下手做,这样是很有危害的。

另外,在试卷上不应留有空白。即使碰到不会做的题,也应该写上一些关键词或者是公式、相关论证等,评卷老师可能会酌情给分。如果一片空白的话,毋庸置疑,肯定是零分,这种加分的可能性也就没有了。

家长对策

1. 保持好孩子的身体状况

身体状况良好是参与考试的前提,只有良好的体能,才能保持最佳的精神状态,只有精神饱满,思维才能活跃,临场才能以充沛的精力和体力一搏。此时,家长应采取措施避免孩子拼命挤时间苦学,以免导致睡眠不足、体质下降。另外,考前也要保证孩子充足的睡眠,注意体育锻炼,做到劳逸结合。家长还应为孩子提供合理的饮食,提高食品的营养和质量,以合理的食物结构来促进孩子身体健康状况的提升。

2. 引导孩子正确估计自己

在考试过程中,自我估计过高可能导致盲目乐观,首场考试即遭挫折,转而产生考试焦虑;自我估计过低则可能导致悲观情绪,未上考场考试焦虑就已存在。家长应针对孩子的情形,采取不同的措施,对有悲观情绪的孩子采取鼓励的策略;对比较自负的孩子,要在不打击其积极性的前提下,适当为他们泼点冷水。

> 谨慎比大胆要有力量得多。
> ——(法)雨果

第43法:谨慎细致
——应在考试中做到仔细审题

我们经常听见有人被形容为"粗心大意"、"粗枝大叶",犯一些常识或是低级的错误,如果这些错误发生在考场上,那么一个孩子许许多多的心血都会因为这些不应犯的错误而付诸东流了。

生活中我们经常用"马虎"来形容办事草率的人,可是大家知道这个故事还有个非同寻常的来历吗?宋朝时京城有一个画家,作画时往往随心所欲,令人搞不清他画的究竟是什么。有一次,他刚画好了一个老虎头,碰上有人来请他画马,他就随手在虎头后画上马的身子。来人问他画的是马还是虎,他答:"马马虎虎!"来人不要,他便将画挂在厅堂。大儿子见了问他画里是什么,他说是虎,小儿子再问他却说是马。不久之后,他的大儿子外出打猎,把人家的马当老虎射死了,这个画家不得不给马主赔钱。他的小儿子外出碰上老虎,却以为是马而想去骑一下,结果被老虎活活咬死了。画家悲痛万分,把画烧了,还写了一首诗自

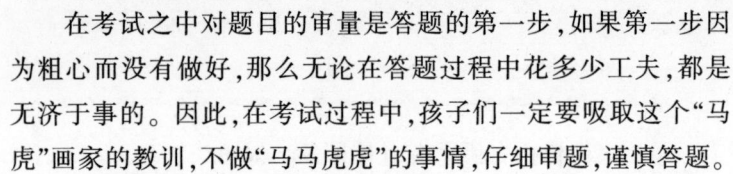

责:"马虎图,马虎图,似马又似虎,长子依图射死马,次子依图喂了虎。草堂焚毁马虎图,奉劝诸君莫学吾。"从此,"马虎"这个词就流传开了,成为我们形容那些粗枝大叶的人的专用词语。

在考试之中对题目的审量是答题的第一步,如果第一步因为粗心而没有做好,那么无论在答题过程中花多少工夫,都是无济于事的。因此,在考试过程中,孩子们一定要吸取这个"马虎"画家的教训,不做"马马虎虎"的事情,仔细审题,谨慎答题。

审好题目,提高答题质量

审题是考试取得理想成绩不可缺少的环节,审题就是指审阅推敲试题的含义,从题目本身的文字中了解题目的内容和要求,从而判断试题的类型、确定答题的中心和选择答题的材料。

我们知道,每个问题都有设问的关键词,比如说"分析"、"论证"、"理解"、"评价"等等,虽然这些词在一个问题中不占多少内容,但它们往往包含着题目的某种性质,暗示着答题的方向,把握住这些关键字词,也就掌握了准确理解题意的钥匙。反之,就会造成审题上的失误。例如有一年高考的语文试题,要求以"假如记忆可以移植……"为话题写一篇作文,这个话题中的"移植"、"记忆"等词语便是我们所说的关键词,那年高考就有不少孩子将"移植"与"恢复"混为一谈,将"记忆"与"身份"、"地位"联系了起来,这便是对试题的曲解,没有审好题目就盲目下笔。我们把设问中的这种关键词称作题眼,在审题的时候,首先要明确题眼,从中寻找答题思路,力求避免答非所问,从而提高答题的方向性。

因此,孩子在考试中审题时首先要审好试题的题型,比如问答题主要有叙述、分析、比较、论证、评价题等类型,而不同类型的试题各有不同的要求,熟悉和掌握试题的不同类型和要求,有针对性地回答问题是取得较好成绩的前提。另外,一个问题往往可从不同的层次、不同的角度来进行分析。但学生在答题过程中常常只抓住一点花费大量的时间和笔墨进行分析，而遗漏了许多应答的内容，这样便会出力而不讨好，失分较多而自我感觉良好。所以学生在审题时应明确问题的层次，答题时再层层分析，从而提高答题的全面性。

审好出题意图，紧紧把握考试得分点

在平时的考试中，我们常常会看到有些孩子在回答问题时写了很多，用他们自己的话是"手都写麻了"，但是答非所问，得分很低。造成这种状况的很大一部分原因就是没有弄清楚命题的意图，没有把握住试题的得分点，而做了许多无用功。

审好出题意图，就是孩子们在审题时应该思考命题老师出这个题目的用意，他们想考查哪个知识点，检测哪种能力，是一种针对性的题目，还是一种综合性的题目，这些都需要孩子在答题之前予以明了。我们从出题者的角度进行考虑，肯定是他们在想好了考查什么内容之后，有针对性地选择题，命题者对试题的形式、内容和材料等都必须在考试要求的范围内，而且难度和做出一道试题的平均时间也都是他们要考虑的问题，因此命题人的出题范围也是很窄的，命题的内容和形式应该都是服务于命题意图的，孩子审题、答题的过程，应该是对出题的一种相反过程。孩子先看到的是题目的内容和形式，然后根据题目的内容形式确定答题的内容，答题的内容只有与命题的意图重合才有可能得分。如果孩子能看到题目首先想到命题老师出题的意图，那么把握这个问题就容易多了，根据出题意图分析题目的得分点，那么答题内容就会正确全面，失分也就不可能很多了。

一个需要孩子们在答题时注意的问题就是答题思路要开阔，现在许多试题把难度放在了综合性上面，可能一个试题考

查了不同章节的内容,甚至有的题目考查跨科的知识,如果在答题时只注意一个方面,想得高分是很难的。比如有一个考试题目是这样的:美国为什么插手中东地区事务,如何插手?这道题就既考查了政治方面的内容,又考查了地理方面的内容,如果只把它当做政治题来答的话,得分就不会很高了。

因此,审题时孩子应注意审好题目的范围,这是审题的重要环节。范围是指问题所涉及的时间、空间、人物、事件以及在分析、论述时应涉及的论点、论据和知识,也就是要审清试题的具体要求,找到答题的广度和深度。还要审好题目的重点,审重点就是分析试题要考查的方向,试题所问的方式、角度、侧重点不同,回答的重点也应不同。以冷静、细致、清醒的头脑,迅速梳理知识,抓住要点,然后精心作答,才能取得良好的成绩。

家长对策

1. 平时训练孩子全面、细心地从题目中获取信息

家长可以在平时给孩子出些小题目,为一个题目设计一些有针对性的隐蔽条件,让孩子在进行回答时对题目中关键性的词语要多加思考,搞清含义,对特殊字、句、条件可以着重理解。平时有目的地锻炼,会让孩子在考场上有条不紊地答题,而不会出现审题不清的现象。

2. 训练孩子的思考方式

平时孩子们学到了许多知识,上了考场之后可能会遇到不知该用什么知识回答问题的情况,就会导致偏题或是抓不住重点的现象。家长可以针对孩子的特点,在哪些题目上总是不知所措,就在哪方面多倾注点精力。按逻辑顺序为他们设计题目,充分挖掘他们大脑中所有储存的知识信息,准确思考、全面思考、快速思考,分析出解题的思路和方法。

第九章　现代学习方法

> 网络革命对人类进步的影响，至少相当于，甚至超过书本对人类文明发展的意义。
> ——（美）比尔·盖茨

第44法：善用百宝箱
——充分运用网络资源

网络(Internet)是一个信息的海洋，它包含了整个人类的智慧，被人赞喻为"全人类的大脑"。所以在学习中如果能充分利用网络，将会令你的学习事半功倍。

网络上的资源不但丰富，而且比起传统的图书馆，它最大的好处就是检索方便快捷。如我上次做课题的文献综述时，因为要参考许多外国的文献资料，而且有一些文献只知道题目和作者，发表的时间及刊物却并不知道。因此，如果去图书馆中查询也很困难，因为图书馆中的查询系统一般只能查询到书名，而对于杂志中的某一篇文章就比较困难了。但是，利用

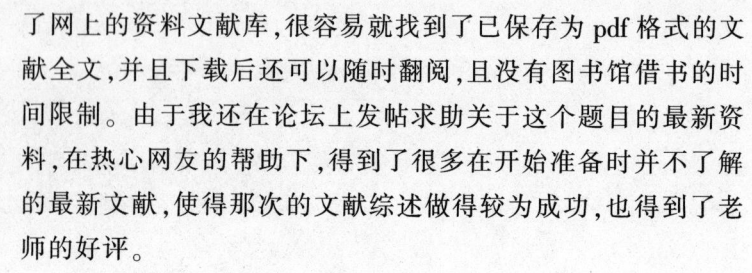

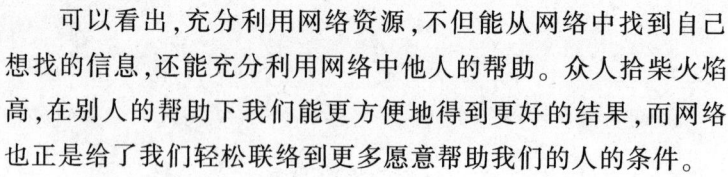

了网上的资料文献库,很容易就找到了已保存为 pdf 格式的文献全文,并且下载后还可以随时翻阅,且没有图书馆借书的时间限制。由于我还在论坛上发帖求助关于这个题目的最新资料,在热心网友的帮助下,得到了很多在开始准备时并不了解的最新文献,使得那次的文献综述做得较为成功,也得到了老师的好评。

可以看出,充分利用网络资源,不但能从网络中找到自己想找的信息,还能充分利用网络中他人的帮助。众人拾柴火焰高,在别人的帮助下我们能更方便地得到更好的结果,而网络也正是给了我们轻松联络到更多愿意帮助我们的人的条件。

网络可以带给我们什么

人机交互、立即反馈是计算机和网络的显著特点,是任何其他媒体所没有的。

在现在的网络中有许多优秀的网络教学资源库和网站,里面包含有各种媒体的素材、课件、试题库和自习中心等,并且我们都可以很方便地获取。利用网络可以让我们更轻松地自学,还能够足不出户得到名师的指导和讲解。

在专门的论坛中还能找到很多志同道合的学习同伴,大家一起学习,交流经验和学习方法,互相鼓励,互相帮助,也能解决现在独生子女在放学回家后独立学习困难,苦于无人交流的问题。在现实社会中,确实有许多孩子因为父母忙于工作,又没有兄弟姐妹,放学后许多作业上的问题没有人可以商量,导致成绩欠佳,而失去了学习的兴趣。这一点上,网络可以说是最好的解决办法。

网络上的资源极为丰富,除了课堂上的学习资料外,课外的资料在这里更是随手可得,学生可以随意浏览自己喜欢的内容,开阔他们的视野,培养他们的兴趣。老师和家长如果能在孩子不太感兴趣的科目中找一些能激发孩子兴趣的内容,也能帮助他们克服偏科的问题。

事实上,许多学校也越来越注重网络的教育和联系作用。通过网络,学生可以很方便地与老师在课后取得联系,及时解决他们在作业、预习和复习中遇到的问题。

怎样利用网络资源

网络上的资料是非常丰富的,但如果缺少好的方法和工具的指导,也很容易迷失其中,找不到自己需要的东西。

首先,应该充分利用网上的搜索引擎。在浩如烟海的资料中要迅速准确地找到自己所需的材料,搜索引擎是必不可少的工具。现在也有很多很出色的搜索引擎可供使用,如比较出名、使用较多的有google和百度这两个。一般说来,google的搜索范围更大,搜索结果的命中率也较高,尤其还提供了多种专用工具,更方便了用户的使用。google是国外网站,对外文资料的搜索获取已经做得非常好了,比较而言,对中文资料的检索效果就要略逊一筹,而这点正是百度的优势所在。百度作为一个国内的搜索引擎,一直致力于成为全球最大最好的中文搜索引擎。所以外文资料用google、中文资料用百度是个不错的搭配选择。当然,网上还有许多其他不错的搜索引擎,找一个最适合自己习惯的熟练使用就好了。

其次,搜索的时候也要注意一些搜索技巧,如关键字的选择。将要查询的整个题目都进行搜索也许很难找到完全匹配的材料,而许多类似的、对你有帮助的材料也会被漏掉,因此我们就要选取题目中适当的关键字进行查找,这样才能更快速、更准确、更全面地找到所需的资料。关键字设定太少,查到的资料会过多,难以找到真正适合自己需要的;设定得太多,结果又会寥寥无几甚至完全没有。所以我们应该选出最能体现题目宗旨的几个关键字,一般不要多于五六个,并按照之间的关系,正确选取"与"和"或"的关系,以提高命中率。

还有,选择一个好的学习论坛对自己的帮助也是非常大的。网络上有各种各样的论坛,也有很多专门的学习论坛。其实一个论坛就和一个班级是一样的,根据自己学习的进度和科目可以选择一个特定的论坛,这样就能找到很多一起学习的朋友。在学习上遇到的问题都可以在论坛中发帖提出来,一般论坛的版主都会努力解答疑问的,而且还有许多热心的网友会帮忙,你也可以解答别人提出的问题,这样也会交到很多朋友。

家长对策

1. 帮助和监督孩子对网络的使用

对于孩子来说,网络最大的问题也是它的优越性所带来的,因为网络上的东西实在太多,孩子也很容易迷恋一些与学习无关的东西,反而耽误了真正的学习。现实中这样的情况很常见,如2000年华东理工大学对237名学生做出试读、留级或退学的处理,其中有30多人被退学。学校对这些学生进行调查发现,这些学生中超过80%平时过度沉湎于电脑娱乐。所以家长应该帮助和监督孩子对网络的使用,因势利导,树立正确的网络学习观,并指点迷津,培养网络学习能力,使孩子能真正善用网络而不为网络所误。

2. 家长要提高自己的网络应用水平

家长自己也要努力提高自己的网络应用水平,才能做到在孩子使用网络时能真正帮助并监督他们学习。

> 君子生非异也，善假于物也。
>
> ——荀子

第45法：使用好多媒体工具、便携式视听工具

多媒体工具和便携式视听工具包括了如 walkman、CD、复读机、电子辞典以及最近发展很迅速的电脑上使用的多媒体教学软件等，它们区别于传统的书籍，给学生的学习过程带来多方面的刺激，以便更好地帮助他们学习。

也许对上一代的人来说，现在学生所拥有的各种多媒体工具是他们曾经不敢想象的，也是他们最为羡慕的。那么怎样才能充分地利用各种多媒体视听工具呢？

20世纪90年代以来，多媒体技术迅速兴起，蓬勃发展，其应用已遍及国民经济与社会生活的各个角落，正为人类的生产方式、工作方式乃至生活方式带来巨大的变革。特别是由于多媒体具有图、文、声并茂甚至有活动影像这样的特点，所以能提供最理想的教学环境，它必然会对教育、教学过程产生深刻的影响。这种深刻影响可以用一句话来概括：多媒体技术将会改变教学模式、教学内容、教学手段、教学方法，最终导致整个教育思想、教学理论甚至教育体制的根本变革。多媒体技术之所以对教育领域有如此重大的意义，是由于多媒体技术本身具有许多对于教育、教学过程来说特别宝贵的特性与功能，这些特

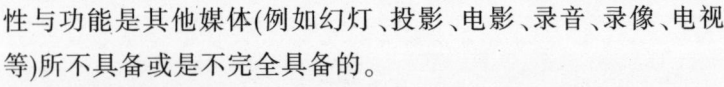

性与功能是其他媒体(例如幻灯、投影、电影、录音、录像、电视等)所不具备或是不完全具备的。

多媒体工具提供的外部刺激不是单一的刺激,而是多种感官的综合刺激。这对于知识的获取和保持,都是非常重要的。实验心理学家特瑞赤拉(Treicher)做过两个著名的心理实验,一个是关于人类获取信息的来源,就是人类获取信息到底主要通过哪些途径。他通过大量的实验证实:人类获取的信息83%来自视觉,11%来自听觉,这两个加起来就有94%。还有3.5%来自嗅觉,1.5%来自触觉,1%来自味觉。多媒体技术既能看得见,又能听得见,还能用手操作。这样通过多种感官的刺激获取的信息量,比单一地听老师讲课好得多,信息和知识是密切相关的,获取大量的信息就可以掌握大量的知识。他还做了另一个实验,是关于知识保持即记忆持久性的实验。结果是这样的:人们一般能记住自己阅读内容的10%,自己听到内容的20%,自己看到内容的30%,自己听到且看到内容的50%,在交流过程中自己所说内容的70%。这就是说,如果既能听到又能看到,再通过讨论、交流用自己的语言表达出来,知识的保持将大大优于传统教学的效果。

多媒体工具对学生学习的影响

多媒体工具的运用效果最根本的还是为了克服传统教学单一的、枯燥的课堂教学模式,构建丰富多彩的复合型的符合学生认知规律的新的教学模式,优化教学过程。它对学生学习的影响主要有以下几点:

(1)归还了学习者的主体地位。把"以教师为中心,以课堂为中心,以书本为中心"的"三中心"向"以学生为中心"转化,学生真正成为学习的主人。从课堂上的教师以教代替学生的学,开始向教师指导学生的学习、学生主动学习的方向转化。在传统的教学过程中一切都是由教师决定。从教学内容、教学策略、教学方法、教学步骤甚至学生做的练习都是教师事先安排好的,学生只能被动地参与这个过程,即处于被灌输的状态。而在多媒体工具的交互式学习环境中学生就有了主动参与的可能。按认知学习理论的观点,人的认识不是外界刺激直接给予的,而是外界刺激与人的内部心理过程相互作用产生的,必须发挥学生的主动性、积极性,才能获得有效的认知,这种主动参与性就为学生的主动性、积极性的发挥创造了很好的条件,即能真正体现学生的认知主体作用。

(2)激发了学习的兴趣。多媒体技术的运用可以大大提高课堂教学的效率。它借助于图像、动画、声音等形式,将学习材料及辅助资料演绎得声情并茂、出神入化,处理得形象直观、生动逼真,能够极大调动学生的学习积极性,激发他们的学习兴趣和探究知识的良好动机。捷克教育家夸美纽斯指出:"兴趣是创设一个欢乐和光明的教学环境的主要途径之一。由兴趣产生动机,由动机到探索,由探索到成功,在成功的喜悦中产生新的兴趣和动机,可以推动学习不断成功。"

(3)多媒体工具可以演示知识的发展过程,揭示教材中所蕴涵的思想方法。它可以使新课在一定的故事情境中自然导入,使抽象的教材内容形象化、拟人化,使学生在赏心悦目、快乐轻松的气氛中不知不觉地接受新知,具有很强的启发性,符合学生的认识规律。心理学研究表明:"外部刺激,当它唤起主体的情感活动时,就更容易成为注意的中心,就能在大脑皮质上形成优势兴奋中心,从而强化理解和记忆。相反,则不能唤起情感活动,主体必然对它漠不关心。"积极的情感体验往往是由具体的情境所决定的,生动良好的教学情境对学生具有巨大的感染力、感召力。

(4)多媒体技术改变了单一的认知情境。信息技术的应用,使以往单一的教学认知环境变得丰富,多媒体工具为学生提供形象、生动的直观材料,有效地改善了认知环境,创设了思维情境、迁移情境。

家长对策

1. 要帮助孩子选取好的多媒体工具

有的多媒体课件粗制滥造,不但效果不好,还出现了知识性、科学性错误,这样不仅达不到使用多媒体工具的目的,反而会以讹传讹,贻害孩子,贻害社会。

2. 帮助孩子成为学习的主动者

多媒体工具的应用应该使孩子成为学习的主动者,这才是多媒体的最大优势所在。如果多媒体的使用只变成看电影一样,一闪而过,走马观花,那和普通的学习并没有什么区别。

3. 让孩子明白多媒体只是辅助性学习工具

还需要注意的是,不能因为多媒体工具、便携式视听工具而使孩子忽视了老师课堂教学和讲解以及平时预习复习的作用。这些工具说到底还只是辅助教学的工具,只是借助于多媒体这种工具,以达到提高学习效果的目的,不能因此本末倒置。

工欲善其事,必先利其器。

—— 孔子

第46法：运用通讯手段进行学习

运用通讯手段学习是指平时和老师面对面教学所不同的一种学习方法，它的特点是学习的两方不在同一地点或同一时间，而是借助各种通讯工具来进行交流，开展学习活动的一种学习方法。

利用通讯手段进行学习作为人类资源发展与共享的一种补充形式，可谓由来已久：从美国人考尔莱勃·菲利普斯、英国人艾萨克·皮特曼用邮寄的方式教授速记（前者为1728年，后者为1843年）到瑞典人以邮寄提供有关写作方面的学习（1883），距今已有近300年的历史。20世纪70年代后，英国开始了被世人公认为"教育史里程碑"的现代远程教育。

中学时我们学校有美国老师教授英语口语，一位老师在回国前留下了他在美国的通信地址，但那时班上大部分同学觉得和他通信似乎对我们初中生来说还是件很困难的事情，并没有在意。而班上一位当时英语成绩并不怎么出色的女同学却通过字典等帮助写了一封英文信寄给了老师，很快她就收到了老师的回信。她很受鼓舞，从此就坚持和老师保持通信联络。由于通信的需要，她对英语学习有了更大的兴趣，而且通信本身也对她帮助很大，不知不觉到了初中毕业时她已经成为学校里英语最好的学生了。后来高中时她就在TOFEL考试中取得了六百二十多分的好成绩，并在那位老师的帮助下获得了美国大学的奖学金出国留学。

除了通信外，还有很多通讯手段都可以用来学习，如利用广播、电视录像等进行学习，还有现在利用网络的远程教育。利用各种通讯手段,对于孩子在课堂以外的学习是十分有帮助的。

通讯手段的运用

在我国,函授教育和电视教学还是相当普及的,全国已有不少专门的教育电视频道和电台,还有很多教育节目在普通电台、电视台中播放。广播电视教学比起传统的学习方式来说,最大的好处就是减少了时空的限制,而且目前我国的广播电视网络已经很普及了,一般都能很方便地收听收看到广播电视的教育节目。而且广播电视的教育节目在收听收看时一般都不用再加付其他费用,相当于不花钱的家庭教师,相当经济实惠。

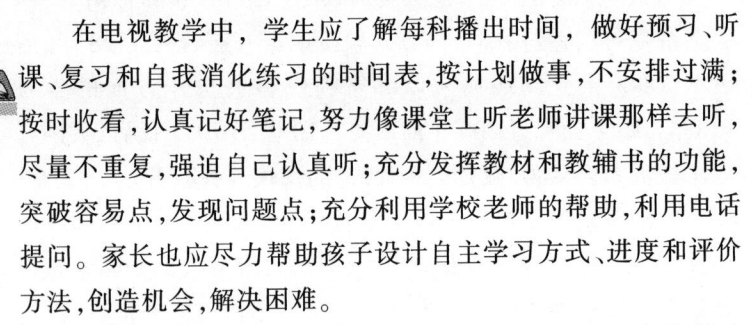

在电视教学中,学生应了解每科播出时间,做好预习、听课、复习和自我消化练习的时间表,按计划做事,不安排过满;按时收看,认真记好笔记,努力像课堂上听老师讲课那样去听,尽量不重复,强迫自己认真听;充分发挥教材和教辅书的功能,突破容易点,发现问题点;充分利用学校老师的帮助,利用电话提问。家长也应尽力帮助孩子设计自主学习方式、进度和评价方法,创造机会,解决困难。

利用通信也是很好的方法,而且通信有特定的对象来帮助你学习,你也能将自己的情况和问题反馈给对方,这样就能更有目的和针对性地帮助自己学习。所以一直以来人们都利用书信来交流学习,如我上面提到的同学,就是不断将自己在英语学习中遇到的疑问和感兴趣的问题告诉老师,这样老师也能更好地帮助她。

和朋友及老师间互通电话、交流学习情况和提出所遇到的问题,这也是我们大家平时最常利用的一个手段,这样方便快捷,可以完全实时地交流信息。

不过广播电视不能直接反馈信息、产生互动,而书信的间隔时间又太长,缺少实时性,这都是它们的弊端所在。网络的出现使得这些问题都得到了很好的解决,它结合了两者的优点,因此网络已经成了现代远程教育的最佳手段。根据网络通讯的教学是否实时,可以分为在线和离线两种。

　　离线教学模式指的是教师通过因特网向学生发送教学材料,学生在接到这些材料后在非上网时间进行学习。主要通过FTP传输相应的教学课件和通过电子邮件方式来进行教学,学生按教师的要求将所需学习的材料下载到本地硬盘上,然后打开课件进行学习,再将作业传到教师主机上,教师批改后送回。这种方式在学习时间上比较灵活,而且节省上网费用。这其实就类似于利用信函进行学习,但由于是通过网络,师生之间传递的信息可以更丰富多样,数据量也更大。虽然离线模式并不是实时的,但它的反馈速度也远远快于传统的通讯方法。

　　在线教学模式就是教师、学生直接通过因特网进行实时教学。上网时,学生可以利用浏览的功能进行学习,也可以通过Internet登录教师主机来进行交互学习,又可以采用实时讨论方式和远程会议方式。在这种教学模式中,师生之间、学生与学生之间,信息是即时传递与反馈的,教师可以直接指导和监督学生的学习过程,并亲自给出教学建议,及时根据学生的反馈信息调整教法,教学效果较好。利用在线教学师生之间可以完全即时地反馈信息,就像平时上课一样,而又免除了集中上课的空间限制,可以说是将网络通讯的优势完全发挥。但要求教师和学生长时间在线。

　　将在线与离线教学模式结合起来可以发挥两种教学模式的优势,是现行远程教育值得采用的一种模式。比如在我国的广播电视大学教学过程中,部分内容可以通过因特网发送给学生,这种发送非常方便灵活,也可以考虑让学生通过对电大主

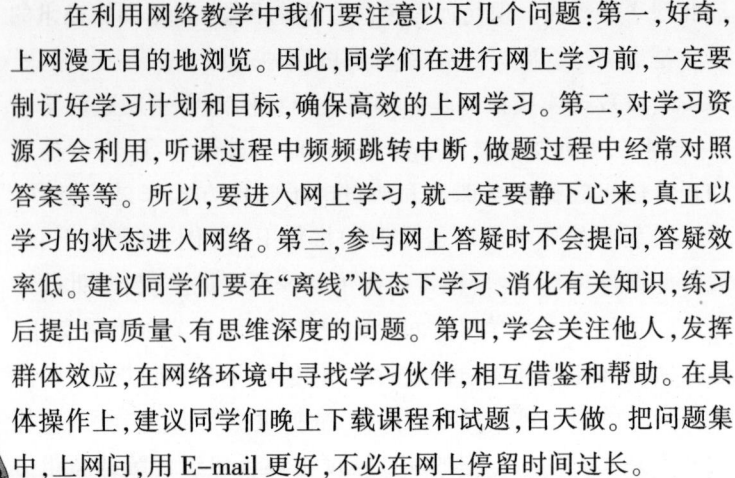

页进行访问及采用电子邮件的方式来传输相应的教学内容。随着硬件环境的发展,将逐步过渡到以因特网为主的教学方式。

在利用网络教学中我们要注意以下几个问题:第一,好奇,上网漫无目的地浏览。因此,同学们在进行网上学习前,一定要制订好学习计划和目标,确保高效的上网学习。第二,对学习资源不会利用,听课过程中频频跳转中断,做题过程中经常对照答案等等。所以,要进入网上学习,就一定要静下心来,真正以学习的状态进入网络。第三,参与网上答疑时不会提问,答疑效率低。建议同学们要在"离线"状态下学习、消化有关知识,练习后提出高质量、有思维深度的问题。第四,学会关注他人,发挥群体效应,在网络环境中寻找学习伙伴,相互借鉴和帮助。在具体操作上,建议同学们晚上下载课程和试题,白天做。把问题集中,上网问,用 E-mail 更好,不必在网上停留时间过长。

家长对策

如上所说的,利用各种通讯手段来学习已经成为现在一个非常重要的辅助学习方法,但是各种方法也都存在着一定的问题。家长在帮助孩子选择使用何种工具时应多加注意。

1. 广播电视虽然普及,但由于它要兼顾到各个层次学生的需要,要播放不同科目和深度的各种教育节目,并不能完全满足特定学生的需要。而且难以反馈交流,学生只能依靠自己来解决遇到的问题,这是它最大的不足。

2. 书信从一开始就是远程学习的一个最重要的手段,但它最大的缺点就是时效性差。即使在邮政事业已很发达的今天,收到回信也常常要等上好几天甚至一个星期,经常因此影响学习的进度。

3. 网络和电话可以做到完全的实时交流,是现在最好的远程学习方式。但电话一般只能单独通话,而且网络和电话都有一个问题就是费用较高。当然,随着技术的不断发展和经济水平的不断提高,上网费用也会继续逐步降低,将来网络一定会成为最适合的通讯学习手段。

可见,根据家庭的实际情况和孩子目前的水平,合理选择最适合孩子的通讯教育方法才是最重要的。

> 处处留心皆学问。
>
> ——俗语

第47法:运用社会科教资源学习

社会科教资源指的是社会上的各种科技场馆和教育基地,如图书馆、科技馆、气象台、天文馆、博物馆、陈列馆、展览馆和主题公园等等。这些都可以帮助孩子进行课外学习活动,以提高他们的综合素质和学习成绩。

在学习中,除了在校内和家里进行的学习活动之外,利用社会上众多的科普教育资源也是提高自己学习成绩,并全面提高自身综合素质的一个好办法。

以前上中学时我对地理这门课不是很感兴趣,认为都是一些死记硬背的内容,很枯燥乏味,而且似乎对将来的升学也没多大帮助。因此在地理课的学习中敷衍了事,成绩也很一般。后

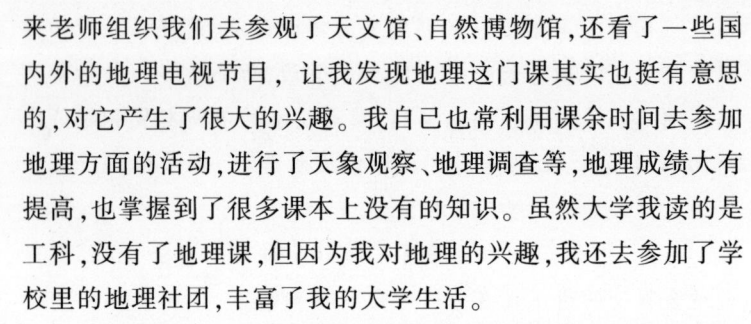

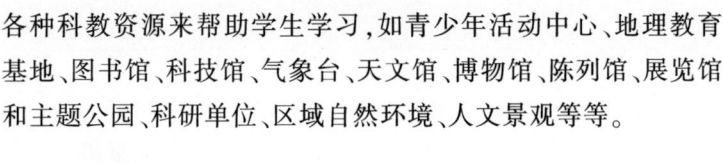

来老师组织我们去参观了天文馆、自然博物馆，还看了一些国内外的地理电视节目，让我发现地理这门课其实也挺有意思的，对它产生了很大的兴趣。我自己也常利用课余时间去参加地理方面的活动，进行了天象观察、地理调查等，地理成绩大有提高，也掌握到了很多课本上没有的知识。虽然大学我读的是工科，没有了地理课，但因为我对地理的兴趣，我还去参加了学校里的地理社团，丰富了我的大学生活。

由此可见，学习不仅仅在课堂内，更应该多运用社会上的各种科教资源来帮助学生学习，如青少年活动中心、地理教育基地、图书馆、科技馆、气象台、天文馆、博物馆、陈列馆、展览馆和主题公园、科研单位、区域自然环境、人文景观等等。

平时怎样利用这些资源

处处留心皆学问，除了我们常去的图书馆、博物馆等地方可以帮助我们学习外，还有很多其他的方法来利用这些资源开展课外活动。

这些科教设施和课堂相比，最大的好处就是趣味性强，能激发起学生的学习热情和兴趣。所以我们也就可以针对自己比较薄弱的科目，来选择适合的场馆，如我以前就是因为常去天文馆和地质博物馆才改变了我对地理课的偏见。所以，对生物课感到棘手的同学可多去植物园、动物园等；想加强自己历史方面兴趣的同学则应该多去一些历史文化古迹、历史博物馆；对艺术兴趣不大的同学可以常去看看各种美术展览、听听音乐会；在物理化学方面没兴趣的同学多参观科技馆和科技发明展览等等。总之，针对自己的弱项，激发起自己对它的兴趣是克服它的最好办法，科教资源在这方面的帮助是非常大的。

另外，对自己感兴趣的科目，有意识地多去参加相关的活动,也能帮助自己巩固所学的知识,并开拓自己的视野,对已学的知识产生新的认识和理解,使我们学得更好更深。

学校怎样运用社会科教资源

学校是学生学习的主要场所,所以学校更应该合理安排学生运用各种社会科教资源,在教学中科学整合"三个课堂",全面推进素质教育。

青岛市重庆路第二小学,在山东省是一所远近闻名的环境教育先进学校。学校充分发挥教育主渠道作用,结合环境教育有计划地组织学生参加课外实践活动。开展周边的生态环境观察、调查赤潮对海水养殖业带来的危害、调查机动车尾气,还组织了社区白色污染垃圾清除大行动、家庭垃圾分类宣传等活动。通过让学生参加以上的实践活动,拉动社区开展环保工作,促进家庭开展节水、节能活动。从而带动了社会、家庭参与和配合学校的教学教育,使学校、家庭、社会达到有机结合,促进了环境与品德教育的教学课程的开展。又如通过对水资源教学课程的开发,老师与学生通过开展对当地水资源的调查,研究海水、雨水对植物生长的影响和淡水资源的短缺、污染状况、水资源的浪费现象,使老师的教学思路拓宽,教学内容丰富,学生们对环境资源有了更深刻的了解和忧虑,促进了老师的积极性,学生的公德意识得到提高。

以上就是一个利用社会资源开展课外活动的很好的例子。在开展这些活动时,我们应注意以下几点:

(1)因地制宜,充实科学教学内容。在城市里各种科普教育场馆比较多,关于科普的书刊杂志和电视节目等也较为丰富,很适宜开展多种多样的活动来促进学习。农村虽远离都市,没有了城市的喧嚣与繁华,但农村的孩子天天与鸟兽虫鱼接触,

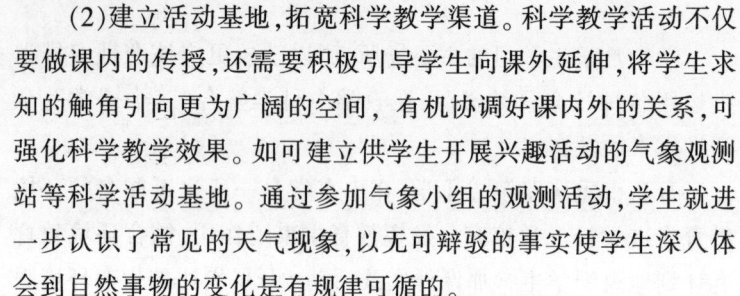

日日与山川草木相伴，生活的内涵一点也不比城里的孩子逊色。所以，利用自身的优势，有意识地调动他们丰富的社会生活经验，发挥孩子们丰厚的感性认识来服务教育，自觉充实教学内容，就能取得意想不到的效果。

(2)建立活动基地，拓宽科学教学渠道。科学教学活动不仅要做课内的传授，还需要积极引导学生向课外延伸，将学生求知的触角引向更为广阔的空间，有机协调好课内外的关系，可强化科学教学效果。如可建立供学生开展兴趣活动的气象观测站等科学活动基地。通过参加气象小组的观测活动，学生就进一步认识了常见的天气现象，以无可辩驳的事实使学生深入体会到自然事物的变化是有规律可循的。

(3)加强与社会和企业的联系。不仅是各种科教场所，社会上的各种企业也能成为学生社会实践的基地。根据学生所学的内容，联系相关的企业，帮助学生在社会实践中运用所学的相关知识，让他们有一个学以致用的舞台。

结合实践活动开展研究性学习，将大大拓展学生学习的空间，为发现和开发多方面的潜能提供更多的可能性。随着学习方式的改革，可以使学生更多地关注社会、融入社会，深入认识学习的价值，发展学以致用、注重解决实际问题的意识，形成积极进取的人生态度。

家长对策

1. 在这方面，家长主要是要积极配合孩子和学校的活动，如可以在节假日多根据孩子的要求，带他们去参观各种科普场馆，并引导孩子多进行社会实践活动，也可以利用自己的工作单位或社会关系为孩子的学习创造有利条件等。

2. 社会上也常举办一些特定主题的展览等活动，家长应该多注意收集这方面的信息，帮助孩子选择对他们有帮助的活动去参加。

> 具有丰富知识和经验的人，比只有一种知识和经验的人更容易产生新的联想和独到的见解。
> ——（美）泰勒

第48法：如何用好家教辅导和业余培训班

除了孩子平时在学校的课堂学习以外，利用平时的时间，家长可以请家庭教师或者给孩子报名参加一些社会上办的业余培训班来帮助孩子进行课外学习。

如今，家长给孩子报各种家教辅导和业余培训班已经成为一种普遍现象。英语、奥数、钢琴、书法、美术等培训辅导班也如雨后春笋一般，成为了社会上的一大景观和人们关心的热点问题。

我邻居家的一个孩子，从小成绩就很一般，他对学校学习的热情也不是很大。但他对家里给他报的美术辅导班很感兴趣，上课时非常认真，平时也常常主动练习，画身边的人和物，他的画在区和市里也曾得过奖。他父母和老师看到这个情况后，经过商讨，决定重点培养他的美术才能，将他从理科班调到文科班，并鼓励他报考美术类院校。在得到父母和老师的支持后，他更加努力地学习绘画，而且为了能考取美术类的大学，他

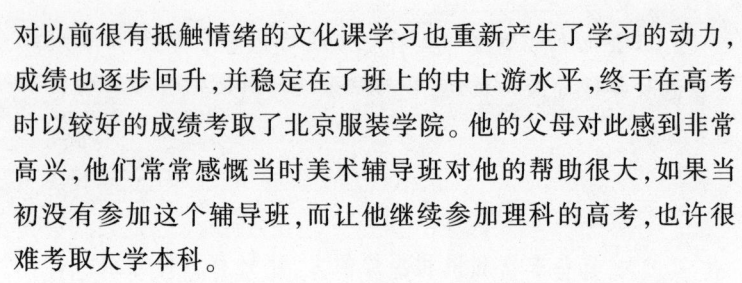

对以前很有抵触情绪的文化课学习也重新产生了学习的动力，成绩也逐步回升，并稳定在了班上的中上游水平，终于在高考时以较好的成绩考取了北京服装学院。他的父母对此感到非常高兴，他们常常感慨当时美术辅导班对他的帮助很大，如果当初没有参加这个辅导班，而让他继续参加理科的高考，也许很难考取大学本科。

从上面的例子可以看出，辅导班如果利用得当，就能对孩子有非常大的帮助。为什么现在很多孩子对培训班以及家教深恶痛绝，社会上也一片反对之声呢？关键是许多家长并没有利用好这些资源。

怎样利用家教辅导和培训班

现在许多家长并没有根据实际出发，而是为了所谓让孩子全面发展和增强未来竞争力的想法，强迫孩子参加各种培训班，将孩子们的业余时间几乎完全剥夺，使得孩子不堪重负，苦不堪言，自然怨声载道。还有些家长因为自己工作繁忙，难以顾及孩子的学习，所以盲目迷信家教辅导，不惜高薪聘请家教老师来代替自己监督帮助孩子学习，如前段时间闹得沸沸扬扬的10万年薪聘请家教的事情正是一个典型的例子。其实这些都是不正确的做法。

业余培训班能弥补学校应试教育的一些不足，锻炼学生其他方面的素质，帮助他们真正全面发展。不过参加学习的是孩子本人，一定要按照他个人的兴趣意愿，有选择地参加他真正愿意学的培训班。不能贪多贪全，强行要求学生参加他不愿意的培训班，这样反而会激发孩子的逆反情绪，以至于自己感兴趣的课程也故意放弃。我上面提到的邻居，虽然开始时也给孩子报了不少的培训班，如奥数和小提琴等，但发现孩子对除了美术以外的课程完全不感兴趣后,他们就果断退掉了其他班,全力支持他在美术上的兴趣。

另外,参加这样的业余培训班也不应该有那种一定要对将来升学有帮助的想法,只要能让孩子觉得对自己的全面发展有益处,应该说就已经达到了参加培训班的效果。但是现在有许多家长都太过功利,总希望能通过培训班的学习获得升学加分等优势。如现在围棋的定段考试十分火爆,竞争极为残酷,就是因为不少家长看到围棋入段后能在高考中获得不少加分,而让孩子参与进来。尽管家长的愿望是好的,但是往往给孩子过大的压力,以至于不少本来很喜欢围棋的孩子因为承受不了家长殷切的期望,而变得讨厌围棋,下棋从一种兴趣爱好成为了一种负担。

家教也是目前引起大家关注的一个问题。一般给孩子找家教出于两个原因:一是父母工作太忙,无暇照顾孩子;二是父母的知识水平无力承担孩子的课业辅导。这也确实是大多数家长面临的问题,通过家教是一个解决的办法,但要注意千万不能形成"家教依赖"。孩子的教育受到家庭、学校、社会三方面因素的作用和影响。其中,以父母为核心的家庭因素对孩子的影响和作用为最大。《三字经》中有:养不教,父之过。教育学专家说:父母是孩子最好的老师。这都说明了父母对孩子的教育作用,而且,这种作用是不可替代的。许多忙于自己工作的家长,因为担心自己无暇顾及孩子的心理、行为的发展和学习、生活习惯的养成,于是就通过家教的形式,给孩子找一个家教式的"陪护",以期"代己教子"。久而久之,他们与孩子的交流愈发减少,孩子和父母的亲情关系甚至都会疏远,这实在是一件危险的事情。

是否聘请家教,这个问题的决定权应该还是在孩子本人。学习是孩子自己的事情。家长可以督促,但是不能强加。陪护式

的家教非但不能替代家长教化、培育孩子,还可能让家长更加忽视与孩子的交流;辅导型的家教只是在课业(如解题)或技能(如音乐、美术)上辅助孩子,但是如果学习者失去主动,其效果必然大打折扣。

家教应该成为一种一对一的教学,与课堂教学模式完全不同。因此,从学习者的角度讲,家教模式的学习和课堂模式的学习,方式上也应该有所不同。家教的最佳效果应该是教学双方的充分讨论、研习、列举和分析,其主体应该是学习者而不是辅导者。而让学习者成为主体,则学生必须有提前预习、提出问题的自修能力,必须有不懂就问、一问到底的学习积极性,必须有双向交流、良好互动的学习心态,这才能够让家教产生最大、最好的效益。

家长对策

1. 注意孩子完全依赖家教的心理

关于家教,一个很需要家长注意的问题是学生可能产生的依赖心理,凡是不会的知识点或题目,从不费力去思索,而是顺手放在一边,等着家教老师解答,一有难题就靠家教来帮助解决。这样家教不但不能对学生的学习起到有益的作用,还会影响他的学习能力,甚至影响他将来适应社会的能力。

2. 避免影响正常的课堂学习

在业余培训班中的学习也要注意不能喧宾夺主,不要将兴趣和精力完全放到培训班的学习中,如果影响到了正常的课堂学习,反而得不偿失。

充分发挥家教和培训班的积极作用,避免不良后果的出现,扬长避短,一定能更好地促进孩子的学习。

第十章 不愤不启,不悱不发
——科学处理学习中的困境

> 去做害怕的事情,害怕自然就会消失了。
> ——(美)爱默生

第49法:如何正确地对待偏科

许多孩子对自己感兴趣的学科十分刻苦用功,而对于那些自己不感兴趣的课程则听之任之。久而久之,便造成了优者更优、差者更差的局面,这对孩子的成长十分不利。正确地对待每一门课,对于提高孩子的综合素质是十分重要的。

上高中时我们班曾经有一个同学,对数学、物理和化学有着天生的兴趣,而且这几门课程他不用花费太多的时间,就可以取得很好的成绩,因此他成了这几门课的老师的宝贝儿。自从那次他代表学校参加全国奥林匹克化学竞赛取得一等奖之后,更是得到了数理化老师的宠爱。可是对于语文课他是提起来就头疼,平时他宁愿去钻研我们还未学到的化学题,也不愿意将精力和时间用到背诵和温习语文课上。最后在参加高考时，他的化学成绩得了满分，物理和数学成绩也高出一般同学许多，而语文成绩则离及格线还差了一大截，不用说，所有的院校对于这种基础课程成绩如此之差的学生肯定是不会考虑的，当录取通知下来的时候，许多同学都兴冲冲地向家长报喜，而他却在一边号啕大哭。

对于他遇到的问题的根本原因，作者认为，不是出在能力上，而是出在了他的恐惧态度上。因此，如果在薄弱的科目上多付出一些努力，则得分的可能性就会更大。他所面临的真正挑战并不是知识本身，而是自己。害怕就像是一张网，禁锢着害怕者的活力；害怕是一堵墙，构成害怕者的自我限制。你所害怕的事情肯定是你的潜能所在，也一定是你提高最快、进步最大的领域。因此，只要努力去发掘自己的潜力，在不是自己很优秀的科目上多花点时间和精力，那么就没有克服不了的困难了。

正确地认识偏科现象

在学习过程中，每个人都可能遇到自己感到难学和"讨厌"的学科。就是学习成绩最好的学生，也不可能每门功课都是第一。这不能算作偏科。真正的偏科是指某几门科目掌握得很好，甚至在全班或全校都是名列前茅，但某几门科目却处于中下水平或更低。因此，偏科首先是一个心态问题。有些同学对某几门科目不感兴趣，用在上边的时间不多，而在那几门感兴趣的科目上肯于下工夫，结果就出现了成绩不平均的现象。还有的同学某个科目总是学不好，久而久之就对这个科目产生了恐惧心理和排斥心理，成绩也就越来越低。对这些同学来说，只有先解决了心理方面的问题，才能着手解决偏科问题。

偏科的产生有先天和后天两种因素。先天个体差异是客观存在的,进入学龄之后,这种差异就会反映在文化课程的学习上。由于学习的注意力一般总是偏向于感兴趣、经常获得成功的科目,失衡就在不经意间产生了,而且强的科目会愈强,弱的会更弱。当然,造成偏科的后天因素的作用更大。家长对知识结构的偏颇认识很容易传染给孩子,他们为孩子设计的成才之路会引导孩子的学习行为。比如,相当多的家长心中存在的"学好数理化,走遍天下都不怕"的想法,便可能对孩子产生不良的心理暗示,让他们觉得其他的学科都是不重要的。

实践证明,孩子学习偏科不利于孩子的发展。小学是学习的基础时期,中小学的文化课是根据具体国情制订的必修课程。孩子应该学好各门文化课,有的学科学得好一些,有的学科学得差一些,这也是正常现象,但不能发生对某些学科不想学、学习成绩很差的情况。

从长远看,偏科会造成知识结构失调,将来走入社会将会由于知识结构的不完整而造成适应社会的困难性,影响工作。从近期看,学生偏科造成知识结构不完整,影响考试成绩,我国现行升学的"游戏规则"决定了严重偏科的考生无法升入高一级的或是好一点的学校。

征服你"讨厌"的学科

有时,对某一门学科的好恶,不仅会影响这门功课的学习成绩,还会使其他学科的成绩也产生波动。因此,要想全面提高学习成绩,必须下决心征服你所"讨厌"的学科。

要征服自己感到困难的学科,首先要了解厌恶某门学科的原因,才能对症下药。接着,不妨通过以下几个方面去努力:

(1)合理地安排时间。凡是不擅长的学科,大都是不感兴趣的。如果刚开始就在这门学科上花费太多的时间,只会增加自

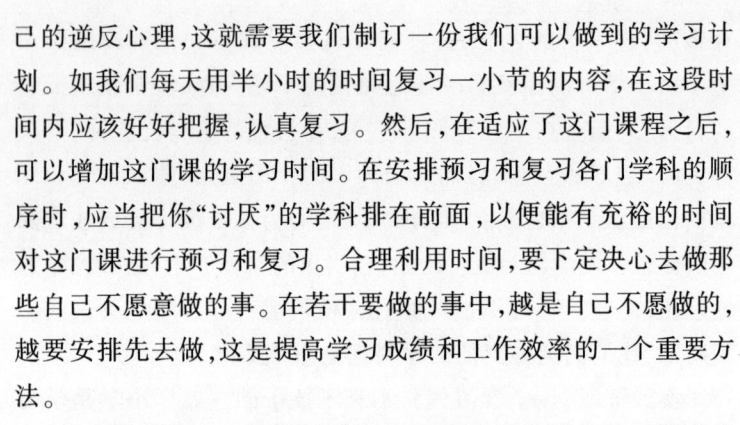

己的逆反心理,这就需要我们制订一份我们可以做到的学习计划。如我们每天用半小时的时间复习一小节的内容,在这段时间内应该好好把握,认真复习。然后,在适应了这门课程之后,可以增加这门课的学习时间。在安排预习和复习各门学科的顺序时,应当把你"讨厌"的学科排在前面,以便能有充裕的时间对这门课进行预习和复习。合理利用时间,要下定决心去做那些自己不愿意做的事。在若干要做的事中,越是自己不愿做的,越要安排先去做,这是提高学习成绩和工作效率的一个重要方法。

(2)树立信心。有些同学因学习方法不当等各种问题造成某个学科老学不好,久而久之,就产生了恐惧心理和排斥心理。对于这些学科,我们首先要藐视它。任何学科都是人建立的,人能建立它,也就能学好它,当你已在战略上藐视它时,你还得在战术上重视它。但切忌说大话或者确定与实际不相符的目标。对于差的科目,一定要做好打持久战的准备。

(3)打好基础,从简单的问题入手。基础没打好也是导致"讨厌"某门学科的因素之一。要想改变这种状况,就要扎扎实实地从头做起,把基础补牢。对于自己不擅长的科目,不要一上去就选那些太难的习题做。因为你在这个科目上基础差,所以做难题只会浪费你的时间,对你的提高没有多大帮助,只能摧毁你的自信心。正确的方法是从简单一些的习题入手,牢牢掌握课本上最基础的知识,在确保自己对简单的题目已完全掌握后,再适当提高题目难度。

(4)培养兴趣,在思想上引起重视,制订合理的目标。对于偏科的同学来说,"态度决定一切",只要能在思想上重视起来,克服偏科就有了心理基础;只有自己想学才能真正学好每一门功课,学习兴趣是推动自觉学习的强大动力。当我们意识到自己"讨厌"的某门学科的重要性后,便会有着强大的动力坚持学下去。经过努力,这门学科的学习成绩有所提高时,就会逐渐地对这门学科产生兴趣,学习的积极性提高了,学习成绩自然也会上去了。这正如我国古代教育家孔子说过的:"知之者不如好之者,好之者不如乐之者。"

家长对策

1. 要激发孩子对"讨厌"学科的兴趣

家长可以与孩子一起分析孩子优势科目的学习经验和造成偏科的原因,鼓励他有意识地把经验用到改善薄弱科目的兴趣中来,让他体会到学科有相通性。指导孩子制订旨在提高薄弱科目的学习计划,如有必要和条件,可以请家庭教师给予专门辅导,但注意不能加重孩子的学习负担。家长也可以把孩子的学习目标分解,定下阶段性的小目标,刚开始要求放低一点,这样一实现便能激励孩子再接再厉的勇气,兴趣就会越来越浓厚。另外家长应该用意志强化孩子的兴趣,有了坚强的意志,才能克服困难,不断强化学习兴趣。

2. 家长要有耐心

纠正孩子学习"偏科"不能一蹴而就,家长要热情辅导孩子的"非优势学科",善于发现孩子的点滴进步,及时予以肯定和鼓励,激发孩子对该学科的兴趣,增强信心。长期坚持下去,"偏科"的问题就会逐步得到解决。

3. 要树立孩子学习的信心

孩子一般都比较感性,觉得某门课容易,对这门课就有兴趣;觉得某门课难,就容易丧失兴趣或兴趣不高。因此,家长要树立孩子的学习信心,鼓励孩子,向孩子说明:你能学好其他课,这门课你一定也能学好,现在成绩不理想,可能是你这门课的学习方法不对,下的工夫不多造成的。

4. 改善孩子的学习环境,积极和老师进行有效沟通

有的孩子偏科是由于孩子与教师的关系问题造成的,对某个教师喜欢与否,会直接影响孩子对该科的好恶。家长应与任课教师和班主任密切配合,并请求必要的关照。在家里要营造一个温暖的、充满爱的环境,多一点欣赏和鼓励,少一点责难和苛求。家长要有耐心,长期坚持下去,孩子"偏科"的问题就会逐渐得到解决。

> 知之者不如好之者,好知者不如乐之者。
> ——孔子

第50法:怎样处理课余爱好与学习的关系

我们常会发现一些兴趣广泛的孩子在学习上也是十分优秀的,在一定程度上,课余爱好与学习是相辅相成、相得益彰的,用通俗的语言说就是"会玩才会学"。

我上初中的时候,班里有一个同学迷上了打乒乓球。每次下课他都第一个跑出去,只是为了占上一个乒乓球台子,因为学校的乒乓球台很少,晚一点就被别人占去了,而每次上课都是他最后一个跑回来。那时候他成绩特别好,是我们的班长。当时上课的时候老师进门是要叫"起立"、"坐下"以表示对老师的尊敬的,结果常常在老师进了门之后他才回来,没赶上进行这个仪式。其他老师都还好,唯有英语老师是比较严厉的,而她的课是排在上午第二节的,上一个课间长一点,所以这段时间是打球的黄金时间,打上一场球会让那位朋友精神焕发。迟到了几次之后,一次英语老师恼怒了,说:"我把你绑到乒乓球台上,看你还打不打球。"她真的拿了一根绳子,把他往乒乓球台的水泥柱子上绕了两圈,不让他动,他委屈地哭了。从那以后,他球打得少了,精神状态也变得消沉,学习成绩也逐渐下滑,从前一二名一直落到了中游水平。

这个问题具有普遍性。其实,这在很大程度上是父母和老师的问题。家长和老师们希望孩子成材是可以理解的,但他们多是站在自己的立场上,以自己的价值观念来要求孩子,而不考虑孩子的需求,把孩子当成了小大人。孩子毕竟是孩子,玩是孩子的天性,是孩子快乐的源泉之一。孩子课余时间玩一玩不是过错。此时,你不妨在这段时间给孩子一点自由,他可以选择玩的方式和时间。如果有可能还可以帮助孩子多选择几种玩的方式,但一定要告诉他玩的原则,这才有助于解决问题。

爱好与学习并不是必然矛盾的

在我们的一般观念中,玩是代表消极意义的。家长在这种时候会说:"你看小波都在学习,你就知道玩。"这就隐含着玩会耽误学习,而学则是积极的。家长们都在现代生活的快节奏中为生计而忙碌,很少有时间去考虑孩子们的问题,很容易忽视孩子的个性教育,造成对孩子想法和需求的淡化,或者认为孩子追求多方面的爱好不可思议,是不务正业的表现而不能接受而给予封杀。这样在不知不觉中伤害了孩子的自尊和感情,孩子也极可能认为家长是自私的,心中没有他们。当然这是一种误解,单纯的学习知识常常会使孩子感到很枯燥,因此在学好课本知识的基础上,尽可能地让孩子接触一些课外知识,包括直接的观察、实践,间接的阅读辅导书等。尽量开阔孩子们的眼界,扩大知识领域,增加学习兴趣,这对书本知识的学习会起到

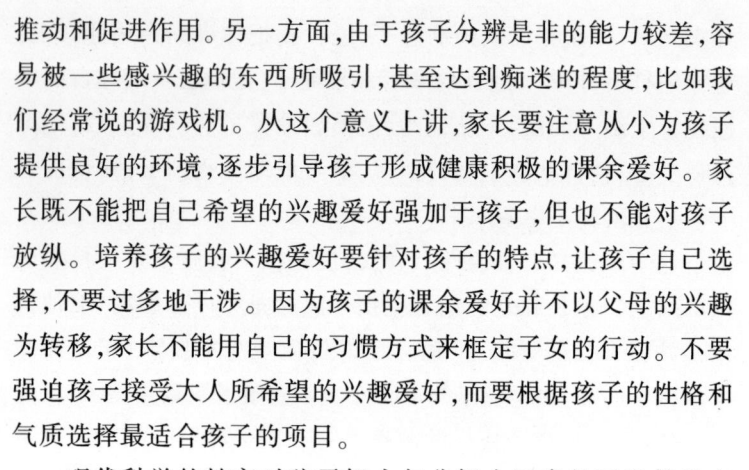

推动和促进作用。另一方面，由于孩子分辨是非的能力较差，容易被一些感兴趣的东西所吸引，甚至达到痴迷的程度，比如我们经常说的游戏机。从这个意义上讲，家长要注意从小为孩子提供良好的环境，逐步引导孩子形成健康积极的课余爱好。家长既不能把自己希望的兴趣爱好强加于孩子，但也不能对孩子放纵。培养孩子的兴趣爱好要针对孩子的特点，让孩子自己选择，不要过多地干涉。因为孩子的课余爱好并不以父母的兴趣为转移，家长不能用自己的习惯方式来框定子女的行动。不要强迫孩子接受大人所希望的兴趣爱好，而要根据孩子的性格和气质选择最适合孩子的项目。

现代科学的教育对孩子智力与非智力因素的开发都越来越重视，家长是孩子的"启蒙老师"。父母与老师都不应以学习成绩的好坏作为评价孩子的唯一标准，因为学习成绩毕竟是智力中的一部分，而不是全部。父母怕孩子的课余爱好牵扯精力，影响正课学习，这种担心是不必要的。关键在于大人如何正确地引导和培养。只要兴趣和爱好引导得当，不但不会影响学习，反而会成为正课学习的一种补充。因此，爱好与学习并不是矛盾的，相反，培养孩子一些兴趣与爱好，反而会促进他们的学习。

培养孩子的爱好，做到爱好与学习相辅相成

苏霍姆林斯基说过："所有智力方面的工作都要依赖于兴趣。"我们也经常说兴趣是最好的老师。把爱好与学习联系起来，就会提高孩子学习的效率。当然，培养孩子的爱好也要讲究方法。在培养的过程中，家长陪着孩子玩的时间长短和参与程度是一个变化的过程。年龄越小，家长参与程度越深，时间也越长。随着孩子长大和各方面能力的提高，家长参与的角色就该

发生变化了,应该从参与人到旁观者。在培养孩子爱好的过程中,做到放开让孩子学,放开让孩子玩,只要把学与玩结合在一起,对于孩子怎么安排时间可以放宽一点,只要对孩子身心的发展有好处就可以了。在这种状态下,学与玩已经融为一体了。

　　从心理学的角度看,没有兴趣的东西是乏味的,学习只能是被动的、痛苦的。在许多孩子看来,学习是为家长学,为老师学,是别人"要我学";如果对学习的知识有兴趣,那么,学习就是愉悦的,能变被动为主动,变"要我学"为"我要学",求知欲望会大大增强,学习目标明确了,学习过程也就会形成一个良性循环。比如说喜欢画画儿的孩子,画画儿可以陶冶人的性情,对它的追求也就是对美的追求,画画儿可以锻炼孩子的创造力、观察力,让他们更加感受这个世界的美,对于促进学习能力也可以发挥能动作用。

家长对策

1. 合理安排孩子学习和爱好的时间

　　课余时间的安排应该科学,合理的安排才能真正提高孩子学习的效率。一般孩子的生物钟规律是,一天中早上或是晚上头脑最清醒,记忆力也最好,适宜安排记忆的内容,如记单词、背课文等;心情较愉快、情绪较兴奋、思维最敏捷的时间可以安排理解类的内容,比如解决难题;意志力较强、注意力较易集中时,适宜复习比较枯燥或自己不大喜欢的科目;而注意力不易集中时或是零散时间就可以安排来进行个人爱好的活动了。

2. 有针对性地培养孩子的兴趣

　　孩子的爱好和兴趣有其先天的因素,主要靠后天的培养。做家长的应该去观察、去挖掘孩子的财富,有针对性地选择和培养他们的特长。对孩子的爱好不能不重视，也不能把大人的意愿和爱好强加在他们头上。我们发现许多家长对于培养孩子的钢琴、美术、书法等特别关注，而不管孩子自身对什么特别感兴趣，其实这是把家长自己的偏好施加在了孩子身上，是不可取的。

> 健康是人生第一财富。
>
> ——（美）爱默生

第51法：处理好学习与身体健康的关系

许多时候，繁重的学习已成为孩子们生命中不能承受之重，他们或是早早地戴上眼镜，或是身体素质较差，动不动就会生病，这种只顾学习而不顾及身体的做法是竭泽而渔的行为，是家长和孩子应着力避免的。

传说中国古代有个读书人叫迟之悟，为了考取功名，他拼命地读书，丝毫也不顾及自己的眼睛，也不听别人劝解，结果使自己的眼睛高度近视，到最后他只能拉近与东西的距离来使自己看清楚。有一次他给门上锁时，由于眼睛离锁太近，竟把眼皮夹到了锁眼中。于是，人们便编了一首打油诗讽刺他："稀奇，稀奇，真稀奇，锁头锁了上眼皮，当初若是听人劝，如今哪能讨苦吃！"迟之悟听了一点也不悔悟，还写了一首诗回敬那些笑话他的人："囊萤映雪勤发奋，悬梁刺股苦读书，待到大比夺魁日，再与尔曹论赢输!"到了大考的日子,他欣然前去应试,然而却因为看不清考试题而无法考试。迟之悟后悔莫及,于是,写了一首诗以警后世。诗曰:"早知今日瞽,何必苦读书,奉劝天下士,莫学迟之悟。"这个只顾学习不顾身体的故事给我们的启示是:学习是重要的,但是身体搞垮了,学习也是不可能持续下去的,也不可能取得成效。

学习是重要的,但没有身体是万万不行的

处于发育期的孩子们正值长身体的重要时期,在我们现行的教育观念和教育体制下,许多孩子都因为学业过重或是心理压力过大存在着不同的问题。目前普遍存在的一大问题就是学生学习压力过大,没有充足的间歇、休息时间。疲劳没有消除,长期过度的学习会使大脑机能呈现下降趋势,负荷过大,机体没有足够的适应时间,或者超过了机体所能承担的最大负荷限度,这样易引起疲劳,不利于机体能力的提高,不利于青少年的健康成长,从而也就谈不上成材了。

根据报道,我国肥胖儿童已占儿童总数的10%,并正以每年8%的速度递增。同时,肥胖症易导致的并发症在中小学生中明显增多。我国科学家发现,中、重度肥胖儿童高血压的发病率达30%,"小胖墩"们的血脂均明显高于正常儿童。更可怕的是,重度肥胖儿脂肪肝发病率高达80%。吃得过多、营养过剩是导致儿童肥胖和形成脂肪肝的主要原因。近年来,青少年慢性疾病发病率显著上升,动脉硬化、脂肪性肝硬化、Ⅱ型糖尿病、高血压等疾病不断呈现低龄化趋势。因此,孩子的体质是家长和学校在教育的过程中应该密切注意的一个问题,体质不好,不但影响孩子目前的学习成绩,而且对于孩子综合素质的发展也是十分不利的。

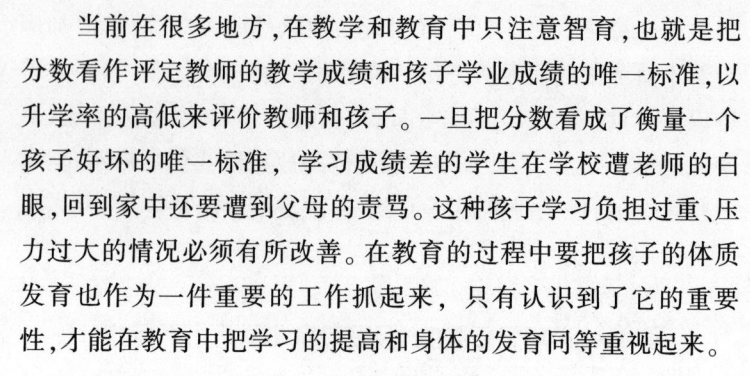

当前在很多地方,在教学和教育中只注意智育,也就是把分数看作评定教师的教学成绩和孩子学业成绩的唯一标准,以升学率的高低来评价教师和孩子。一旦把分数看成了衡量一个孩子好坏的唯一标准,学习成绩差的学生在学校遭老师的白眼,回到家中还要遭到父母的责骂。这种孩子学习负担过重、压力过大的情况必须有所改善。在教育的过程中要把孩子的体质发育也作为一件重要的工作抓起来,只有认识到了它的重要性,才能在教育中把学习的提高和身体的发育同等重视起来。

学习和身体的发育并不矛盾

青少年时期,既是孩子长知识的关键期,也是长身体的关键期。尤其是身体,过了这个关键期,即使加强锻炼,也难以收到理想的效果。因为人到了十八九岁,身体的骨骼、肌肉、肺活量以及五脏六腑的机能基本定型。因此,身体不但关系到他一生的前途,也关系到他一生的幸福。

许多家长和孩子,对学习成绩有足够的认识,但是对自身的健康发育却缺乏应有的重视,结果往往是成绩上去了,而身体健康状况却严重下降了。有的甚至因为体力不支学习成绩也随之而下降。这两种结果都将对自己的未来产生不良影响。

我们知道,一个人的精力是有限的,一天中精力最好的时候只占一小部分,如果一个人整天都坐在一个地方看书、做练习,而不进行体育锻炼,他要想在学习上成功是很困难的。我自己在这方面就有深刻的记忆。在高考前有一段时间,我很少运动,每天都像其他同学一样往教室一坐便是一天,除了吃饭和休息,都泡在那里,结果学习效率低下,多数的时间是什么也记不住,而且心里经常烦躁,考试时容易紧张。之后,我进行了调整,有规律地在下午课后打打篮球,很快这些恼人的现象都没

有了。

因此,把体力劳动与脑力劳动有机结合起来,有助于减轻压力、及时消除疲劳,同时还会有效转移孩子的注意力。对于长时间、高强度的脑力劳动,更应该进行有益而适宜的体育运动,以此减轻学习的紧张度。我们可以看到,运动是能够促进学习的。这种学习与运动的结合对于学习效率的提高有着特别的功效,当然在学习和运动安排上应该合理,在效率低下的时候去运动一番对于孩子来说是有益的,但是运动占据了本应用于学习的时间,那么就适得其反了。

专家指出,关注学生身体健康,应从细微之处抓起。第一要注意弥补课间活动的不足,第二要加大运动量,第三要培养中小学生每天吃早餐的良好习惯,第四要改变保健品可以替代天然食品的错误观念。

家长对策

1. 为孩子安排合理的膳食

对发育期的孩子来说,营养均衡是十分重要的,家长应参考一些食谱,为孩子建立合理的膳食结构。通常来说,一天摄入的热量这样分配最合理,早餐和早点占一天摄入总热量的35%;午餐和午点占40%;晚餐占25%。另外,许多家长和孩子对早餐不够重视,认为随便吃一点就可以了,中午可以补回来。这种做法是极不科学的。早餐承担着一个人前一天晚餐之后能量的补充,并且负担着一天上午的活动,随意的早餐对于孩子身体的发育是十分不利的。另外,家长也应注意提高孩子的营养,避免他们偏食、挑食和过多地吃零食,这些与体重、身体发育都有很重要的关系。

2. 合理安排孩子的生活作息

充足的睡眠对于孩子保持足够的体力进行学习，对于孩子的正常发育都是十分重要的。生活作息的核心是足够的睡眠、按时进餐、积极锻炼、活动性休息。通常孩子一天需要9小时左右的睡眠时间，充足的睡眠能保证新陈代谢的顺利进行，促使生长激素正常分泌，充足的睡眠能使人精力充沛，是保证学习效率的重要因素。

> 一个知识不全的人可以用道德去弥补，而一个道德不全的人却难以用知识去弥补。
>
> ——（意大利）但丁

第52法：考分诚可贵，素质价更高
——怎样处理应试与提高素质的关系

素质教育是现在提得很响也提了很久的一个话题，在对综合素质要求越来越高的社会趋势下，在学习过程中提高孩子的综合素质就显得尤为重要了。

有一年，北大的一名女生突然失踪了。这位女同学一向学习刻苦，早就发誓毕业就要出国。当年12月份，她同时收到美国两位著名物理化学教授发给她的电子邮件。在信中，两位教授对她表示肯定。第二天，她得知了托福成绩，六百二十多分也出乎她意料。之后，她变得很兴奋，见到认识或不认识的人，都不停地讲话，让人觉得她有些精神恍惚。据班上同学反映，失踪前一个好友提醒她要多申请几个学校,不想两人却为此争执起来,后来她哭着离开了实验室,就这样从学校里消失了。女孩后来被当地派出所找到了,由于饥饿和劳累,她的体质已非常虚弱。

这件事值得我们思考,虽然范进中举是离我们遥远的事情,听起来带有一种欣赏笑话的心情,可是真实的事情在我们身边发生的时候,我们不得不进行思考,怎样才能处理好应试教育与素质教育的关系呢?

改变考分是一切的观念,提高孩子的综合素质

我们都知道,一个现实的情况就是:孩子的学习成绩和升学率始终是家庭和社会对教育进行评价的一个最重要的指标。由于考试是教、学、评的教育三要素之一,因此无论进行什么样的教育方式,都摆脱不了考试。现在的环境是大提"素质教育",家长和学校不得不用比先前更大的气力来培养孩子们适应当今社会的各种能力;另一方面,孩子们又摆脱不了"考分就是一切"的公认评价机制,在对孩子的教育中还得继续重视各种考试,提高考试的成绩和升学率。因此,在本质上,考试的问题不解决,素质教育在一定程度上是难以实施的。

考试对于学生身心发展状况尤其是文化状况的评价,有其独特的作用,在目前的教育机制下,还找不到比考试更好的方式来取代。考试的不可取代性,也决定了我们提高孩子的综合素质是不能避开考试的。

解决考试的负面影响,就要改变对考试的许多错误看法。考试被家长和学校看作是评价孩子学习成果的唯一标准,这样便在不知不觉间让孩子获得一种心理暗示:只要成绩好,其他一切都是无所谓的。其实,考试的作用也是有限的,它是对家长和学校日常教育的一种反映,但是,对于孩子许多方面它都是

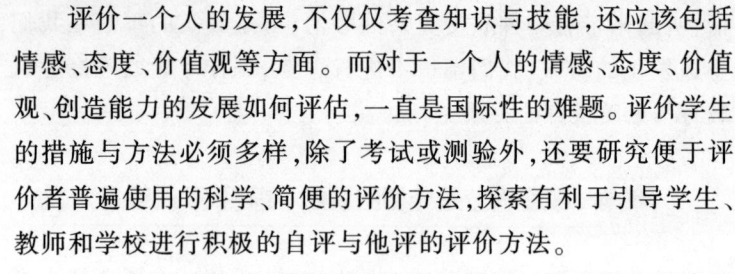

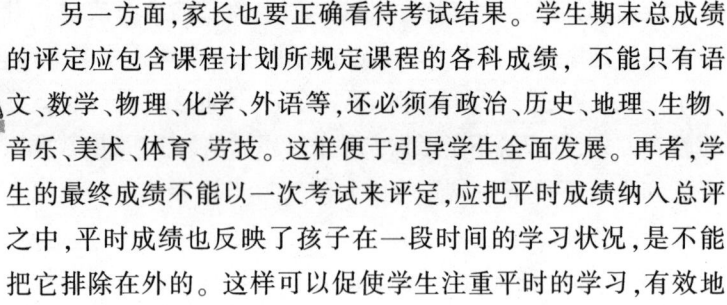

不能反映的。比如说孩子的心理健康状况，孩子的身体发育状况，这些对于孩子的发育和发展十分重要的问题就不可能通过考分反映出来。直到有一天，孩子也出现"范进中举"的现象，我们再悔悟就太晚了。

评价一个人的发展，不仅仅考查知识与技能，还应该包括情感、态度、价值观等方面。而对于一个人的情感、态度、价值观、创造能力的发展如何评估，一直是国际性的难题。评价学生的措施与方法必须多样，除了考试或测验外，还要研究便于评价者普遍使用的科学、简便的评价方法，探索有利于引导学生、教师和学校进行积极的自评与他评的评价方法。

另一方面，家长也要正确看待考试结果。学生期末总成绩的评定应包含课程计划所规定课程的各科成绩，不能只有语文、数学、物理、化学、外语等，还必须有政治、历史、地理、生物、音乐、美术、体育、劳技。这样便于引导学生全面发展。再者，学生的最终成绩不能以一次考试来评定，应把平时成绩纳入总评之中，平时成绩也反映了孩子在一段时间的学习状况，是不能把它排除在外的。这样可以促使学生注重平时的学习，有效地促进素质教育质量的不断提高。

正确看待和利用考试，提高孩子的综合素质

考试是评价教育绩效的必要工具。广义的考试包括测验、考核、检查、练习、评比和竞赛在内。正确看待考试，根本的问题是考试要有用，不完全在于考试方法的不同和考试次数的多少。全面提高学生的思想道德、文化科学、劳动技能和身体心理素质是素质教育的根本所在，作为评价的重要手段之一，各科各类考试必须从全面的或整体的角度去设计，即要尽可能在考试中贯穿和渗透思想道德、文化科学、劳动技能和身体心理素

质的评价因素。

因此,考试应成为学生认识和教育自己的一种教育方式,也成为家长从中找到更好的教育方法的方式,从考试反馈的信息上孩子可以在自己不足的方面下工夫,家长也可以在孩子较弱的能力方面改进自己的指引方法。另外,在考核的内容上,根据不同阶段学生的不同特点及课程改革的情况提出不同要求,应突出学习内容的全面性和综合性。加强对学生全面素质的考核力度,对学生的知识、能力、技能、方法、品德等进行有效考核;在命题上应多采用主观题型,加大综合题型的比例,以引导学生学习不要死记硬背,而要思考创新;在考核形式上优化各种考核形式的组合和结构,采用多种形式,如开卷、闭卷、口试、竞答式、自评、他评等。

这样,只要正确地、科学地实施考试,也可以实现素质教育的目标。同时,可以有效地激发和维持学生的积极性,使之投入到学习过程中,从而提高素质教育的质量。我们知道,现代社会是一个竞争的社会,考试正是一种竞争的机制,正确的考试锻炼,可以培养和提高青少年的应试能力和竞争水平,提高青少年走上社会后的适应能力。因此只要找到适当的方法,实施素质教育与进行考试并不是矛盾的,两者是可以相辅相承、相得益彰的。

家长对策

1. 给孩子积极的心理暗示

在对待考试成绩的问题上,不能让孩子觉得考试就是一切,在孩子成绩下降的时候,要注意对他们加以安慰和鼓励,以避免他们心理压力过大。另外,对体育、美术、音乐等方面的素

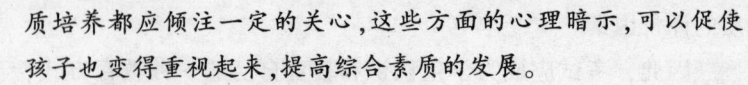

质培养都应倾注一定的关心,这些方面的心理暗示,可以促使孩子也变得重视起来,提高综合素质的发展。

2. 引导孩子在学习中量力而行

首先,家长应避免孩子产生惰性,充分发掘他们的潜能,开发他们的智力,避免一些浪费时间和精力的现象。另一方面,避免孩子超负荷运转,对处于发展期的孩子来说,学习中正确的做法应是既能充分发挥自己的学习潜能,又不至于疲劳过度。

3. 注重提高孩子的学习效率

对于参与考试竞争的孩子来说,学习效率也是很重要的,时间对大家来说都是一样的,只有那些在相同的时间内取得更高效率的孩子才能最终脱颖而出,因此,家长应该根据具体情况制订孩子学习和作息的计划,只有这样,才能使自己的孩子出类拔萃。

第十一章 培养优秀的学习能力

> 人的聪明才智之特征,表现在从具体的观察中能抽象出一般概念来。
>
> ——(德)叔本华

第53法:如何培养孩子的观察力

观察力是在感知能力基础上产生的认知能力。观察是一种有目的、有计划、有思维参加的知觉。正因为观察中有思维参与,所以有人将观察称为"思维的知觉",并把观察中的思维能力称作整体观察力的核心。

莫泊桑初学写作的时候,就拜老作家福楼拜为师。有一次他去拜访福楼拜,福楼拜热情地接待了他。莫泊桑说:"我想了几个故事,想讲给你听——""好的。"福楼拜点头。当莫泊桑讲完了他自以为十分生动的故事以后,等待着福楼拜发表意见。福楼拜想了想,摇了摇头,然后建议说:"我不主张写这些故事。我希望你骑上马,到外边去跑一圈,一两个钟头之后,回来把自

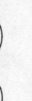

己所看到的一切都记下来。""好吧。"莫泊桑用这个办法锻炼自己的观察能力,一年以后果然有了很大的长进,终于写出了一篇著名的短篇小说《点心》。

观察是人们获取信息的主要渠道,人的信息绝大部分是通过眼睛获得的,因此从事任何一项活动都离不开观察,学习也是如此。在学习过程中,我们不但要利用观察来进行学习,还应该通过对客观事物的细致观察来发现问题并分析问题,从而使知识进一步深化。观察如此重要,以至于著名生理学家巴甫洛夫的实验室里有一条醒目的大字条幅:"观察,观察,再观察。"

观察的方法

(1)比较观察法:比较是认识客观事物最常用的重要方法之一。很多事物如果孤立地看,往往不能深刻、全面地认识,但与同类事物一比,就清清楚楚、明明白白了。毛泽东说:"有比较才能有鉴别。"俗话说:"不比不知道,一比吓一跳"。事物的大小、多少、长短、粗细、远近、高低、厚薄、深浅、真假、善恶、美丑等等,都可以通过对比观察来得出结论。在生活中,区分双胞胎的长相可以用比较观察法;在自然科学中有大量的实验,如生物学中光合作用产生氧气、吸收二氧化碳实验,化学中催化剂的作用实验,物理中加速度与力和质量之间关系的实验,都是用比较观察法;医学中药物的作用、疗效实验一般要用比较观察法;心理学、教育学中,几乎所有的实验都用比较观察法……

(2)依序观察法:客观事物无论是动还是静,其存在和发展都有一定的顺序。我们观察事物按照这种顺序进行,容易把握,表述时也容易被别人所接受。人们已经认同的观察顺序有:时间顺序、空间顺序和事物的总分顺序。时间顺序如:从过去到现在,从早到午到晚,从白天到黑夜等等;空间顺序如:从上到下,从左到右,从前到后,从大到小,从内到外或从外到内,从远到近或从近到远,从仰视到俯瞰等等;总分顺序如:从整体到部分,从全景到特写,从群体到个体等等。在依序观察过程中,物可以是静的,也可以是动的,观察者也可以或静或动。

比较观察法和依序观察法是两种主要的观察方法。在实践中,不论采用哪种观察方法,都要与观察任务相联系,抓住事物的本质特征,通过思维找出事物之间的联系与区别,揭示事物的现象与本质。

怎样提高我们的观察力

观察力是人们在对周围事物进行有目的、有计划的知觉过程中,全面、深入、准确、迅速地把握事物特征的才能。观察比一般知觉具有更大的理解性,也就是说,人的思维活动在观察中有着重要的作用。观察是认识世界、发现科学奥秘、获得知识的大门,只有通过这道大门,才能登堂入室,探索新知。可以说,科学发端于观察。那我们在培养观察力的时候应该注意些什么呢?

(1)培养有目的的观察习惯。让学生有目的地进行观察,对于观察的行为特征加以明确的界定,做好计划,按计划进行观察。目的与任务明确,就会对自己提出一定的要求,提高观察的主动性,能够把注意力组织起来,使观察活动有一定的方向,从而提高观察的效果。反之,如果观察目的不明确,不仅使自己的观察能力得不到提高,反而会养成东张西望、心不在焉、熟视无睹等坏习惯。

(2)要培养浓厚的观察兴趣。只有当人们对一件事物产生极大的兴趣之时,才会积极主动、心情愉快地去研究、去观察。而人的兴趣不同,观察时的侧重点就不同,观察的结果当然就

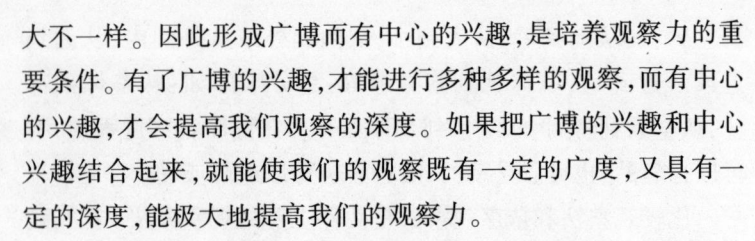

大不一样。因此形成广博而有中心的兴趣,是培养观察力的重要条件。有了广博的兴趣,才能进行多种多样的观察,而有中心的兴趣,才会提高我们观察的深度。如果把广博的兴趣和中心兴趣结合起来,就能使我们的观察既有一定的广度,又具有一定的深度,能极大地提高我们的观察力。

(3)学会整体观察。在观察中,要注意避免管中窥豹的毛病,要学会全面地看问题,克服以局部代替整体的、片面的观察,克服思想上的片面性。在观察时,既要注视事物的正面,也要留心它的反面;既精心观察它的部分和细节,也注意它的总体全貌;既不能忽视它的外表,也要留心它的内在因素和条件;既要观察事物本身的特征,又要观察它和周围事物的联系和衔接;既看到它当前的状态,又要预测它今后的趋势。这样才能真正做到总揽全局,而避免以偏概全的错误。

(4)学会有比较的观察。没有比较,就没有鉴别。没有比较的观察,就是没有鉴别的观察,就是违背教育心理学的、没有分析的观察。只有引进比较,让学生学会有比较的观察,才是会鉴别、会分析的观察,才是高质量的观察。正如黑格尔所说:"我们所要求的,是要能看出异中之同或同中之异。"在观察中要学会对比,善于寻找异同点,认识事物的区别和联系。

(5)学会有概括的观察。良好的观察还要善于把观察的结果及时进行分析,要在观察的过程中加入"概括"。如果不善于概括,就只能得出散乱零碎的结果。而这种低劣的结果,对下一步的实践会起很大的阻碍作用。经概括而得出的结果,对实践有巨大的保证和指导作用。如甲指着一些物品问:"这是什么?"乙答:"白菜、萝卜、土豆、黄瓜、茄子……"丙答:"蔬菜。"从这个例子中就会感到乙太啰唆,丙干脆利落,丙答得好是因为概括起了作用。整理观察结果,既是一个总结经验的过程,也是一个自我提醒、自我监督的过程,既能帮助巩固观察所得的知识,也有助于提高以后观察的效果。

（6）养成持久观察的习惯。法国著名作家莫泊桑曾说过："对你所要表现的东西,要长时间注意去观察,以便发现别人没有发现和没有写过的特点。"持久观察的习惯可以使人在观察过程中,不管遇到什么困难,都可以锲而不舍,坚持到底,这样才不会忽略掉事物发展变化中的很多重要环节和重要方面。

总之,培养观察力的方法是多种多样的,要综合利用各种方法,引导孩子努力锻炼观察的慧眼,养成善于观察的好习惯,并学会利用观察的结果归纳总结出有用的结论,从而达到培养他们能力的目的。

家长对策

1. 注意在日常生活中培养孩子的观察力

对观察力的培养,平时的日积月累十分关键。而家长是孩子接触最多的人,在平时要注意创造条件教给他们一些观察的方法,督促他们在日常生活中随时留意各种可以提高观察力的活动。

2. 家长留心观察,做孩子的榜样

家长应该以身作则,在平时也多锻炼自己的观察力,留心生活中的点点滴滴,给孩子树立好的榜样。

> 我们平时说"勤学苦练"。苦,并不是"傻"的意思,而是说:练功时,第一,不要怕吃苦;第二,要苦思。
> ——盖叫天

第54法：一目十行，过目不忘
——如何提高孩子的记忆力

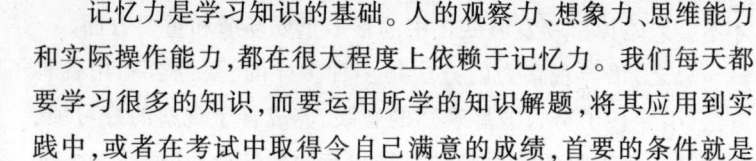

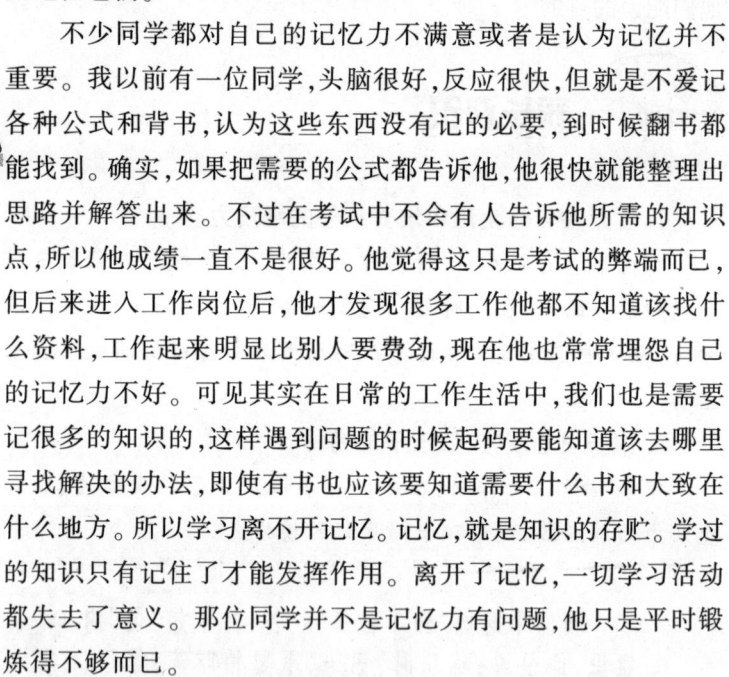

记忆力是学习知识的基础。人的观察力、想象力、思维能力和实际操作能力，都在很大程度上依赖于记忆力。我们每天都要学习很多的知识，而要运用所学的知识解题，将其应用到实践中，或者在考试中取得令自己满意的成绩，首要的条件就是要记住它们。

不少同学都对自己的记忆力不满意或者是认为记忆并不重要。我以前有一位同学，头脑很好，反应很快，但就是不爱记各种公式和背书，认为这些东西没有记的必要，到时候翻书都能找到。确实，如果把需要的公式都告诉他，他很快就能整理出思路并解答出来。不过在考试中不会有人告诉他所需的知识点，所以他成绩一直不是很好。他觉得这只是考试的弊端而已，但后来进入工作岗位后，他才发现很多工作他都不知道该找什么资料，工作起来明显比别人要费劲，现在他也常常埋怨自己的记忆力不好。可见其实在日常的工作生活中，我们也是需要记很多的知识的，这样遇到问题的时候起码要能知道该去哪里寻找解决的办法，即使有书也应该要知道需要什么书和大致在什么地方。所以学习离不开记忆。记忆，就是知识的存贮。学过的知识只有记住了才能发挥作用。离开了记忆，一切学习活动都失去了意义。那位同学并不是记忆力有问题，他只是平时锻炼得不够而已。

现在随着整个社会信息产生量和交换量的日益膨胀，总觉得有太多太多的东西要记忆，很多知识不知什么时候就要用，仅仅依靠笔记、书籍、计算机、网络、数据库、blog，总是难免有一些不足和不便的地方,所以真正可靠、便捷的办法还是放在自己的脑子中,只要生命不息、思维正常,要调用和查询起来总是最方便的。但是如何才能提高自己的记忆力呢?

提高记忆力的几种方法

人们几乎都有这样的体验,就是在沙滩上用干燥的沙子堆土堆,一边往上堆,沙子一边往下流,风儿略微一吹,土堆就变得又矮又平。由此我们可以联想到知识的积累。如果记忆力不好,自己知识和经验的积累便会像堆沙堆一样,尽管做出了努力,也不会取得理想的效果。有人学外语,学了几年乃至十几年,而单词量总是停留在五千左右的水平上,是何缘故?主要是记忆力较差。

中小学阶段,需要记的东西比较多。绝大多数学生为记忆上的压力而苦恼。前边学的知识记不住,后边的学习就会遇到障碍。表现为反应迟钝,老师讲课有些听不懂。如果欠记忆的账太多,再听老师讲课就难以听懂。怎样提高自己的记忆力呢?

提高记忆力的方法,中外学者都归纳出了若干种。但哪种方法适合于自己,还得靠自己在学习实践中摸索和总结。要根据不同的学习内容和要求,正确采用不同的记忆方法,是保证按时完成学习任务和学习质量的前提。

(1)机械记忆法。学习英语单词、外文字母、元素符号等,用这种方法就比较见效。机械记忆法,就是采用单纯的反复记忆来达到巩固和掌握学习内容的目的。马克思有超常的记忆力,但其超常的记忆力也不是天生的,这与他坚持强记的习惯分不开。他从少年时代起,坚持用自己不太熟悉的外语去背诵诗歌,天长日久,他的记忆力越来越强。列夫·托尔斯泰称这种方法是"记忆力的体操"。

(2)过度学习法。所谓"过度学习",是指在"记住"和"学会"的基础上继续进一步学习。如学习几个英语单词,经过4次练习就会背、会写了,如果再增加几次练习,就是"过度学习"。如增加两次,就是过度学习50%。重复是学习之母,重复是同遗忘作斗争的最有力的武器之一。心理学家艾宾浩斯的遗忘规律告诉我们,遗忘是先快后慢、先多后少,因此要及时复习。艾宾浩斯还告诉我们,学习、记忆的程度应达到150%,将会使记忆得到强化,这种"过度学习"的方法,可以使学习过的内容经久不忘。

(3)对比记忆法。它的特点是在学习新知识的同时,复习和巩固旧知识。即学习新知识时,对照联系旧知识,找出新旧知识之间的相同之处和不同之处进行记忆。在反复对照比较过程中,就加深了对旧知识的记忆和对新知识的理解,而理解之后就容易记忆了。

(4)理解记忆法。需要记忆的内容不是孤立存在的,它同各种事物都有联系,而只有掌握和理解了记忆对象的本质,才有助于记忆。心理学家萨拉丁·巴塞得对历史专业学生做的实验结果表明:那些在课堂上把握了历史事实意义的学生比起死记硬背、不求甚解的学生来,记忆效果要好得多。可见,深刻理解是记忆力提高的催化剂。

(5)归类记忆法。把学习的内容按事物的外部特征或按事物的内在联系进行分类,有的分类可以连续不断地分下去,形成网络。由于分出的类目或分出的网络,代表了一大类需要记忆的内容,我们只要记住了类目或网络,遇到某一类目下的具体内容时,即可由类目和网络推得。

(6)交谈记忆法。和同学在一起散步或闲聊时,可以就学习中的疑难问题作为交谈的话题,你一言,我一语,或许就能把疑难问题解决了。这种活动,不但能鼓励大家主动去探索问题、解决问题,培养浓厚的学习兴趣,还能提高口头表达能力,增进同学之间的友谊。通过交谈,会使自己尚未扎根的记忆和没有自信的记忆,变成确定实在的记忆,牢牢地印在脑海里。

以上介绍了一些提高记忆力的方法,当然并不全面,关键还要结合自己的实际,要有强烈的求知欲望,才能摸索和总结出一套或几套适合自己的科学的记忆方法,有效地提高记忆力。

需要注意的几点

除了上面的几种方法外,我们还可以在平时多注意一些问题,来帮助提高记忆力。

要树立自信心。生理学研究表明,如果没有自信,脑细胞的活动便会受到抑制,使记忆力减退。只有树立了自信,才能进入"良性循环",这是记忆力增强的基点。

复习要记忆的功课最好在早晨或夜里的安静环境中进行。试验证明,晚上6~10点和早晨6~8点是记忆力最佳的时候。同时要专心,不要被其他事情干扰或打断。切忌一边听音乐一边背书。这是因为,大脑工作时只允许一个中枢在兴奋状态,如果同时有几个兴奋点,必定会心不在焉或三心二意,结果大大降低记忆效果。

要适当地休息。根据巴甫洛夫高级神经活动学说的解释,人们的听、说、读、写各种学习活动,都由大脑皮层相应的区域主管,进行这些活动时,在大脑皮层相应的区域就有相应的兴奋点。如果兴奋点长时间在"某一区域",就会使该"区域"产生疲劳,注意力分散,反应能力降低,思维迟纯,记忆减退。及时休息就会使大脑皮层原来兴奋并劳碌工作的相应部位得以平静,消除疲劳。心理学家做过这样的实验:在记忆新的事物时,每记忆三十分钟后中间休息五分钟,其效果远远超过长时间的连续记忆。这也就是我们每听四十五分钟的课后就休息十分钟的缘故。

记东西时要舒心,不要紧张。紧张时去甲肾上腺素分泌增加,它是损害精神集中功能和记忆力的大敌。反之,在宽松环境中,垂体后叶分泌加压素,它对增强记忆功能大有好处。

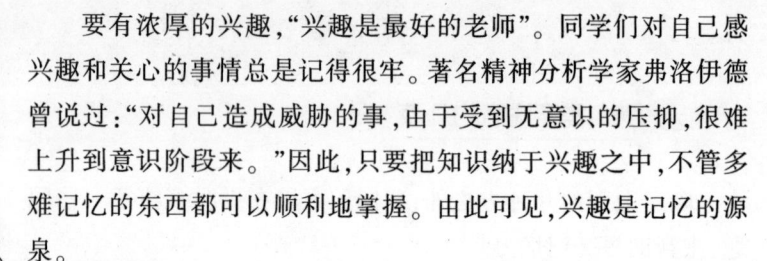

要有浓厚的兴趣,"兴趣是最好的老师"。同学们对自己感兴趣和关心的事情总是记得很牢。著名精神分析学家弗洛伊德曾说过:"对自己造成威胁的事,由于受到无意识的压抑,很难上升到意识阶段来。"因此,只要把知识纳于兴趣之中,不管多难记忆的东西都可以顺利地掌握。由此可见,兴趣是记忆的源泉。

家长对策

1. 帮助孩子多应用各种增强记忆力的方法

2. 在饮食方面帮助孩子提高记忆力

多给孩子吃一些有利记忆的食品,如富含锌、磷脂、某些不饱和脂肪酸的芹菜、核桃、芝麻、瘦肉、牛奶、鱼类等。

3. 保证孩子有充足的休息时间

教导孩子不要养成一心二用的坏习惯,也是家长需要多加注意的问题。

> 想象力比知识更重要。
> ——爱因斯坦

第55法：为想象装上翅膀
——如何开发孩子的想象力

想象力是在感知材料的基础上经过脑的思维加工创造出新形象的能力。科学的想象力是知识的源泉，一切创造性的劳动都是从创造性的想象开始的。因此说，想象力是最有价值的创造因素。不仅如此，想象力也是人们学习知识不可缺少的一种能力。

爱因斯坦曾经想象如果有人追上光速，将会看到什么现象，从这个想象出发，他创立了狭义相对论。他又想象人在自由落体的升降机中将看到什么，而从这个想象开始，他又创立了广义相对论。

想象力不仅对科学研究来说有着举足轻重的作用，在文学和生活中我们也都必须借助于想象，才能深刻理解和掌握。如时间来去匆匆，"洗手的时候，日子从水盆里过去；吃饭时，日子从饭碗里过去；默默时，便从凝然的双眼前过去。我觉察他去的匆匆了，伸出手遮挽时，他又从遮挽着的手边过去。天黑时，我躺在床上，他便伶伶俐俐地从我身上跨过，从我脚边飞去了。等我睁开眼和太阳再见，这算又溜走了一日。"朱自清的《匆匆》，读来让我们浮想连翩。什么是时间，时间就是随时和我们告别的东西。唯有抓住每时每刻，方能与时间争个高低。想象的文字，让人充满想象——这就是想象的魅力！无论是生活、学习还是创造，都离不开想象。

想象通常分为无意想象和有意想象两种类型。没有特殊目的、不自觉的想象叫做无意想象。例如，随着别人的讲述而不由自主地想象故事情景，看到天上的云朵而想象那是什么动物在奔跑等。带有一定目的性和自觉性的想象叫做有意想象。例如，按课堂教学要求，想象地球怎样绕太阳旋转、月球怎样绕地球旋转；想象三个平面怎样相交于同一条直线等。梦是无意想象的极端情况，科幻小说中的人物和故事情节等是有意想象的极端情况。

想象力的好处

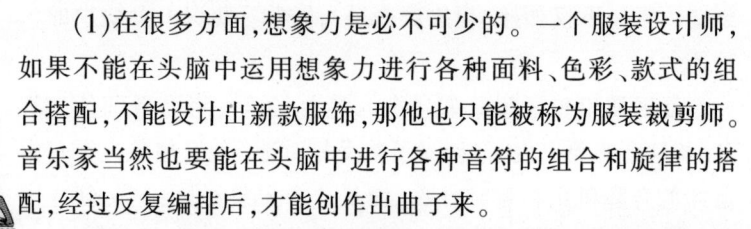

（1）在很多方面，想象力是必不可少的。一个服装设计师，如果不能在头脑中运用想象力进行各种面料、色彩、款式的组合搭配，不能设计出新款服饰，那他也只能被称为服装裁剪师。音乐家当然也要能在头脑中进行各种音符的组合和旋律的搭配，经过反复编排后，才能创作出曲子来。

（2）较为发达的想象力能够使人制订出较为完善的方案。仍以建筑设计师为例，如果他没什么想象力，或想象力不够发达，不能够在头脑中不断地进行反复想象，则他的设计方案很可能不够完善，比如仅对建筑的外观进行了一番考虑，却没有对内部结构进行有针对性的设计。当这样草率的方案付诸实施后，在施工到一半时，忽然发现建筑物内部结构强度不够，则必须推倒重建，这样就耽误了工期，滞后了进度，并且造成了很大的经济损失。而建筑师很可能也会为此丢掉工作。而如果他具有非常发达的想象力，能够在制订方案前，通过不断地在头脑中模拟房屋的建筑，则会最大限度地避免此类情况的发生。

（3）由于想象力是在头脑中做实验，所以运行快，而且不需要什么成本。

（4）发达的想象力还可以使人反应迅速。如司马光砸缸中司马光快速的反应救了小孩一命。

如何丰富自己的想象力

马克思说过:"蜘蛛的活动与织工的活动相似,蜜蜂建筑蜂房的本领使人间的许多建筑师感到惭愧。但是,最蹩脚的建筑师从一开始就比最灵巧的蜜蜂高明的地方是他在建筑房屋以前,已经在自己的头脑中把它建成了。"想象也渗透到学生学习生活的一切方面,成为学生顺利完成学习任务所必备的心理品质之一。如,写作文时,通过想象可以把生活感受和思考串联起来,开拓思路,推动构思,使文章更充实、生动;学习数学和解题时亦可借助于丰富、精确而又灵活的想象来理解空间、时间和事物的数量及其关系;其他如音乐、历史、社会、自然等所需的想象力更是众所周知了。那么怎样才能使学生的想象更丰富更合理呢?可以从以下几个方面来加强和训练。

(1) 积极投身社会实践,扩大生活的储备。

想象源于生活,如果我们头脑中没有储存足够的形象,那么就只能是毫无事实根据的空想。因为如果你对某类事物从来没有感知过,那么在你的头脑中就不会出现以这类事物做材料的想象。如:天生的盲人绝不能想象出商店里五颜六色、款式新颖的服装,公园里万紫千红、绿树成荫的美景。天生的聋人也不可能想象出音乐的美妙动听、林中的鸟鸣、校园里朗朗的读书声。相反,指挥家由于在生活中积累了大量经验,区别声音强弱差别的能力就远远超过一般人。在一个拥有几十人的乐队里即使一个稍不和谐的音符他也能很容易觉察出来。由此可见,想象必须以生活的感受和体验作为基础。而想要有更多的感受和体验,唯一的途径就是参加社会实践活动,使这些事物在你头脑中留下深刻的印象,这些印象就是你进行丰富想象的素材。

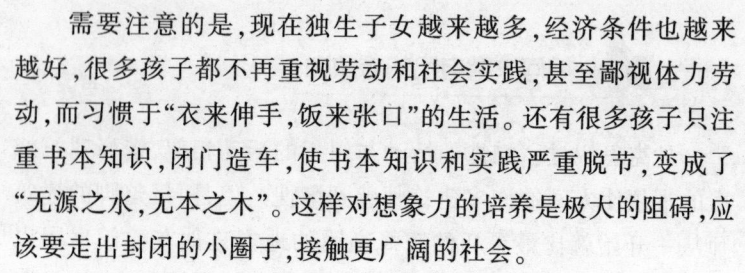

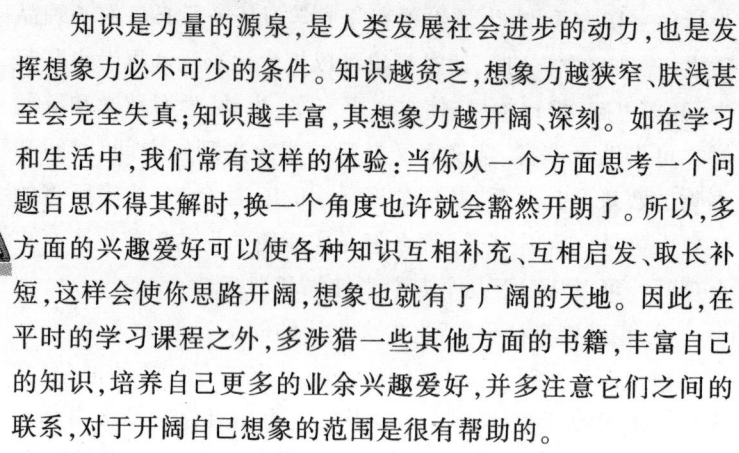

需要注意的是,现在独生子女越来越多,经济条件也越来越好,很多孩子都不再重视劳动和社会实践,甚至鄙视体力劳动,而习惯于"衣来伸手,饭来张口"的生活。还有很多孩子只注重书本知识,闭门造车,使书本知识和实践严重脱节,变成了"无源之水、无本之木"。这样对想象力的培养是极大的阻碍,应该要走出封闭的小圈子,接触更广阔的社会。

(2)丰富自己的兴趣爱好,开阔想象的天地。

知识是力量的源泉,是人类发展社会进步的动力,也是发挥想象力必不可少的条件。知识越贫乏,想象力越狭窄、肤浅甚至会完全失真;知识越丰富,其想象力越开阔、深刻。如在学习和生活中,我们常有这样的体验:当你从一个方面思考一个问题百思不得其解时,换一个角度也许就会豁然开朗了。所以,多方面的兴趣爱好可以使各种知识互相补充、互相启发、取长补短,这样会使你思路开阔,想象也就有了广阔的天地。因此,在平时的学习课程之外,多涉猎一些其他方面的书籍,丰富自己的知识,培养自己更多的业余兴趣爱好,并多注意它们之间的联系,对于开阔自己想象的范围是很有帮助的。

(3)倾注感情唤起想象。

形象思维具有感情的特征。作为形象思维的主要形式,想象自始至终都伴随强烈的感情活动。感情的激动可以唤起想象,而想象又可加强原来的感情。正如苏霍姆林斯基说的那样:"情感如同肥沃的土地,知识的种子就播撒在这个土壤上。"再如,李白送友人上船之后,两眼盯着远处的帆影,直至"孤帆远影碧空尽,惟见长江天际流"。在这里,李白没写一句他的心理活动,没写一句对朋友的惜别之情,但如果你是个感情丰富而又富有想象力的读者,就可以在作者展示的空间——"碧空"、"长江"、"天际"之中,最大限度地驰骋你的想象,激扬你的情感,体会出李白对朋友的眷恋之情像天空一样旷远、深沉。文学家在创作文学作品时无不倾注了自己的感情,他们把看到的、听到的融合起来再加上自己的想象,最后用准确、生动的语言把他们表现出来。在整个创作过程中感情是想象的动力。

家长对策

1. 在日常生活中培养孩子的想象力

对孩子想象力的培养,家长应该注意的是在日常的生活中鼓励孩子大胆去想,不要因为不切实际而批评他们。

2. 让孩子多接触社会活动

可以让孩子看一些科幻的读物或电影等,来丰富他们的想象力。还可以多带他们参加一些社会实践活动,让他们开阔视野,了解生活,积累想象的素材。

> 不学自知,不问自晓,古今行事,未之有也。
> ——王充

第56法:于无声处闻惊雷
——如何培养自己的质疑能力

思生于疑,疑促进思,思激发学。疑问是学生获取新知识的起点,是进入一切科学大门的钥匙。有疑问才能激发学生认识上的冲突,造成强烈的求知创新欲望。如牛顿、爱迪生、爱因斯坦等科学家都是善于发现问题的人。

巴尔扎克曾经说过:"打开一切科学大门的钥匙都毫无疑问的是问号。我们大部分的伟大发现都应当归功于'如何',而生活的智慧大概就在于逢事问个为什么。"古今中外的教育家、心理学家对"问题"研究论述较多,但实际上,学生能真正使用"问题"学习的却不多见。原因是多方面的,其关键是考试评价的影响。学生往往为了追求考试有好的成绩,觉得背诵记忆省时省力,于是提问就少了,久而久之,难以养成提问的习惯。杨振宁博士对中美教育进行比较时曾经谈到,中国学生有囿于书本、缺乏独立思考和提问的缺点。1997年诺贝尔物理奖获得者朱棣文教授也有类似的评价。

青少年思维活跃,他们头脑中弄不懂的问题很多。那么,他们为什么不向老师质疑呢?据了解,主要有以下原因:一是有些学生出于爱面子的虚荣心理,即使有问题也不敢质疑,总害怕问错了会引起同学的讥笑,对质疑有后顾之忧;二是有些学生不善于质疑,他们只是虔诚而认真地接受老师传授的现成知识,不善于思索和怀疑,因而也就感到无问题和无疑问;三是不会质疑。有的学生受应试教育和学习上的功利主义的驱使,他们平时很少与老师探讨一些知识性、学术性的问题,而是经常询问诸如考什么、怎么考等与考试有关的非知识、非学术问题;四是有的老师不鼓励不支持学生质疑。出于狭隘的师道尊严,有的老师怕被学生问住,面子上不好看,因而不喜欢那些"打破砂锅问到底"的学生,而喜欢不质疑的学生。有的老师甚至错误地认为,学生与老师争辩问题,是对老师权威的冒犯和不尊重,会降低自己的威信。久而久之,学生逐渐形成了迷信权威、迷信书本、迷信老师的思维定式,不敢对有疑问的问题提出质疑,从而限制了学生质疑和创新思维能力的发展。

如何培养质疑能力

俗话说得好,学问学问,一学二问。在我国古代,人们很早就注意到质疑对知识学习和学术研究的重要意义。古人云:前辈谓学贵知疑,小疑则小进,大疑则大进。孔子鼓励学生:"每事问。"大科学家爱因斯坦在回答他为什么可以作出科学贡献时说:"我没有什么特别的才能,不过喜欢寻根刨底地追究问题罢了。"他甚至认为,提出问题比解决问题更重要。那么怎样培养自己的质疑能力呢?在学习中我们可以从以下几点入手:

(1)预习质疑。课前预习是高效快速而又主动的学习法。首先要"读进去",边读边想,提出疑问,然后带着疑问去查读、询读,去解决问题。

预习后,合上书想一想:老师在下节课要讲些什么?自己懂不懂?与这个新问题有联系的旧知识是什么?自己是否已掌握?还有什么问题需上课解决?这样,可以看出自己预习的效果怎样,以便调整、改进。

(2)上课质疑。思维始于问题,我们要勇于批判。这个问题老师讲得对吗?这个问题书上说得对吗?

实践证明,只有对问题进行独立思考后,才可能产生新的见解,而讨论可以相互启发促进,激起新的思考,提出新问题。成绩好的同学总是有好多问题问老师、同学,总是喜欢讨论。我们应当克服胆怯、懒惰或漠不关心的心理,不然将会影响学习效率的提高。因为有问题不提,你的思维将得不到发展;能回答而不积极发言,你就感受不到成功的欣慰。进而言之,你的学习主动性也没有充分发挥,语言表达能力也得不到提高。

(3)习题训练质疑。练习的过程是知识的应用与迁移的过程,也是知识巩固与系统化的过程。如对于一题多变、一题简

(巧)解等,多想一想"怎样变"、"怎样解"？有意识训练、培养自己的举一反三、触类旁通的能力及思维的发散性、创造性。

(4)加强创造性思维能力的培养,培养学生敏锐的直觉思维。利用启发式程序,帮助学生直觉地找到解决问题的线索和方法,鼓励合理猜想,不轻易否定,鼓励学生思维的反常性和超前性。培养学生广阔的联想思维。从某一问题出发,突破习惯和规律的约束,从不同的方面进行广泛的联想,如因果联想。受因果关系启发,由因想到果或由果想到因。如光在不同媒质介面上的折射,学生可提出:"光在发生折射时速度是否会改变？"又如,运用反向联想,从当前的对立面去获得启发。如学过的电能可以转变成内能后,把思维的结果倒过来思考,提出:"内能是否可以变成电能呢？"

家长对策

1. 转变观念、明确意义,诱发孩子积极质疑的内在动机

李政道博士在复旦大学演讲时,说过一句耐人深思的话:"中国古代讲究做学问,而现在的学生,却是在做'学答'。"现在学生普遍认为提问是教师的事情,而我们只管答题。因此我们有必要转变学生的观念,即提问不仅仅是教师的事,更是你们学生自己的事。同时向学生明确指出,人类认识世界和改造世界的过程也就是不断"提出问题、分析问题和解决问题"的过程,人类的每一次发现和每项创造都是以提出问题为起点的,从无例外。能否敏锐地发现问题和"提出问题",是提高素质的组成部分,也是判断一个人是否具有创新意识和开拓精神的重要依据。

2. 创造问题情境,使孩子有问题要问

教育家苏霍姆林斯基说过:"当一个年幼的人不是作为冷

漠的旁观者,而是作为劳动者,发现许许多多个为什么,并且通过思考、视察、动手而找到了这些问题的答案时,在他身上就会像由火花燃成火焰一样,产生独立的思考。"而启发学生思考的关键在于创设一种情境。学生质疑能力的发展及培养,不仅有赖于知识和能力的基础,而且还要依赖于问题情境的设置。因此,教师要善于把需要解决的问题有意识地、巧妙地寓于各种各样符合学生实际的知识基础之中,在他们的心理上造成一种悬念,将学生置于"心欲求而不得,口欲言而不能"的境地,就能引起他们的好奇和思考,激发他们的认识兴趣和求知欲望。

3. 教给孩子方法,使孩子会问

课堂上,有时学生提出问题抓不住要领;有时提出的问题太简单,没有思考价值;有时冥思苦想也提不出问题。这就需要教师的引导,也就是教师要教给学生质疑的方法,让学生了解可以从哪些方面着手提问。如:引导学生在已有知识与未有知识之间的矛盾冲突中质疑,从新知识的意义、性质、特征上质疑,从自己不明白、不理解的地方质疑,从课题上质疑等等。教师要在关键处扶一把,送一程。采取低起点、严要求、勤训练、上台阶的策略,循循善诱,不厌其烦,使学生一步一步上路,学会用恰当的语言表达自己的疑惑,并进而达到问得巧、问得精、问得有思维价值。

4. 为孩子提供各种思考和探索的机会

教师和家长要更新教育观念,优化教学方法,提供多种观察、操作、思维及语言表达的时机,鼓励和指导学生自学,引导学生主动参与学习的全过程,善于提出与教材重点有关的问题,使学生对所学知识感到有问题可想,有问题可提,有问题可议。与此同时,他们也会逐渐养成一种勤于思考、勤于探索的良好学习习惯,从而主动地学,积极地学,紧张地学,高效地学。

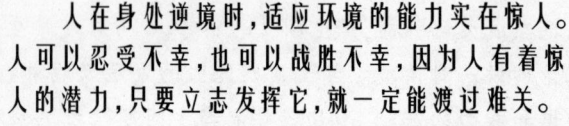

> 人在身处逆境时,适应环境的能力实在惊人。人可以忍受不幸,也可以战胜不幸,因为人有着惊人的潜力,只要立志发挥它,就一定能渡过难关。
> ——(美)卡耐基

第57法:发掘孩子的学习潜能

学者对学习潜力的解释不尽一致,一般可以认为是学习过程中学生尚未表现出来的潜在的学习可能性。与现实的学习能力相对,学生通过自身努力或老师家长的辅导,可以使之转化为现实的学习能力。除智力因素外,非智力因素如理想、求知欲、坚持性等心理品质也是构成这种潜力的重要因素。

人的学习潜能的存在和人脑的生理机制有着紧密联系,科学家对大脑的研究表明人脑有巨大的潜力。从细胞量来讲:人脑大约有140亿个具有5000万种不同类型的神经细胞,记忆是靠细胞间的联系进行的,根据科学家的估计,人脑中存在着100亿个到500亿个信息连接键(也叫突触),正常人脑可贮存1000万亿信息单元,是人生用之不尽的。然而有迹象表明人们只利用了其中的30%—50%的贮存。这对人来说是个极大的浪费。因此,开发利用新的贮存有着极其广泛的可能。近年来我国在开发学习潜力方面进行了一些有益的实验和探索,诸如上海师大的"充分发掘儿童少年智慧潜力的教改实验",全国许多中小学开展的"气功健脑益智实验"等,都取得了良好的效果。关于大脑结构与功能的研究,为我们科学地开发学习潜能,为学生创造力的培养提供了许多有价值的启示。

学习潜能是指学生在学习中未被使用的能力,遗传素质为学习潜能的开发提供了可能性,但它们两者不是一回事。遗传素质按统计分析,天才、一般人才和智能低下的分布呈正态曲线。然而学习成绩的分布则一定呈正态。如美国教育家布卢姆曾提出:"中小学的每门学科几乎是每一个学生都能学会的知识,通过对差生的反馈补救性实验,证明了可使80%—90%的学生取得优秀的成绩。"这种学习成绩分布不符合智力常态分布的曲线,一方面证明了人学习潜能的存在,另一方面打破了遗传决定论的错误认识。人的学习潜能是多方面的,同时又具有一定的差异性,如根据美国吉尔福特的做法,他把人的智力通过立体排列可以排成一百多种智力;一个学生可能在文学方面有高智力,而在数学方面没有高智力。由于境遇的不同,有些人有幸受到良好的教育,他们的特殊才能得到了发挥,他们会成长为音乐家、数学家、诗人、哲学家、科学家、政治家等。教育的目的就是要使每个儿童都拥有同样的机会,最大限度地发挥自己的才能。当然,并不是每个受过良好教育的人都能成为学者或著名人物,这其中是否还有差异和其他因素存在呢?学习潜能转化为现实性还需要一定的条件,因此研究这种可能性和现实性的关系及它们相互转化的条件,可以使我们的学习更加具有科学性和针对性。

如何开发学习潜能

人的学习潜力是巨大的,但这一潜力需要积极开发,才能使潜力变成实际的能力。那么我们怎样开发自己的学习潜能呢?

(1)要树立远大志向。古人讲"非志无以成学"、"志不强者智不达"。所谓立志就是激励自己走向一条进取的、迎难而上的、智慧的人生之路。人有了志向，就会对自己严格要求，就会克服前进路上的任何困难，他的聪明才智才会发挥出来。正如高尔基所说："我常常重复这样一句话，一个人追求的目标越高，他的才力就发展得越快，对社会就越有益，我确信这也是一个真理。"有些同学智商很高，但由于缺乏远大志向，现有的智力都不能得到彻底发挥，更谈不上开发潜能。

(2)要提高身心健康水平。健康的身体、充沛的精力、愉快的心情可使人的智力机能很好地发挥作用，反之，人的智力活动就会受到压抑。可见身心健康是开发潜能的基础。要提高身体健康水平，可以从饮食、睡眠、锻炼三方面进行调整。要提高心理健康水平，需要涵养自己的性情，建立和谐的人际关系。

(3)培养良好的心理品质。心理品质包括道德品质、意志品质、自信心、责任心等。有一位心理学工作者对1850年到1950年间的301位科学家进行研究，发现这些人不但智力水平高，而且在青少年时期就表现得十分坚强，有独立性，这些人充满自信心，有百折不挠的顽强精神。可见，培养良好的心理品质对开发人的学习潜能作用重大。

(4)学会学习。有人说过："未来的文盲不是不识字的人，而是没有学会学习的人。"学会学习可以使人更有效地发挥出自己的学习潜能。学会学习包括全脑学习、全身心学习、科学学习、创新学习等。有机会可以系统地学习这些新的学习方式和科学的学习方法，以帮助同学们更好地开发自己的潜能。

(5)培养调适学习情绪。学习情绪是一种能量，因此注重对学习情绪的开发，使积极的学习情绪得以充分释放，让消极情绪消失，促其代谢，绝不任其积压。长期以来，考试——分数——升学，主宰束缚了教师，指挥着教学，就像三座大山压在学生头上。但是，当前还不能取消考试，不能没了分数，更不能不要升学，所以我们要学会调节自己的情绪来适应教学。

上面我们重点从5个方面讲了怎样开发学习潜能，实际上主要是两大方面：一是学会做人，一是学会学习。这两方面也是密切联系在一起的，希望同学们在学会做人中体会学习的规律，在学习中领悟人生的道理。

家长对策

1. 提高对人的潜能的估计，相信学生身上有着巨大的潜能可挖，使学生感到自己不是无所作为

目前的教育制度没有很好地为儿童智力发展的惊人速度做准备，儿童的潜能往往受到传统观念的抑制。因此教育必须抛弃陈腐的传统观念，并学会开发儿童大脑潜能的一些技巧。但令人遗憾的是，多年来的刻板教育并未给儿童提高智力做什么准备，而是强迫儿童去适应某些方面的约束，这是违背儿童天性的错误做法，对教育儿童非常不利。

2. 从情感方面来开发孩子学习的潜能

通过情感激发学习的动机，促发学习的潜能；激活兴趣，诱发潜能；激励意志，开发潜能等。苏联教育家赞可夫曾说过："教学法一旦触及学生的情绪和意志领域，触及学生的精神需要，这种教学法就能发挥高度有效的作用。"现代心理学研究表明：积极健康的情感能够有效地强化人的智力活动，能使学生精力充沛、思维敏捷、想象丰富、记忆力增强，学生的学习潜能会得到有效的发挥；反之，消极不健康的情感则会使智力活动受到抑制、降低学习效果。

第十二章 心态决定一切
——培养良好的学习心理

> 卓越的人之一大优点是：在不利与艰难的遭遇里百折不挠。
>
> ——(德)贝多芬

第58法：在跌倒的地方爬起
——遇到挫折怎么办

处于成长期的孩子，无论在学习还是生活中都可能会遭遇这样那样的挫折。如果孩子经受不住挫折，不能学会清醒地面对失败，他们也就永远不能体会成功的喜悦。因此，我们要帮助孩子正确面对挫折，让他们以积极健康的心态坦然应对学习和生活中的磨难，从而更快地成熟和坚强起来。

电灯在我们今天看来是普普通通的，但是在19世纪的时候，人们能用的是一种弧光灯。这种灯声响大且污染空气，当时的人们对于这种灯都已十分满意了，可是爱迪生却并不这么认为，因而开始改革弧光灯，变弧光灯为白光灯。若要完成这项工作，必须找到一种能燃烧到白热的物质做灯丝，这种灯丝要经

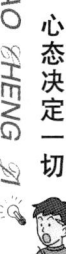

受热度在二千度且一千小时以上的燃烧,这种想法让当时一些科学家讥笑不已,认为这是一种梦想。于是爱迪生开始了一个坚苦的历程,他先是用炭化物质做试验,失败后又以金属铂与铱的高熔点合金做灯丝试验,还做过矿石和矿苗共一千六百种的不同试验,结果都失败了。经历这么多的挫折,他仍不气馁,他昼夜不息地把全副精力用在炭化上,仅植物类的炭化试验就达六千多种。他的试验笔记簿多达二百多本,共计四万余页。先后经过三年的时间,直到有一天他把试验室里的一把芭蕉扇边上缚着的一条竹丝撕成细丝,经炭化后做成一根灯丝,结果这一次比以前做的种种试验都优异,这便是爱迪生最早发明的白热电灯——竹丝电灯。这种竹丝电灯延用了好多年。直到1908年发明用钨做灯丝后才代替它。

从爱迪生的身上我们看到了他面对挫折不屈不挠的精神品质,在经历那么多挫折与失败之后,他终于实现了自己的设想。遭受挫折,是人们在生活和学习过程中的必然现象。家长要指导孩子正视挫折,认真分析挫折产生的主客观原因,人总有失败,要鼓励孩子继续尝试,使得他们在今后生活中能够接受困难的任务,实现具有挑战性的目标。

正确地面对挫折

人的一生不可能总是一帆风顺的,总有这样那样不顺心的事,孩子们在学习过程中遇到这种现象,最重要的是要学会正确面对它。随着社会的进步,社会竞争日趋激烈,有竞争就会有失败,有挫折,如果一个没有抗挫心理素质的人,是无法适应这种残酷现实的。我们知道,现在独生子女的家庭居多,对于自己的孩子家长都是呵护有加的,不想让孩子遭遇一点点的不幸和打击。但是,一个从小一帆风顺的孩子,如果进入社会就犹如失去了一层保护膜,外界一点点挫折的袭击都会让他措手不及,甚至产生致命的伤害。因此,家长应该在对孩子的教育中加入挫折教育的元素,使他们能够正确地面对挫折。

在孩子的日常生活中,可能碰到的挫折情景很多,比如说考试成绩失常、在比赛中名次落后、被老师误解、受同学冷落等等,这些都是孩子们可能遇到的问题。家长在对待孩子的这些问题时,可以把握时机,把这些作为训练孩子抗打击能力的内容,让他们明白,大凡取得成功的人士,都是在与困难和挫折的斗争中获得的,不经历一番艰难困苦的奋斗,没有一些非同凡响的经历,人生很难辉煌。如果利用得当的话,可以提高孩子应对挫折的能力。

合理使用挫折教育,引导孩子向成功奋斗

在一般家长的观念中,孩子年龄还小,心理还很不成熟,应该给他们的成长以最良好的环境,不能让他们受一点点的挫折和打击,认为挫折只能使孩子痛苦、紧张,故而把挫折看成是有弊而无利的东西。其实,一个人在成长的过程中受点挫折,对他的整体发展是很有好处的。孩子遭受挫折的经历有利于培养他们的良好品德,有利于发展非智力因素,有利于丰富知识,提高能力,也有利于他们更好地适应社会。因此,家长应正确看待挫折教育,把它看成是磨练孩子意志、提高他们适应力和竞争力的有利武器。

首先,家长应帮孩子恰如其分地看待挫折。要使他们明白,困难不等于失败,成功的过程中遇到困难是正常的。然后为他们分析挫折,甚至给孩子讲讲父母自己小时候失意的经历,从中得出经验和教训,这样能引起孩子的共鸣,起到很大的帮助作用。

其次,家长要培养孩子面对挫折的积极态度,要让孩子知

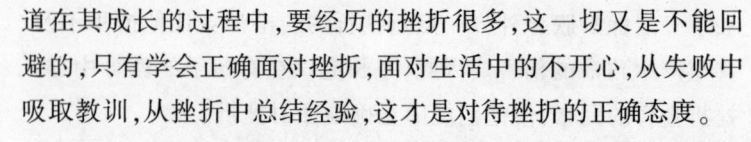

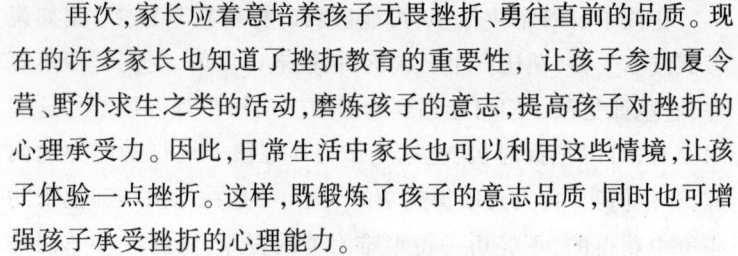

道在其成长的过程中,要经历的挫折很多,这一切又是不能回避的,只有学会正确面对挫折,面对生活中的不开心,从失败中吸取教训,从挫折中总结经验,这才是对待挫折的正确态度。

再次,家长应着意培养孩子无畏挫折、勇往直前的品质。现在的许多家长也知道了挫折教育的重要性,让孩子参加夏令营、野外求生之类的活动,磨炼孩子的意志,提高孩子对挫折的心理承受力。因此,日常生活中家长也可以利用这些情境,让孩子体验一点挫折。这样,既锻炼了孩子的意志品质,同时也可增强孩子承受挫折的心理能力。

另外,对于挫折教育,认识也不能偏颇。一些家长认为,挫折教育就是批评、罚站、不给饭吃,与孩子对着干,让孩子服输等。有的家长认为,孩子的耐挫折能力差是因为家庭溺爱造成的,所以只要让他吃点苦就能解决问题,其实问题不是那么简单。这些简单不科学的教育方式只会损害孩子的身心健康,会让他们无所适从,更加不能面对挫折。科学的挫折教育应该是抗挫折教育,通过教育使孩子有勇气面对困难,能够机智地应付困难,有能力来解决困难。挫折教育要根据孩子的性格特征,有的放矢地进行有效教育,苛刻地批评、大声地谩骂、严厉地责打或者是与孩子对着干,都是无法达到教育目的的。

家长对策

1. 注重父母的言传身教

最好的教育内容就是活生生的现实,父母可以有选择地将自己事业和家庭生活中遇到的挫折和不如意告诉孩子。为孩子正确对待各种挫折和不如意树立榜样。父母是孩子最早也是最有影响力的老师,父母对生活的热爱、执著、不怕困难的态度和坚强的意志,是儿童面对挫折的最强有力的精神支柱。父母身上的这些良好品质,会对孩子产生巨大的影响,在潜移默化之中会转移到孩子身上。

2. 激发孩子的自信心,培养良好的性格

对现实的态度、学习生活的目的性、自制力、坚忍性等是性格的重要内涵。在日常生活中,应有意识地培养孩子学会自己照顾自己,自己的事情自己做。比如自己穿衣、吃饭、整理房间等等。孩子在自己做主的过程中学会了自立,增强了自信心。另外,在孩子有消极心理的时候,应注意疏导,保持他们积极快乐的心境,避免他们陷于不良心态中不能自拔,培养他们不畏困难、坚强、豁达、果敢的优良品质。

3. 为孩子提供获得成功的机会

这一点也十分重要,挫折教育的目的最终是要孩子正视挫折,最终在挫折的基础上取得成功。如果孩子每天面临的都是挫折,那么他们的自信心也是要遭到很大的打击的。因此,家长要根据孩子的个性特点、能力水平提适当的要求,让孩子做力所能及的事,通过成功自我激励,体验成功的喜悦,获得信心。

> 在成功面前,首先应该想到的是获得成功之前的挫折和教训,而不是成功后的赞扬与荣誉。
> ——(俄)巴甫洛夫

第59法：不以物喜，不以己悲
——如何面对一次成功

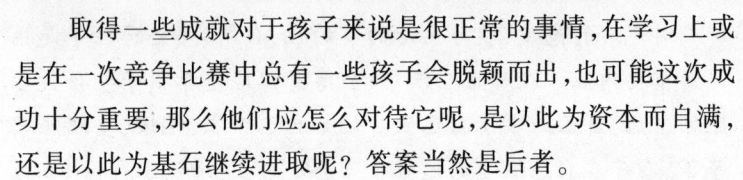

取得一些成就对于孩子来说是很正常的事情，在学习上或是在一次竞争比赛中总有一些孩子会脱颖而出，也可能这次成功十分重要，那么他们应怎么对待它呢，是以此为资本而自满，还是以此为基石继续进取呢？答案当然是后者。

我们都知道，小说《平凡的世界》是路遥先生的作品，他为我们奉献了一部精彩而且感人至深的著作，但在《平凡的世界》的诞生背后还有一个故事，若不是路遥先生并不因成功沾沾自喜，这部名著就不可能诞生了。路遥先生的小说《人生》发表后，得到了很大的赞赏，无数的信件从全国四面八方寄来，向他请教各种各样的问题，许多刊物向他约稿，许多剧团、电视台、电影制片厂要改编作品，随着电影《人生》的上映，更使路遥先生的这次成功体验达到了巅峰。但是，就在这种时刻，路遥先生进行了深刻的自责和思索。他深切地感到，尽管创造的过程无比艰辛而成功的结果无比荣耀，尽管一切艰辛都是为了成功，但是，人生最大的幸福也许在于创造的过程，而不在于那个结果。人，不仅要战胜失败，而且还要超越胜利。他决定不能这么下去了，于是决定要写一部规模很大的书，它的主题性应该在《人生》之上，于是《平凡的世界》的立意便在这种思索之中产生了。

站在这么高的成功之上，对自己进行自责和批判，这需要很大的勇气。如果路遥先生津津乐道于自己的上一次成功，那么，更为恢弘的《平凡的世界》就不可能产生，一部传世的佳作也就不会出现在我们面前了。对于还不很成熟的孩子，面临一次成功的时候，也是需要勇气超越的，家长在其中的作用十分重要,既要让他们感受到成功的喜悦,又不能让他们止步不前,这是需要以一定的策略加以引导和指向的。

孩子的成功需要激励

有这么三个孩子,第一个孩子4岁才会说话,7岁才会写字,老师对他的评语是:反应迟钝,思维不合逻辑,满脑子不切实际的幻想。他曾被勒令退学。第二个孩子曾被父亲抱怨是白痴,在众人的眼中,他是毫无前途的学生,艺术学院考了三次还考不进去。他叔叔绝望地说:没希望了。第三个孩子经常遭到父亲的斥责:"你放着正事不干,整天只管打猎、捉耗子,将来怎么办?"所有教师和长辈都认为他资质平庸,与聪明沾不上边。这三个孩子分别是爱因斯坦、罗丹和达尔文。

不知道家长们看完三个孩子的故事有何感想,我感到无论哪一个孩子身上都有闪光点,也都有不足之处,而发掘他们的潜能,使他们的闪光点发挥出来,他们就能取得成功,而不是像上面的三位伟人所遭遇的那样,被老师和家长只看到了缺点而没有发掘他们的长处。我们不奢望每一个孩子都成为伟人,但是,对每一个孩子正确引导的话,他们都会有所成就的。对一个孩子来说,对于他们取得的一次成功是需要激励的。否则,在他们看来付出了巨大努力的行为没有得到最亲近、最尊敬的人的认可,那可能是一种十分重大的打击。比如有一个孩子,他们班有40个孩子,他的成绩在班里面排在30名左右,他自己暗暗地下决心,一定要追上去。于是,他花了许多时间补课,加强对弱科的复习,在期中考试的时候考到第19名。如果家长看到这个成绩只是撇撇嘴:"这成绩算什么,你没希望了。"那么,你一句话可能就断送了孩子上进的念头,他很可能自信心受挫,感到自己不是学习这块料,甚而破罐子破摔起来。如果家长对这个成绩抱以极大的鼓励,说:"强强真了不起,一下子进步了十几名,快和前几名的同学靠齐了。"那么,他肯定大受鼓励,会以更大的努力和干劲向更远的目标奋进。

因此,对孩子们的教育是需要家长十分投入地进行的,在恰当的时候一句激励比得上为他们补许多课,甚至超过上许多节课的作用。

成功只是起点

教育孩子以正确的态度面对成功与教育他正视失败同样重要。小小的成功通常会成为孩子心理暗示的一个因素,他们或许会因此而自信,或许因此而自满,这些都有可能,要根据不同孩子的特点来对待。一次比较大的成功,有时候会成为孕育孩子不良心理状态的起点,他们会因此而骄傲,会因此裹足不前,这时候成功便成了一种陷阱,要避开这种陷阱,就需要家长指导孩子睿智地面对成功。

我们都知道仲永的故事,仲永五岁的时候,突然大叫要写字的工具。父亲为这事惊奇起来,借了邻居家的文具给他,他写了四句诗,而且自己题上名字。后来传给整个乡里很有才识的人去看。县里人也都惊奇这件事,渐渐地把他父亲作为重要人物看待起来,有的还花钱来请他。父亲就把这作为取利的工具,天天拉着仲永到处访拜乡里人,不让仲永学习。到仲永十二三岁时,叫他写诗,跟以前的名声完全不相称了。再到二十岁时,已经和普通人一样了。这也就是我们所说的"伤仲永",一次小小的成功,让他的父亲从自满到自负,最终糟蹋了仲永的天赋。

因此,一次成功只是一个起点,家长和孩子都不应在这次成功上止步不前,应该把这次成功作为进步的基石,在这一次成功的基础之上取得更大的成绩。有时候家长们可能对孩子遭受的挫折十分重视，而对孩子的成功没有给予足够的重视，仅仅以愉快的心情看待它，而忽略了它可能带来的负面影响。在一定意义上，一次成功对孩子的影响甚至比一次挫折还大，因为成功有时候是一个界碑，要超越它是需要极大的勇气和毅力的。在这个过程中家长的作用是十分重要的，既要对孩子的成功加以鼓励，又要把他们的心绪拉回来，使其并不满足于这一次的成功。这就需要把握适当的火候，在适当的时候做适当的工作，使孩子们在成功的道路上奋进。

家长对策

1. 别用家长的成功观念来要求孩子

在许多家长看来，多学几门外语、会跳舞蹈、会弹钢琴是评价孩子优秀与否的重要标准，实践中运用的则是"吃得苦中苦，方为人上人"的思路。这是用家长的观点在为孩子设计前途。不少孩子是带着泪花练舞、弹钢琴的。也不是每一个孩子都在语言方面有天赋，学好外语也并不是容易的。因此，不要强迫孩子接受自己的成功观念，也就是家长自己心中成功孩子的模式，强迫只能起到相反的作用，使孩子失去本应获得的幸福。

2. 不要拿孩子滥作比较

拿孩子滥作比较是有害的，这样的话语如"你看人家小刚，处处比你强""你怎么不像真真一样，你的学习环境一点也不比她差"常常被父母们使用，他们想以此激励孩子的好胜心，但事实上这样的指望往往落空。这样做不仅打击了孩子的自信心，而且常常产生逆反心理，因而是极不可取的。

3. 以发展的眼光来看待孩子

孩子的发展是一个过程，这个过程肯定是有得有失的，有

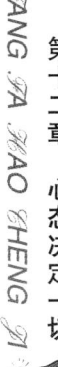

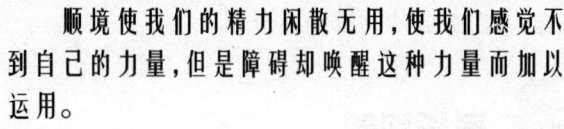

成功也有挫折的,如果家长经常贬斥孩子,就会伤害他们的自尊,降低他们的自信心。孩子是一个完整的人,是一个不断发展的人,看待孩子应有全面的眼光、发展的眼光。有了这样的观念,家长对待孩子的成功和挫折就会以合理的方法来处理,而不会只看一点,不及其余了。

> 顺境使我们的精力闲散无用,使我们感觉不到自己的力量,但是障碍却唤醒这种力量而加以运用。
>
> ——(英)休谟

第60法:如何对待学习疲劳

观察一下身边的孩子,可以发现许多优秀的孩子用在学习上的时间并不是很多,然而却比一些天天把精力和时间花在教室和课本上的孩子学得好,这说明了一个问题,疲劳战术并不足取,在相同的时间内取得较高的效率才是科学的学习方法。

听我们一位老师讲过这样一件事情,他的孩子要面临中考了,每天忙忙碌碌的,学习十分刻苦,他感到十分欣慰。距离考试只有半个月了,他想了解儿子备考的情况,晚上看到儿子刚想说话,儿子匆匆打了个招呼,把一本课堂笔记放在桌子上,很快便回到自己房间里用起功来,他只好把自己的话装回了肚子里。过了一会儿,儿子又走进客厅,在书架、沙发上到处翻找什么,连续来回几次,好像丢失了什么。于是我们的老师便问他是否找课堂笔记,他惊醒似的连声说是。我们老师看到儿子神情恍惚,马上判断他备考复习太辛苦,用脑过度,便要他休息半天,待思想放松下来,仔细检查一下复习进度,制订一个有劳有逸、互相穿插的复习小计划,并保证每天的睡眠时间。经过调整,他很快从抑制的精神状态中恢复过来,从而进入最佳心理状态。

正视孩子的学习疲劳现象

目前,中小学生学习疲劳是比较普遍的现象。学习疲劳是学生在连续学习之后出现的一种生理、心理异常状态,其表现是:大脑反应迟钝,头麻木或者疼痛,注意力分散,思维滞缓,情绪沮丧或烦躁,对什么都不感兴趣。从心理学的角度来看,成年人注意力集中一次最多50分钟,而孩子年龄越小注意力集中的时间越短,因此我们不能让孩子连续学习好几个小时,否则会造成孩子用脑过度、神经衰弱、注意力涣散、记忆力下降等。应该让孩子学习30~45分钟,休息10~20分钟。大脑只有在睡眠和体力劳动或体育锻炼时才能得到真正的休息。而且,每天要保证孩子的体育和休闲时间,每天的体育运动量至少保证一小时,而大脑在运动时氧气才最充分。那些认为孩子越是学习不好就越要多学的观点应该摒弃。其实,对于那些注意力不集中、自觉性差的孩子,长时间的学习并没有什么效果,而应该用平衡能力训练、协调性训练、触觉训练等专门的心理训练来解决能力问题,提高学习效率。

导致学习疲劳的原因很多,总结起来,学习负担过重是主因之一。而负担过重,既有学校老师的原因,也有家长的原因。我们常说的"题海战术"便是学校在这方面的表现,而有些家长

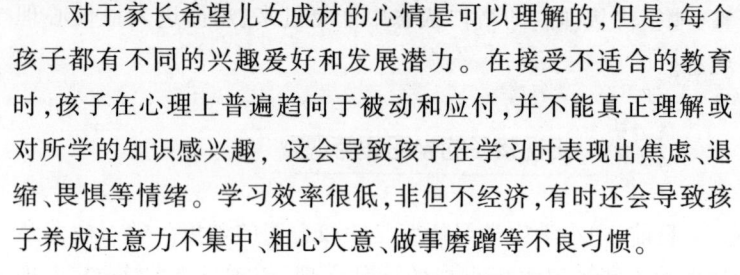

出于望子成材心切,还自行给孩子加上负担,在完成学校的作业之外又加些练习,这当然是孩子所不能承受的。另外,造成学习疲劳,也有孩子学习方法的原因。缺乏良好的学习习惯,使孩子们只知道死记硬背,用长时间的学习来补课,便造成效率不高、睡眠不足,脑子得不到充分的休息。

对于家长希望儿女成材的心情是可以理解的,但是,每个孩子都有不同的兴趣爱好和发展潜力。在接受不适合的教育时,孩子在心理上普遍趋向于被动和应付,并不能真正理解或对所学的知识感兴趣,这会导致孩子在学习时表现出焦虑、退缩、畏惧等情绪。学习效率很低,非但不经济,有时还会导致孩子养成注意力不集中、粗心大意、做事磨蹭等不良习惯。

摒除疲劳战术,提高孩子学习效率

家长们可能会发现孩子有这样的症状,下午上课时注意力经常不能集中,甚至会打瞌睡。无论是老师还是家长的提醒、教育都无效。孩子们自己也不知道这是怎么了,他们觉得上午还精力十足,情绪饱满,学习状态很好,可一到下午就不行了,头昏脑胀,精神不振,注意力下降。当然,这不是病,是人体的生物钟在发挥作用。人体生物钟与一个人的生活习惯有很大的关系,天长日久形成自己的习惯后,生物钟便会在不知不觉之中,使人的生理和心理状况在某个特定时间发生变化。我们上面所说的情况就是生物钟作用的结果。因此,对于孩子的学习应该根据孩子的生物钟状况予以安排。在不同的精神状况安排他们不同的学习和活动内容。家长应该注意的一点是,学习时间长并不等于效果好,要提高学习效率,就要了解孩子的学习心理规律,处理好学与玩的关系。我们常看到家长抱着望子成龙的心理,送孩子去上各种各样的学习班,平常几乎没有时间玩。过多的学习负担不仅没有提高孩子的学习成绩,反而造成了孩子的心理障碍,影响了学习。

在家长们身上经常出现的一种状况就是没有用科学的方法来提高孩子的学习能力,而是限制孩子的娱乐时间,整天逼着孩子学习,孩子一看到书本就头疼,故意磨磨蹭蹭,看他一天到晚坐在那里,实际上一点也没有学进去。学习能力在上面的章节中我们讲到过,如逻辑思维能力、发散思维能力和集中思维能力等,都对孩子有十分重要的意义。所以,家长不要片面地给孩子硬灌知识,而要根据孩子的心理发育规律,因势利导,让孩子在学习中锻炼能力,以学习能力的提高来促进学习,提高学习的效率。

另外,充足的睡眠对于提高孩子的学习效率也是十分重要的。孩子们正处在长身体的关键时刻,假如没有充足的睡眠,上课注意力就不能集中,看书、解题效率低下,一定量的作业就会花费更多时间,要完成作业必然又去挤掉睡眠时间,长久下去将会形成恶性循环。所以要提高学习效率,必须要用充足的睡眠来保障。

家长对策

1. 加强对孩子合理利用时间、提高效率方面的指导

家长要帮助孩子制订一个学习计划,根据他们的生物钟状况和心理活动规律状况,明确他们每次学习的时间、任务和目标要求。通过这种定时的锻炼,可以让孩子体验到提高学习效率可以相对增加娱乐时间的喜悦。而且,不同的时间做不同的事情,可以避开孩子的低效率阶段,使他们在最合理的时间做效率最好的事情。

2. 为孩子制订切实可行的学习目标

每一位家长都希望自己的孩子在学习上是最好的，但是在一个集体里学习最好的孩子只能有一个，对于不同的孩子，他们面临的目标可能是不同的，所以在为孩子制订学习目标的时候，应该是他们力所能及的。否则，如果为孩子制订了一个他们达不到的目标，不但会使他们不堪重负，对于他们的自信心也会有重大的影响。所以对孩子的要求必须切实可行，只要孩子努力了，就是最棒的，过高的要求会对孩子造成强大的心理压力，一旦学习上起波动、发生挫折时，过大的心理压力会摧毁学习信心，造成不良后果。

3. 合理营养，保证睡眠

在上面的章节中我们也提到了保证孩子营养的问题，孩子们正处于长身体的重要阶段，营养对于身体的发育和智力的发育都是十分重要的，这就需要家长为孩子提供科学的膳食。另外，保证睡眠也是在本节中必须强调的问题，只有在保证睡眠的前提下，孩子的大脑才能高效率地运转，这一点也是家长应当重点为孩子考虑到的。

> 哪里没有兴趣，哪里就没有记忆。
> ——（德）歌德

第61法：兴趣是最好的老师
——培养孩子学习的兴趣

兴趣是孩子最好的老师，在孩子的成长过程中，兴趣具有十分重要的作用。家长作为孩子的第一任老师,在家教实践中培养和发展孩子的兴趣是首要任务。

数学家高斯很小的时候就对数学有着极大兴趣,很早就展现出过人的才华。他三岁时就能指出父亲账册上的错误。七岁时高斯进了小学,在破旧的教室里上课,当时他的老师对学生并不好,常认为自己在穷乡僻壤教书是怀才不遇。但是高斯并没有因为环境的恶劣而改变对数学的热爱,他贪婪地吸收课内课外的数学知识。在他十岁时,老师出了一道题目,即:从一加到一百等于多少,在其他孩子都在苦苦加减数字的时候,高斯却在几秒钟后将答案解了出来,他把数目一对对凑在一起:1+100,2+99,3+98,……,49+52,50+51,而这样的组合有 50 组,所以答案很快就可以求出是:101×50=5050。老师终于发现了高斯的才华,他知道自己的能力不足以教高斯,就从汉堡买了一本较深的数学书给高斯读。老师还和助教去拜访高斯的父亲,要他让高斯接受更高的教育,但高斯的父亲认为儿子应该像他一样做个泥水匠,而且也没有钱让高斯继续读书。后来,高斯不顾父亲的反对进了高等学校。基于对数学莫大的兴趣,高斯从一点点的知识积累开始,最终获得巨大的成就,被尊称为近代数学奠基者之一,和阿基米德、牛顿、欧拉并驾齐驱。

因此,兴趣是学习的巨大动力,孩子如果能带着浓厚的兴趣学习,便会由被动变成主动,心情变得愉快,注意力就能变得持久,观察力就能变得敏锐,想象力也会变得丰富,也容易保持兴奋的学习劲头。

发掘和引导孩子学习的兴趣

兴趣是孩子做一件事情最直接的推动力,也是孩子进行智力活动最好的心理驱动。广泛而有益的兴趣是孩子们智力发展的巨大推动力，它可以使儿童开阔眼界、获得多方面的知识与信息，为他们进行思维与想象活动提供基础条件。许许多多的事例都证明，成功的支柱之一就是对事物的浓厚兴趣，没有兴趣，一切教育都是寸步难行的。

留意一下我们身边的家长，在家庭教育当中，忽视或根本不顾及孩子兴趣的情况十分普遍。不少家长是用成人化或者社会化的角度和眼光来定位孩子的兴趣方向，让孩子学音乐，又让孩子学美术。一会儿觉得钢琴是有品位人的艺术，为孩子们订下学习钢琴的计划；一会儿又觉得绘画不错，一个成功的画家更为人们所羡慕，于是又让孩子学画画儿。这些培养的方式丝毫没有顾及孩子自己的意愿，有的孩子是喜欢运动的，激烈的对抗才是他们的至爱，可是在家长看来剧烈运动对孩子的发展没有任何好处，便用不同的方式改变他们的注意方向，甚至施以强制命令，久而久之，孩子的兴趣被扼杀了。这种被动的接受，对于孩子来说是违心的，即使他们取得了一些成绩，让家长获得一点儿开心，可是在将来他们在这方面是难以取得成就的。因为成才的根本前提是兴趣，是对某一件事情的持久不断的兴趣和热情，失去这一点，成材就无从谈起。看看上面高斯的故事我们就可知道，即使是没有条件，一个对一种事物有着无比浓厚兴趣的孩子，也会想尽各种办法来实现自己对这件事的梦想。因此，我们教育的关键不是让孩子朝着家长自己所希望的方向去，而是依据孩子的兴趣引导他们朝有利成材的方向发展，只有因势利导，才会让孩子在自己的园地里真正作出成绩。

用科学的方法引导孩子的兴趣

心理学家皮亚杰曾经说过，所有智力方面的工作都依赖兴趣。一个人对某事物感兴趣时就会产生特别的注意，便会孜孜以求，表现出高昂的情绪。因此培养孩子的学习兴趣是孩子学习的必要条件。但是，培养孩子的学习兴趣，也要讲究科学的方法，没有科学方法的指引，培养孩子的学习兴趣也可能是适得其反的。

我们有时候会听老师说孩子懒，写作业马马虎虎，不喜欢看书、写作业，爱玩。老师对他们的印象是，留校的作业比较认真，而家庭作业却特别草，且正确率低，他们的学习成绩也很难提高。造成这种现象的主要原因就是这部分同学还缺乏应有的学习兴趣，不爱动手。那么应如何正确引导孩子，使他们走向学习的坦途，培养起他们的学习兴趣呢？

首先，对待孩子要有耐心。许多家长由于生活压力的影响，对于孩子们的问题不是很重视，而具有强烈好奇心的孩子是极需了解外面的世界的，而他们最亲密的家长是他们最重要的询问对象。如果家长对于孩子的询问不胜其烦，要么打断他们兴趣盎然的问题，要么以敷衍的态度随便回答一下，对于孩子培养兴趣则会起到明显的消极作用。因为，他们是从家长的语言和行为中来理解事物的，如果家长的指引出了偏差，那么对于孩子的负面影响是不言而喻的。而且有些家长在很累的时候可能会以简单而粗暴的态度面对孩子的询问，这样的话对于孩子的兴趣培养就更为不利了，不仅扼杀了孩子们对一件事物的兴趣，也使他们的心理健康受到了影响。因此，培养孩子的兴趣，需要家长以莫大的耐心和认真的态度来对待。

其次，家长可以与孩子共同参与兴趣的培养，把兴趣加以升华，形成孩子的理想。有位教育专家说："家长是天生的教育人才。"善于教育孩子的父母应该创设与孩子共同活动的环境和机会，在共同活动中，既可以了解孩子的行为特征，又能洞察孩子的内心世界，还可以和孩子共同体验快乐，从而发现并培养孩子的兴趣爱好。因为孩子在与家长共同活动时，其兴趣和爱好会清楚地表现出来。这时候，家长便可以顺势引导，将孩子的兴趣转化成他们的理想。因为光有兴趣还只是低层次的、不能持久的心理需求，只有把兴趣发展成理想，即成为高层次的心理需要，才能形成持之以恒的学习积极性和主动性。

家长对策

1. 多鼓励孩子

有句话说得好："好孩子是夸出来的。"当孩子们对某件事物抱着极大兴趣的时候，一定会在上面倾注自己的精力和劳动，当他们做这些事情的时候，是十分需要家长的鼓励和支持的。若是家长没有注意这些细微的方面，而对心中忏忏直跳等着他们评价的孩子说："你这算什么？"那么这对孩子兴趣的培养就是一种十分严重的伤害，他们会不相信自己能做好，也不知道该怎么处理下去，可能从此就把这个兴趣埋没起来了。所以，对于孩子在适当的时候应该鼓励，使他们有信心在自己的兴趣上走得更远。

2. 引起孩子的好奇心

好奇心是儿童最宝贵的感觉之一，在一定意义上，好奇心是一个兴趣的前提。作为家长，培养孩子的学习兴趣，便可以利用孩子的好奇心，激起他们对某些方面和事物的兴趣，在此基础上加以引导，这样的培养会比简单的说教更加有效。

3. 开发潜能，培养孩子的专长

对每一个普通的孩子来说，他们都具备多种潜能，只是发展的程度和组合的情况不同罢了，如果在他们发展期间能发现其潜能的长处与不足，并适度发展或弥补其能力，就能帮助他发展个人潜能，激发兴趣，培养能力。因而家长在孩子早期教育中的作用非常重要,开发潜能、培养兴趣多是在青少年时期。家长应注重引导,激励孩子开发自己的潜能,侧重培养孩子的真正兴趣爱好。

> 宝剑锋从磨砺出,梅花香自苦寒来。
> ——《警世贤文》

第62法:如何正确面对压力

在学习与生活中,各种各样的压力都会降临到你身上,只有正视压力、克服压力的人才能笑到最后,成为时代的弄潮儿。

2004年8月,雅典奥运会射击赛场上,一位44岁的老将格外引人注目,他便是第六次参加奥运会的我国射击名将王义夫。1984年洛杉矶奥运会,王义夫夺取了一枚铜牌;1992年巴塞罗那奥运会,王义夫夺取了自己的第一枚奥运会金牌;经过12年,王义夫再次踏入射击赛场向奥运金牌发起冲击,这期间有许多的酸甜苦辣,令人刻骨铭心。我们还记得1996年亚特兰大奥运会,当他由于最后一枪输给对手与金牌擦肩而过时,拼尽全力的王义夫晕倒在射击台前。历史似乎在重演,就在雅典的赛场上,王义夫再次面对最后一枪的挑战,这么久的期待,又是在这么一位老运动员身上重演了历史一刻,他面临的心理压力可想而知。在令人窒息的气氛中,王义夫倒数第二枪追平了对手,关键看最后一枪,王义夫瞄准靶心,他的对手先开枪了,打出了9.7环的好成绩。王义夫又将枪放下了,太紧张了!所有的压力全在王义夫这边,他能够战胜自己吗?只见王义夫举起

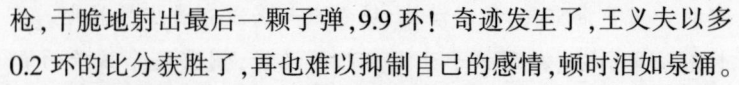

枪,干脆地射出最后一颗子弹,9.9环!奇迹发生了,王义夫以多0.2环的比分获胜了,再也难以抑制自己的感情,顿时泪如泉涌。

随着经济的发展,社会竞争越来越激烈,每个人面临压力的场合会越来越多,因此,培养孩子面对压力、战胜压力的能力,是让他们真正进入社会之前应该做好的工作。

正确认识和面对压力

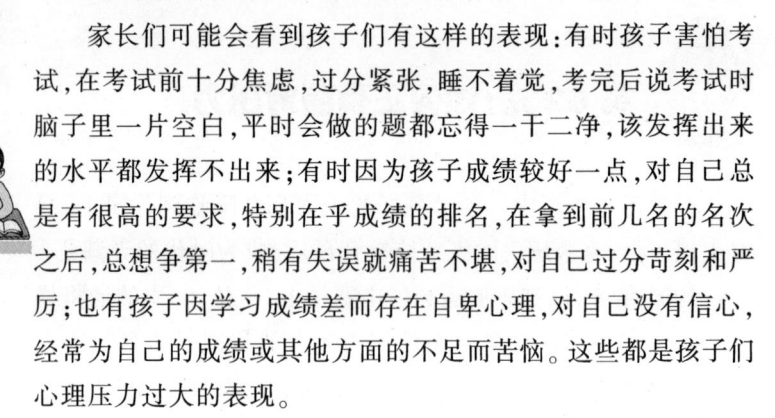

家长们可能会看到孩子们有这样的表现:有时孩子害怕考试,在考试前十分焦虑,过分紧张,睡不着觉,考完后说考试时脑子里一片空白,平时会做的题都忘得一干二净,该发挥出来的水平都发挥不出来;有时因为孩子成绩较好一点,对自己总是有很高的要求,特别在乎成绩的排名,在拿到前几名的名次之后,总想争第一,稍有失误就痛苦不堪,对自己过分苛刻和严厉;也有孩子因学习成绩差而存在自卑心理,对自己没有信心,经常为自己的成绩或其他方面的不足而苦恼。这些都是孩子们心理压力过大的表现。

分析造成孩子压力的原因,首先是学习的压力。学习是孩子生活中最主要也是最重要的部分,而这个阶段存在的竞争在现有教育机制下也是不可避免的。在学习的过程中,可能因为对某一门课的不适应让孩子产生不能适应的压力,可能因为学习成绩不好产生心理落差,而由于考试而产生的压力则更为常见和普遍。其次,还有来自家长教育的压力。每一个家长都最爱自己的孩子,都认为自己的孩子是最优秀的,对他们的期望也就比较大,而家长的期望会带来一些指引性的行动,比如说安排补习班、督促孩子课余时间加班学习,这些会使处在成长期间的孩子由于心理逆反而产生压力。另外,也有可能存在与同学和老师人际关系紧张的压力。孩子这个群体是特殊的，一部分孩子可能会排斥一些他们不喜欢的孩子，另外老师也会在这方面有所施压，他们会倾向于关注他们喜欢的孩子，这些都会引起另外一些孩子被孤立，造成他们心理失衡。

当孩子出现了上面的情况时，家长和孩子就应该正视和面对它，家长可以多与孩子接触和交流，以自己的社会阅历和经验帮助孩子自然地解除压力。通过引领或是参与孩子的活动，了解孩子的内心感受，了解使孩子感到压力的原因，从而对症下药，帮助孩子减轻或解除压力。

采取科学的方法，减轻、解除孩子压力

针对孩子的压力，在大多数情况下，只要父母能够及早发现孩子的问题并加以适当地引导，便会有效地缓解或消除孩子的心理压力，使他们愉快地健康成长。

在中国的传统文化观念中，特别是在家长对子女的期望中，成功是最重要的内容。这就带来成功就是一切的信条，"光宗耀祖"成为家长对孩子抱有的希望和寄托。这种成功观念在现代社会中是比较狭隘的。因此，对于家长来说，首先要转变的就是教育观念，树立全面素质教育的新认识，要认真思考孩子的兴趣爱好，和孩子一起精心设计他的成才之路。

对于学习和考试中产生孩子压力的最重要因素，家长更应采取科学的方法加以引导。处于青春期的孩子生理和心理发育都是不平衡的，他们的个子在快速地长高，外表已经像个大人，可是心态还停留在孩子的层次。对于学习动机，孩子的认识可能是比较浅的，家长要下大气力解决孩子的学习动机问题。学习动机是孩子学习的根本动力，只有随着年龄的增长，不断地明确认识到学习目的中包含的社会性意义，孩子的学习才会有

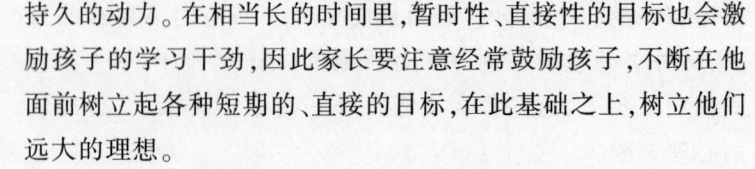

持久的动力。在相当长的时间里,暂时性、直接性的目标也会激励孩子的学习干劲,因此家长要注意经常鼓励孩子,不断在他面前树立起各种短期的、直接的目标,在此基础之上,树立他们远大的理想。

对于考试,让孩子在考前或是平时保持正常健康的心态是十分重要的。首先家长应该以平和的心态看待考试,孩子们本身对考试就忐忑不安,如果家长此时对考试表现出紧张心理,只会加重孩子的心理负担。另外,在考前应保持孩子正常的生活习惯,因为改变平时的生活习惯,会给孩子一种非同一般的心理暗示,会让他们兴奋和紧张,这对于临考的孩子是不利的。

家长对策

1. 了解孩子产生压力的原因

帮助孩子缓解和排除压力,首先要了解孩子心理上有什么压力,压力是从哪儿来的。所以家长应该常常与孩子聊天,交流思想状况,多听他们的倾诉,把握他们心理发展的状况,只要父母经常与孩子交流,用心去了解他们,就可以了解他们的心理状态。

2. 正确对待孩子一时的失利

对于考试,偶尔的失利是正常的,这种时候,家长一定要以积极、鼓励的态度对待孩子。孩子的可塑性强,一时的分数偏低,并不能代表全部,也不能就此断定其学习不好。在帮助孩子克服学习上的困难的同时,还要时不时给予积极的鼓励,特别要注意发现孩子在学习以外的优点和长处,同时辅以必要的严格要求,这样才能使孩子的学习稳步前进。

3. 培养孩子的自尊心

自尊心是孩子们上进心的一个源泉,它也可以帮助孩子抵制一些心理问题,抵制一些不良诱惑。家长们可以在家里以民主的氛围对待孩子,尊重孩子的意见,并给予孩子在一些事情上独立的投票权,孩子有了比较强的自尊就会拥有勇气、胆量和识别能力。

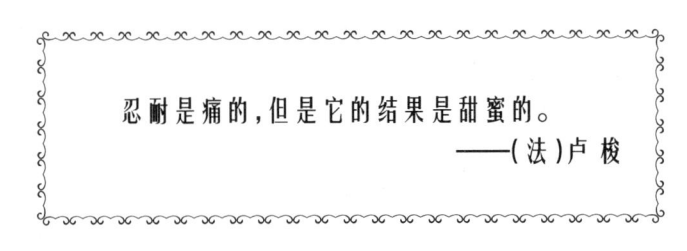

> 忍耐是痛的,但是它的结果是甜蜜的。
> ——(法)卢梭

第63法:如何提高自我控制能力

列宁上大学时学会了吸烟,他的母亲玛丽亚·亚历山德罗芙娜·乌里扬诺娃十分担心他的健康,因为列宁在童年和少年时期身体并不十分结实,就劝他戒烟。开始,列宁面对着母亲的劝告只是微笑着说:"我是健康的,吸点烟不可能造成多大的危害。"列宁的母亲是医生的女儿,她想了许多办法叫儿子戒烟,可都没有效果。母亲对列宁列举了吸烟对身体有害的种种理由,然后向他指出:"我们是靠你父亲的抚恤金过日子,抚恤金是不多的,每一样多余的花费都会直接影响到家庭生活。你吸烟虽然花费不多,但日久天长,也是一笔不小的开支,假如你不吸烟,那对家庭生活是有好处的。"

当时,列宁是个因参加革命活动而被开除的大学生,毫无经济收入,全家都靠抚恤金生活。思想早熟而又敬重母亲的列宁听从了母亲的劝告，毅然戒了烟，并且终生不吸。

十月革命胜利后，列宁在办公室墙上贴上"禁止吸烟"的纸条。一次列宁在参加"星期六义务劳动"时，一位年轻的红军指挥员出于敬慕请列宁抽烟，列宁谢绝了，并且幽默地笑着说："同志，你在战场上和敌人勇敢作战，你为什么不能跟吸烟作斗争？"

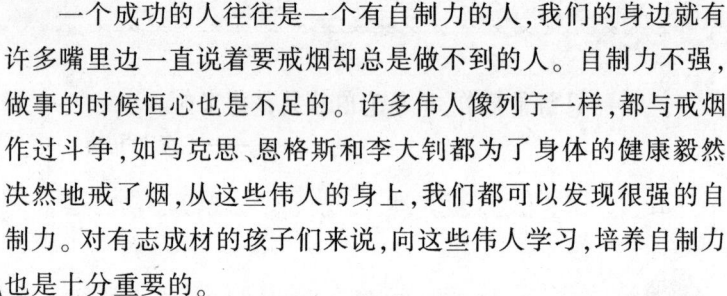

一个成功的人往往是一个有自制力的人，我们的身边就有许多嘴里边一直说着要戒烟却总是做不到的人。自制力不强，做事的时候恒心也是不足的。许多伟人像列宁一样，都与戒烟作过斗争，如马克思、恩格斯和李大钊都为了身体的健康毅然决然地戒了烟，从这些伟人的身上，我们都可以发现很强的自制力。对有志成材的孩子们来说，向这些伟人学习，培养自制力也是十分重要的。

自我控制从小抓起

许多家长都会发现孩子们有这样的表现：有时候管不住自己，上课的时候插嘴，总在下面做一些小动作，在家看电视没完没了，做作业草草了事。也有许多孩子迷恋上了游戏，放学回到家就钻进自己房间打游戏，甚至逃学出去打游戏，他们自己也知道这样不好，但总是控制不住自己，屡戒屡犯。可见自制力应是一种毫不含糊的坚定和顽强的毅力。

美国学者对一些三岁半至四岁半的幼儿进行自我延迟满足追踪30年研究，结果表明，那些在幼儿期能够等待的青年人都较为成功，而那些在幼儿期等不得、控制不住自己的人长大后事业都无起色。事实上，幼儿阶段自控能力较好的人，到了小学阶段学习成绩大都比较好。所以，家长们应重视孩子自制力的培养，从小注意从各个方面培养和锻炼他们的自制力。

有一次,我在一家商场看到这样一件事情,一个母亲带着她十多岁的女儿来买衣服,但当她们走到玩具专柜的时候女儿不走了,指着加菲猫一定要妈妈买。她妈妈说:"家中有那么多宠物玩具,不要了,咱们买衣服去。"刚说完,孩子就往地上一坐,哭了起来。我看到那母亲非常尴尬,只好马上把那玩具买了下来送给她。培养孩子不能什么都满足他们,这种情况完全可以通过延迟时间或者附加条件的方式来培养孩子的自制力。孩子们都有时间观念,当他们有些不能立即满足的欲望,过一段时间得到满足以后,就有了这样的体验,想要的东西,过一段时间就会有的,于是就形成了等待的习惯。比如刚才的情况,孩子想得到那个玩具,妈妈可以不立即答应,而是向女儿提出一些条件,如一周内帮助妈妈洗三件小衣服等等。这样可以帮助孩子克服自己的毛病,如果孩子表现得不错,那么父母也应该兑现自己的许诺。整个过程都会使孩子的等待、忍耐等习惯逐渐培养起来,增强控制自己的能力。

自我控制的能力是个人适应社会的一个重要方面,它对个人的成长至关重要。如果没有或缺少自制力,我们可能就会在有意或无意之中剥夺他人的权利,我们自己的权利也会受到威胁,我们会常常与别人发生冲突,失去耐心,因而失去在生活的各个方面获得成功的因素。从生理学的角度来说,随着生理的发展及其他因素的影响,孩子的自制能力是逐步提高的,家长可以通过一定的方法,培养孩子的自制能力。

科学地培养孩子的自我控制能力

一般来说,孩子是在成人的指导教育下,通过与外界环境的不断交往,逐渐克服冲动性,学会控制自己的活动的。自制力的培养也要讲究方法,孩子们有其自身的发展规律和发展趋向,对孩子们自制力的培养应该适合他们自己的情况。我大哥的女儿13岁了,一度痴迷言情小说,什么琼瑶呀、席绢呀,她捧在手上就不愿放下来,不仅成绩滑坡,还精神不振。我大哥骂了她几次,把所有的书都没收了,但这种效果很差。那天,大哥问我怎么办,我说,你这么做只会让她产生逆反心理,反而提高她看小说的乐趣,她不在家看,可以在外边看。这种教育方法是不对头的。后来大嫂来管这件事,她对女儿说,小说可以看,但是前提是你必须把课堂练习做完。第二次,她对女儿说,今天你背会课后的三首古诗后,可以看会儿小说。只要女儿把要求的事情做完了,她都会予以鼓励。通过这种方式,我侄女的学习成绩上去了,而且学习效率特别高。因此,强大的自制力并非天生,而是得益于家长从小对她进行的意志力培养。一般来说,父母会在孩子成功之后给予赞美和鼓励,对孩子活动过程中的自制和努力则视而不见。家长们应该看重孩子在完成任务过程中的努力,不管结果如何,应首先对他们克服困难达到目标的精神给予鼓励。

另外,对孩子自制力培养的一个重要方面,是培养他们控制自己的情绪。有些孩子容易发怒,遇到一件小事的刺激,就控制不了自己的情绪,要么与别人发生冲突,要么自己气愤得脸通红,做出伤害自己的行动,这也是自制力不强的表现。有效的方法是让孩子通过深呼吸、分散注意力等方法,使自己的身体平静下来。更直接的训练情感控制的方法是运用新的认知技能,比如利用协调、同伴调停来处理同学间以及师生间出现的各种矛盾。孩子掌握协商和同伴调停的技巧,对控制自己在家庭和学校里的霸道行为是非常有效的。

应该注意的是,当孩子在试探做一些他原来不会做的事情时,务必让他从容易的开始,逐渐增加困难度。因为过于困难、复杂的事情让孩子试探,结果很可能失败,过多的失败会影响孩子的情绪,甚至损伤孩子的自信心,不利于对他们自制力的培养。

家长对策

1. 为孩子树立好榜样

家长是孩子最亲近也是最重要的老师。家长可通过各种方式来培养孩子的自我控制能力,但是父母自身的榜样作用同样也是不容忽视的。在孩子的心目中,父母不仅是其生活来源的提供者,更是学习的榜样。如果说父母总是善于控制自己的情绪和行为,做事具有坚持性,那么孩子也很容易习得这种行为,并在类似的情境下表现出自我控制的行为;反之,如果父母自身的自我控制能力就很差,那么对孩子控制力的要求就不会有太大的功效了。因此,作为父母必须重视自己言行的榜样作用。

2. 设置一些行为的奖惩规则

家长可以为孩子设置一些规则,当他们达到要求时给予一定的鼓励,而没有达到要求则会受到惩罚。这样的活动家长可以共同参与,比如说孩子要求去公园坐滑梯,家长要求背完30个单词就带他去,如果孩子达到了要求,家长就要兑现自己的承诺;如果孩子背不完就吵着要去,家长则要坚持,让他品尝由自己行为带来的苦果。

> 顽强的毅力可以征服世界上任何一座高峰。
> ——(英)狄更斯

第64法:学习应该持之以恒

我们都知道诺贝尔奖,这是世界公认的最高科学奖。诺贝尔奖是全世界最高的荣誉,诺贝尔奖的获得者被看成是当代最杰出的人物。可是大家知不知道诺贝尔奖的创始人——艾尔弗雷德·诺贝尔的故事呢?说到诺贝尔,大家可能以为他必定有很高的学历,其实他的学历不高。由于身体不好,诺贝尔只读了一年书就辍学了,此后他都是在家庭教师的指导下,靠着顽强的毅力、超人的智慧自学成才的。

19岁时,诺贝尔已经成为一位杰出的化学家。他看到了炸药在建设中的巨大作用,决定从事炸药研究。当时的炸药非常危险,很难控制。为了研究炸药,诺贝尔付出了极大的代价,他最小的弟弟埃米尔死于诺贝尔的硝化甘油炸药实验的爆炸中。面对这样的惨剧,诺贝尔痛苦万分。同时,由于危险太大,瑞典政府也禁止诺贝尔在当地进行炸药研究。为了研究炸药造福人类,也为了不让弟弟的血白流,诺贝尔毅然决定继续研究,于是他把实验室迁移到湖中的一艘小船上。

1867年,诺贝尔成功地降低了炸药的危险性,从此以后,诺贝尔的炸药又广泛地应用到工业、矿山、交通业之中,为人类的建设作出了巨大贡献。他共获得技术发明专利355项,并在欧美等五大洲20个国家开设了100家公司和工厂,积累了巨额财富。临终前,他把所有财产全部捐出来,成立了一个基金会,用基金会每年的收益来奖励全世界在物理、化学、文学、医学和维护世界和平中作出突出贡献的人。这就是诺贝尔奖的来源。

从诺贝尔的事例中我们可以看到,持之以恒的精神对于成功是多么重要，如果由于一点点的困难就放弃的话，诺贝尔根本就不会获得成功，更不用说设立影响深远的以他名字命名的诺贝尔奖了。

恒心需要培养和锤炼

去年春节回家我为小侄女买了一个可以拆卸的玩具汽车，我和嫂子聊天的时候，她一直在夸小侄女聪明，接受能力强，我很为她感到自豪。听到妈妈夸自己，小侄女也十分高兴。当我和嫂子聊天的时候，小侄女开始摆弄起玩具汽车来，玩了一会儿，她突然把汽车扔到了地上，我愕然地发现她花了10秒钟还没把那辆汽车装配起来就着急了，把车扔在地上，愤愤地说："什么玩具，不玩了。"后来我发现由于她平常得到的赞扬太容易，因而没有耐心来做复杂的事情。

从以上事例我们可以发现，孩子们属于比较感性的群体，对于事物的认识一般都是从自己感性的角度出发，耐心和恒心的缺乏是一种比较普遍的现象。家长们可能听到过这样的俗语：行百里者半九十。说的就是很多人经过努力的拼搏已经到达成功的边缘了，但就是缺乏最后一点耐心，结果无功而返。有所成就的人和普通人，他们最大的区别不仅在于他们付出了更多的劳动，更重要的是他们能凭着坚强的意志克服重重困难，从而到达成功的彼岸。因此，在孩子们的学习和生活过程中，在他们碰到困难、摇摆不定的时候，是需要家长在后边予以帮助和鼓励的。

我们都可能有这样的体会，在学一项本领时，入门后进步很快，当达到一定水平后，要前进一步都很困难，如果无恒心坚持下去，也许就不再发展了。这里的坚持实际上就是一种恒心，可见恒心对孩子的发展和进步是非常重要的。

针对孩子的特点，培养他们的恒心

我们在上面的章节中提到过培养孩子兴趣的问题，但是对于要进行学习、参加考试的孩子来说，孩子的意志品质也十分重要。因为学科的设置和考试的安排是相对固定的，不可能根据各个孩子的兴趣安排不同的科目，而绝大多数孩子很难对所有的考试科目都感兴趣。对于兴趣不高的科目，为了应试，孩子们要学好，就需要很大的恒心和毅力了。经历过学习过程的家长们都知道，学习成绩优秀的学生，差不多都是在学习方面意志比较坚强的学生，他们能忍耐，能坚持，能控制自己的感情去做自己不感兴趣的事情。也有些十分聪明的学生，他们只把兴趣放在了自己关心和喜爱的科目上，出现了"一科独秀"的局面，其他科目则成绩不佳，这样他们的总成绩也不可能达到优秀。这种孩子，就是因为恒心和毅力的缺乏，不能在不十分感兴趣的科目上下工夫。

现在家长都懂得非智力因素的重要性了。非智力因素包括许多方面，对于孩子来说，恒心应该是一个重点。因此，家长应花大力气来培养孩子的恒心。首先，家长可以帮助孩子确定具体的、可行的目标。这是十分重要的。只有以可行的目标来要求孩子，让他们主动、自觉地实现这个目标，才能把家长的教育目标贯穿下去。对于孩子来说，只有具体的、可行的目标，才有可能去实现，并在实现这个目标的过程中锤炼自己的意志。另外，应该让孩子吃点儿苦。我们的物质条件在日益丰富，所有的家长都不想让自己受过的苦在孩子的身上重演，然而物质条件的优裕使孩子们实现自己的愿望往往很容易，他们不用费多少劲儿便可以满足自己的要求，在这种环境中长大的孩子很难吃苦，因而遇到困难、烦琐的事情往往很难坚持。因此，父母应有意识地让孩子吃点儿苦，这种逆境训练远胜于家长对孩子进行的说服教育。

家长对策

1. 以自己的行为作孩子的表率

父母首先要做事完完整整,不半途而废,并注意让孩子模仿,同时经常提醒孩子注意父母做事是怎样坚持到底的。比如,在做家务中孩子一般是没有定力的,家长可以与孩子约定,两个人各整理一间房间,看谁整理得整齐。在这个过程中家长也要有条不紊地把事情做完,如果家长受其他事情干扰,干了一半就走了,那么这次教育就半途而废了。

2. 让孩子学会自我监督

对某项活动要持之以恒,且要靠自己的自觉行为。在培养孩子恒心的过程中,家长可以帮助孩子制订一些计划表,做什么事情应该达到什么标准,应该坚持多少时间等等,让孩子自己检查是否完成了既定的目标。这样,在孩子的心目中就形成了一种心理暗示,做一件事情应该把它做完整。孩子学会自我评价、自我监督后,才能督促自己持之以恒地从事某项活动,这就达到了家长教育的目的。

3. 遇到困难时多鼓励孩子

当孩子在接受意志力考验的过程中遇到困难或挫折时,有时会出现意志消沉的现象。这时,父母的帮助、鼓励是十分重要的。这是一个十字关口,孩子们所处的是一种犹豫不定的状态,想做下去又没有信心,想退回去又感到不安。这时候家长的鼓励就是一个最重要的砝码,让孩子鼓起勇气闯过难关。最终的结果并不太重要,关键是使孩子的意志力得到了很好的锤炼,从而增强其毅力和恒心。